Introdução à análise poética de textos bíblicos

Coleção Bíblia em Comunidade

PRIMEIRA SÉRIE – VISÃO GLOBAL DA BÍBLIA

1. Bíblia, comunicação entre Deus e o povo – Informações gerais
2. Terras bíblicas: encontro de Deus com a humanidade – Terra do povo da Bíblia
3. O povo da Bíblia narra suas origens – Formação do povo
4. As famílias se organizam em busca da sobrevivência – Período tribal
5. O alto preço da prosperidade – Monarquia unida em Israel
6. Em busca de vida, o povo muda a história – Reino de Israel
7. Entre a fé e a fraqueza – Reino de Judá
8. Deus também estava lá – Exílio na Babilônia
9. A comunidade renasce ao redor da Palavra – Período persa
10. Fé bíblica: uma chama brilha no vendaval – Período greco-helenista
11. Sabedoria na resistência – Período romano
12. O eterno entra na história – A terra de Israel no tempo de Jesus
13. A fé nasce e é vivida em comunidade – Comunidades cristãs na terra de Israel
14. Em Jesus, Deus comunica-se com o povo – Comunidades cristãs na diáspora
15. Caminhamos na história de Deus – Comunidades cristãs e sua organização

SEGUNDA SÉRIE – TEOLOGIAS BÍBLICAS

1. Deus ouve o clamor do povo (Teologia do êxodo)
2. Vós sereis o meu povo e eu serei o vosso Deus (Teologia da aliança)
3. Iniciativa de Deus e corresponsabilidade humana (Teologia da graça)
4. O Senhor está neste lugar e eu não sabia (Teologia da presença)
5. Profetas e profetisas na Bíblia (Teologia profética)
6. O Sentido oblativo da vida (Teologia sacerdotal)
7. Faça de sua casa um lugar de encontro de sábios (Teologia sapiencial)
8. Grava-me como selo sobre teu coração (Teologia bíblica feminista)
9. Teologia rabínica (em preparação)
10. Paulo, apóstolo de Jesus Cristo pela vontade de Deus (Teologia paulina)
11. Compaixão, cruz e esperança (Teologia de Marcos)
12. Lucas e Atos: uma teologia da história (Teologia lucana)
13. Ide e fazei discípulos meus todos os povos (Teologia de Mateus)
14. Teologia joanina (em preparação)
15. Eis que faço novas todas as coisas (Teologia apocalíptica)
16. As origens apócrifas do cristianismo (Teologia apócrifa)
17. Teologia da Comunicação (em preparação)
18. Minha alma tem sede de Deus (Teologia da espiritualidade bíblica)

TERCEIRA SÉRIE – BÍBLIA COMO LITERATURA

1. Bíblia e Linguagem: contribuições dos estudos literários (em preparação)
2. Introdução às formas literárias no Primeiro Testamento (em preparação)
3. Introdução às formas literárias no Segundo Testamento (em preparação)
4. Introdução ao estudo das Leis na Bíblia
5. Introdução à análise poética de textos bíblicos
6. Introdução à Exegese patrística na Bíblia (em preparação)
7. Método histórico-crítico (em preparação)
8. Método narrativo na Bíblia (em preparação)
9. Método retórico e outras abordagens (em preparação)

QUARTA SÉRIE – RECURSOS PEDAGÓGICOS

1. O estudo da Bíblia em dinâmicas – Aprofundamento da Visão Global da Bíblia
2. Teologias bíblicas (em preparação)
3. Bíblia como literatura (em preparação)
4. Atlas bíblico (em preparação)
5. Mapas e temas bíblicos – Cartazes (em preparação)
6. Metodologia de estudo e pesquisa (em preparação)
7. Pedagogia bíblica (em preparação)
8. Modelo de ajuda (em preparação)

Zuleica Silvano

Introdução à análise poética de textos bíblicos

Bíblia como literatura 5

Dados Internacionais de Catalogação na Publicação (CIP)
(Câmara Brasileira do Livro, SP, Brasil)

Silvano, Zuleica
Introdução à análise poética de textos bíblicos / Zuleica Silvano. – São Paulo: Paulinas, 2014. – (Coleção Bíblia em comunidade. Série Bíblia como literatura, v. 5)

ISBN 978-85-356-3762-5

1. Análise de textos 2. Bíblia – Crítica textual 3. Gêneros literários 4. Poesia 5. Prosa poética I. Título. II. Série.

14-03686 CDD-220.66

Índice para catálogo sistemático:

1. Análise poética de textos bíblicos: Interpretação e crítica 220.66

Direção-geral: *Bernadete Boff*
Editora responsável: *Maria Goretti de Oliveira*
Copidesque: *Ana Cecilia Mari*
Coordenação de revisão: *Marina Mendonça*
Revisão: *Sandra Sinzato*
Gerente de produção: *Felício Calegaro Neto*
Diagramação: *Jéssica Diniz Souza*

SAB – Serviço de Animação Bíblica
Av. Afonso Pena, 2.142 – Bairro Funcionários
30130-007 – Belo Horizonte – MG
Tel.: (31) 3269-3737 – Fax: (31) 3269-3729
e-mail: sab@paulinas.com.br

Paulinas
Rua Dona Inácia Uchoa, 62
04110-020 – São Paulo – SP (Brasil)
Tel.: (11) 2125-3500
Telemarketing e SAC: 0800-7010081
http://www.paulinas.org.br – editora@paulinas.com.br

Sumário

PARTE II
Análise de textos poéticos bíblicos

Apresentação

Introdução à análise poética de textos bíblicos é o livro que está em suas mãos. Ele faz parte da terceira série *Bíblia como Literatura,* da Coleção Bíblia em Comunidade. Nesta série você conhecerá duas vertentes importantes na abordagem das Escrituras. A primeira são as formas e os gêneros literários, presentes na redação dos textos bíblicos e que foram escritos por homens e mulheres situados no seu tempo. A segunda vertente traz a abordagem dos diferentes métodos para o estudo da Bíblia.

Por esta rápida apresentação, você perceberá que não se trata de uma simples leitura, mas que exigirá um esforço e estudo atento, para maior proveito deste livro. Isto porque não somos habituados a esse tipo de estudo, que é fundamental para adquirirmos maior seriedade, numa interpretação mais assertiva das Escrituras Sagradas.

Nesta terceira série, *Bíblia como Literatura*, além deste livro que trata sobre a análise poética, você também encontrará, em outros volumes, a "Bíblia e linguagem: contribuições dos estudos literários", "Introdução às formas literárias", presentes no Primeiro e no Segundo Testamentos; "Introdução ao estudo das leis na Bíblia"; "Introdução à exegese patrística"; "Método narrativo" do Primeiro e Segundo Testamentos; "Método histórico-crítico-literário"; "Método retórico" e outras abordagens.

Este estudo sobre as formas, gêneros e métodos na abordagem da Bíblia é precedido pela primeira, a segunda e a quarta séries, da coleção Bíblia em Comunidade. A primeira série, *Visão Global da Bíblia,* apresenta como pano de fundo o contexto histórico, geográfico, socioeconômico e religioso de cada época, nos quais nasceram os escritos bíblicos desde 1220 a.E.C. a 135 E.C. A segunda série, *Teologias Bíblicas,* mostra, por meio de escritos bíblicos, dezoito diferentes modos de ver a Deus e de perceber a sua revelação, nas diversas experiências que o povo viveu, no decorrer de sua história. É um olhar atento, sobre os escritos a partir da visão de Deus: do Êxodo, da Aliança, da graça, da presença, dos profetas, dos sacerdotes, dos sábios, da mulher, de Paulo, Marcos, Mateus, Lucas, João, dos apocalípticos, da espiritualidade bíblica, da comunicação e dos escritos apócrifos. E, para completar, a quarta série *Recursos Pedagógicos*, que propicia um aprofundamento das três primeiras séries, para torná-las mais dinâmicas, por meio de ferramentas adequadas a cada nível.

Assim, este livro: *Introdução à análise poética de textos bíblicos*, faz parte de um grande projeto que visa à formação de animadores da Palavra, os quais também necessitam de uma compreensão da Bíblia como obra literária. E que, ao lerem os diversos livros que compõem a Bíblia, precisam reconhecer as diversas formas e gêneros literários que cada leitura pede: uma compreensão e interpretação adequada às características literárias do texto.

Esta obra compõe-se de duas partes. A primeira apresenta uma terminologia própria sobre a definição do que é poesia, poema ou prosa poética, a sonoridade dos versos, os diversos estilos, as formas fixas e gêneros literários dos salmos. É uma parte muito importante e necessária, que nos levará a conhecer a linguagem e a estrutura de um texto poético, para melhor apreciá-lo.

A segunda parte traz uma análise de textos poéticos do Primeiro e Segundo Testamentos Sl 96 é examinado literariamente, sendo apresentando como modelo para a análise dos salmos da Bíblia hebraica. São analisados também dois textos do Cântico dos Cânticos (Ct 4,1-7 e 5,9-16), tendo como motivo as características próprias do texto. Abordam-se, ainda, duas perícopes poéticas do Segundo Testamento: o Canto de Maria (Lc 1,46b-55) e o chamado "Hino ao Amor" (1Cor 12,31b–13,13) de Paulo, o apóstolo, cantados em tantas melodias e em diferentes contextos.

A autora da obra, Zuleica Silvano, apresenta-nos a análise exegética de textos do Primeiro e Segundo Testamentos. As bases para o estudo dos textos poéticos da Bíblia são sólidas, com uma exposição progressiva e explicação de conceitos fundamentais, seguidos de muitos exemplos, o que facilita e favorece a compreensão deste livro.

A proposta é exigente, mas vale a pena enfrentar o desafio. Você verá que o conhecimento da poética o levará a saborear melhor as Escrituras Sagradas.

Romi Auth, fsp
Equipe do SAB

Introdução

> Os poemas são pássaros que chegam,
> não se sabe de onde,
> e pousam no livro que lês.
> Quando fechas o livro, eles alçam voo
> como de um alçapão.
> Eles não têm pouso
> nem porto;
> alimentam-se um instante em cada
> par de mãos e partem.
> E olhas, então, essas tuas mãos vazias,
> no maravilhado espanto de saberes
> que o alimento deles, já estava em ti...
>
> (Mário Quintana, Esconderijos do tempo).

Ao ouvir falar de "poética", paira em nós a concepção de algo que conduz a momentos de devaneio e fruição. Mas, na Antiguidade grega, a poética – do termo grego ποίησις (*poíēsis*), que significa "fazer", "criar" – ocupava um papel fundamental na educação e formação do cidadão, como em Atenas e Esparta.[1] Servia para incutir o ideal heroico e motivar ao combate, em favor da cidade (πόλις – *pólis*). Deste modo, as crianças eram estimuladas a memorizar os textos de

[1] Para aprofundar: FERREIRA LEÃO, D.; FIALHO, Maria do Céu; RIBEIRO FERREIRA, J. *Cidadania e paideia na Grécia Antiga*. São Paulo: Annablume, 2011. (Clássica Digitalia Brasil; Série Ensaios.); ROCHA PEREIRA, Maria Helena da. *Estudos de história da cultura clássica*: cultura grega. 3. ed. Lisboa: Calouste Gulbenkian, 1970. VERNANT, Jean-Pierre. *Mito e pensamento entre os gregos*. 2. ed. Rio de Janeiro: Paz e Terra, 2002.

grandes poetas, nos quais se encontravam exortações e modelos de valentia, a fim de que motivadas pudessem imitá-los, ou até superá-los.

Além de ensinar e motivar ao combate ou instruir nas táticas de guerra, a poética era, sobretudo, uma maneira didática para formar um "homem de bem". Deste modo, era relevante na formação ética, política, social, estética, cultural, religiosa e na transmissão de valores, costumes, tradições, crenças, rituais, formas de administrar a cidade, leis, comportamentos públicos e privados.

Havia uma profunda relação entre a poética e a música, e ambas eram fundamentais na expressão das experiências religiosas, na cultura grega. Diante de seu papel relevante, podemos dizer que, na Antiguidade grega, a poética era um elemento estruturador da cultura.

Ela também foi uma grande interlocutora da Filosofia e[2] da Teologia. Mas, com o passar do tempo, a Filosofia foi encontrando dificuldade em estabelecer um diálogo com a arte, e consequentemente com a poética. O mesmo processo aconteceu com o pensamento teológico, que começou a ignorar a poética e fez da Filosofia seu interlocutor ideal, valorizando, assim, a linguagem conceitual, como aquela capaz de refletir sobre a realidade de forma "objetiva". Na reflexão teológica, essa visão, infelizmente, perdurou até o séc. XX.

No entanto, o mesmo não acontece na tradição espiritual, pois os místicos supervalorizam a poética como a linguagem por excelência, para expressar a experiência com Deus. Isto é verificável nos poemas de Gregório Nazianzeno (329/330 a 389/90 E.C.), nos cânticos de São Francisco de

---

[2] Para aprofundar MAGALHÃES, A. *Deus no espelho das Palavras*. Teologia e Literatura em diálogo. 2. ed. rev. e ampl. São Paulo: Paulinas, 2000 (Col. Literatura e Religião). pp. 57-70.

Assis (séc. XIII), nos escritos de São João da Cruz, como, por exemplo, o "Cântico espiritual" (séc. XVI), nas poesias de Santa Teresinha do Menino Jesus (séc. XIX), e outros.

No campo bíblico, a poética foi e continua sendo muito importante para a difusão de valores éticos e na reflexão teológica, sobretudo na tradição profética e sapiencial. Há no Primeiro Testamento vários cânticos de amor, de vitória, cânticos que narram as maravilhas que o Senhor fez a seu povo, mas também livros inteiros escritos de forma poética, como: os Salmos, os Provérbios, as Lamentações, o Cântico dos Cânticos, capítulos inteiros de Jó, do Dêutero-Trito Isaías e Eclesiastes. No Segundo Testamento, ela está presente nos cânticos do Evangelho segundo Lucas (Cântico de Zacarias, de Simeão, o *Magnificat*), nos hinos cristológicos, catequéticos e exortativos das cartas paulinas, nos cânticos de vitória contra o mal no Apocalipse, entre outros.

Por sua vez, a análise poética propriamente dita surge na Idade Moderna, quando foi introduzida no estudo literário.[3] Esse estudo poderia se dar no sentido amplo, considerando-se a poética como parte da "teoria da arte da linguagem",[4] relacionada à estética (o estudo sobre o "Belo") e à hermenêutica (interpretação), ou, de forma mais restrita, limitando-se à análise de elementos formais, como a delimitação da estrutura dos versos, a identificação dos recursos literários, a métrica, a sonoridade.

Na área bíblica, a análise poética, também chamada de poetologia, é pouco conhecida. Essa escassez de estudo pode ser justificada por algumas dificuldades, como o conhecimento

---

[3] Confira e leia sobre a história do termo em: SEYBOLD, Klaus. Poetica dei Salmi. Brescia: Paideia, 2007. (Introduzione allo studio della Bibbia. Supplementi, 35.)

[4] Para maior aprofundamento: TAVARES, Hênio Último da Cunha. *Teoria literária*. 12. ed. rev. e atual. Belo Horizonte: Itatiaia, 2002.

das línguas hebraica e grega, ou ainda pela complexa arte de traduzir os textos poéticos relevando a sonoridade dos versos, a intensidade de determinadas expressões, imagens ou recursos literários utilizados nas línguas originais. Dificuldade, aliás, não só de escritos poéticos bíblicos, mas de qualquer texto poético, originário de uma determinada língua, e que venha a ser traduzido.

Um exemplo disso é a letra da música *"Aquarela"*, de Toquinho, que, ao ser traduzida para o italiano, teve que ser mudada para manter a rima e a melodia. Segue abaixo um trecho para dar-nos conta do real desafio:

"Aquarela": original em português	**"Acquarello" – italiano**	**Tradução da música em italiano**
(...) Numa folha qualquer Eu desenho um navio de partida Com alguns bons amigos Bebendo de bem com a vida...	(...) Sopra un foglio di carta lo vedi Chi viaggia in un treno Sono tre buone amici che mangiano e parlando piano	(...) Sobre uma folha de papel (o) tu vês quem viaja em um trem São três bons amigos que comem e falam lentamente
De uma América a outra Eu consigo passar num segundo Giro um simples compasso E num círculo eu faço o mundo...	Da un'America all'altra è uno scherzo ci vuole un secondo Basta fare un bel cerchio ed ecco che hai tutto il mondo	De uma América a outra é "uma brincadeira" necessita um segundo Basta fazer um belo círculo e eis que tens todo o mundo
Um menino caminha E caminhando chega no muro E ali logo em frente A esperar pela gente O futuro está...	Un ragazzo cammina cammina arriva ad un muro Chiude gli occhi un momento e davanti si vede il futuro già	Um rapaz (menino) caminha caminha chega a um muro Fecha os olhos um momento e diante já vê o futuro
E o futuro é uma astronave Que tentamos pilotar Não tem tempo, nem piedade Nem tem hora de chegar Sem pedir licença Muda a nossa vida E depois convida A rir ou chorar...	E il futuro è un'astronave Che non ha tempo nè pietà Va su marte va dove vuole Niente mai lo sai la fermerà Se ci viene incontro non fa rumore Non chiede amore e non ne dà Continuiamo a suonare Lavorare in città Noi che abbiamo un pò paura Ma la paura passerà	E o futuro é uma astronave que não tem tempo nem piedade Vai sobre Marte vai onde deseja Ninguém jamais sabe como a parará e nos vem ao encontro não faz rumor, não pede amor e não o dá Continuamos a tocar Trabalhar na cidade Nós que temos um pouco de medo Mas o medo passará.

Outro obstáculo é o acesso e a tradução de textos poéticos sumérios, babilônicos, egípcios, cananeus, hititas, gregos e de outras culturas do Antigo Oriente que influenciaram a poética bíblica. Pois esses textos ajudam a compreender as frases idiomáticas, as imagens, os símbolos, os recursos utilizados nas poesias bíblicas.

A análise poética, aqui proposta, se restringirá à identificação dos elementos formais (métrica, sonoridade do verso, rima); à percepção da densidade poética, do estilo, e às principais características dos recursos literários, presentes em textos poéticos bíblicos. Após este estudo inicial, selecionaremos alguns textos bíblicos que servirão de modelo para a nossa análise poética. A finalidade é contribuir para a compreensão dos textos bíblicos e perceber como uma forma literária pode expressar um conteúdo teológico.

Dessa maneira, iremos obter, pouco a pouco, maior sensibilidade poética, sintonia com o texto e intimidade com a experiência que o poeta bíblico quer comunicar. Pois a poética bíblica nasce da vida do povo, nasce do desejo profundo de exprimir a intensidade de suas alegrias ou tristezas, de agradecer ou de expressar sua angústia, desespero; intensidade do momento prenhe de paixão ou de indignação; de intimidade com Deus, ou da sensação sofrida de sua ausência.

Espero que este subsídio cumpra, da melhor maneira possível, o seu objetivo, que é ajudá-lo a mergulhar sempre mais na beleza e delicadeza dos textos bíblicos, e, seduzido pelo seu encanto, querer sempre mais aventurar-se nos caminhos surpreendentes da experiência de Deus.

Transliteração do hebraico e do grego

No decorrer do texto entraremos em contato com as línguas hebraica e grega, portanto apresentamos a *transliteração*[1] que seguiremos.

Neste subsídio, para o hebraico usaremos a seguinte transliteração:[2]

Letra	Transliteração	Nome	Valor fonético
א	ᵓ	ᵓā́lep̄	pausa glotal ou zero
בּ	b	bêṯ	b
ב	ḇ	bêṯ	v
גּ	g	gîmel	g
ג	ḡ	gîmel	g
דּ	d	dā́leṯ	d
ד	ḏ	dā́leṯ	ð
ה	h	hēᵓ	h ou zero
ו	w	wāw	w ou zero
ז	z	záyin	z

[1] Transliteração é representar ou transpor uma ou mais palavras de uma determinada língua para os caracteres equivalentes de outra.

[2] Para a transliteração do hebraico, foram utilizadas as gramáticas de: LAMBDIN, T. A. *Gramática do Hebraico Bíblico*. São Paulo: Paulus, 2003. pp. 26-32, e de ROSS, Allen P. *Gramática do Hebraico Bíblico*. 2. ed. São Paulo: Vida Acadêmica, 2008. pp. 24-31.

ח	ḥ	ḥêṯ	H
ט	ṭ	ṭêṯ	t
י	y	yôḏ	y
ךּ כּ	k	kap̄	k
ך כ	ḵ	kap̄	x
ל	l	lā́meḏ	l
ם מ	m	mēm	m
ן נ	n	nûm	n
ס	s	sā́meḵ	s
ע	ʿ	ʿáyin	ʿ
ףּ פּ	p	pēh	p
ף פ	p̄	pēh	f
ץ צ	ṣ	ṣā́ḏê	ts
ק	q	qôp̄	q
ר	r	rêš	r
שׂ	ś	śîn	s
שׁ	š	šîn	sh
תּ	t	tāw	t
ת	ṯ	tāw	Θ

Para transliterar as vogais em hebraico, será utilizada a letra ʾā́lep̄ (א) como paradigma para as consoantes:

Vogal	Transliteração
אָ	ā
אַ	a
אֲ	ă
אָי	â
אֵ	ē
אֵי	ê
אֶ	e
אֶי	ȩ̂
אְ	^{e} ou ə
אֱ	ĕ
אִי	î
אִ	i
אֹ	ō
אוֹ	ô
אָ	o
אֳ	ŏ (vogal reduzida)
אוּ	û
אֻ	u

A seguinte tabela mostra a forma dos sinais vocálicos com o ה (hēʾ) no final, tendo como paradigma a letra ב (bêṯ):

בָה	bā^{h}
בֵה	bē^{h}
בֶה	be^{h}
בֹה	bō^{h} (raro)

Para a transliteração do grego, segue a tabela abaixo:[3]

Letra maiúscula	Letra minúscula	Transliteração	Nome
Α	α	a	alfa
Β	β	b	beta
Γ	γ	g	gama
Δ	δ	d	delta
Ε	ϵ	e	épsilon
Ζ	ζ	z	dzeta
Η	η	e̲	eta
Θ	θ	th	theta
Ι	ι	i	iota
Κ	κ	k	kapa
Λ	λ	l	lambda
Μ	μ	m	mi/mü
Ν	ν	n	ni/nü
Ξ	ξ	x	ksi
Ο	ο	o	ómicron
Π	π	p	pi
Ρ	ρ	r	rô
Σ	σ,ς (uso no final da palavra)	s	sigma

3 Baseado no livro MALZONI, C. V. *25 lições de iniciação ao grego do Novo Testamento*. 2. ed. ver. e ampl. São Paulo: Paulinas, 2014.

T	τ	t	tau
Y	υ	y	ípsilon
Φ	φ	ph	fi
X	χ	ch	qui
Ψ	ψ	ps	psi
Ω	ω	o̱	ômega

Com relação aos espíritos suave e áspero, faremos a seguinte transliteração:

Espírito	**Transliteração**	**Pronúncia**
(’) suave	Não translitera	não pronuncia
(‘) áspero	h	“r” suave em português ou o “h” em inglês

Primeira parte

Análise das formas literárias da poética

Capítulo 1

Terminologia e alguns pressupostos básicos

O que está suposto na arte é amor divino,
por isso é que é incansável, eterna, perene alegria.
Artista nenhum gera a sua própria luz, disto, sei,
e quem mo contou não foi o sangue nem a carne,
mas o Santo Espírito do Senhor.

(Adélia Prado, *Cacos para um vitral*)

A poetologia, como toda análise, contém uma terminologia própria, embora se tenha a consciência de que não há consenso entre os estudiosos da Bíblia sobre uma nomenclatura única e que alguns conceitos aqui apresentados podem correr o risco de serem reducionistas. Mesmo assim, faz-se necessário optar por alguns instrumentais terminológicos, para que sirvam de base para nossa análise.

Terminologia

Poesia, poema ou prosa poética?

Há controvérsias entre os literatos sobre a definição precisa dos termos poesia, poema e prosa. Não entraremos nos pormenores dessa discussão. Porém, para estabelecermos uma base comum, a fim de facilitar a análise, apresentaremos as definições "clássicas" desses termos.

A "poesia", segundo a definição tradicional, é a linguagem de conteúdo lírico ou emotivo, composta de versos e estrofes. Esse estilo literário segue alguns princípios formais, com determinadas normas: métrica, ritmo, recursos retóricos e literários próprios.

O "poema" ou "prosa poética" segue algumas características próprias, como imagens abstratas ou concretas, para falar de forma lírica, de uma determinada experiência, emoção ou objeto. Há uma preocupação com a escolha de palavras, que criam uma sonoridade, um ritmo, porém não há necessidade de que as palavras ou as frases sigam regras específicas de rima ou de métrica. Esta talvez seja a grande diferença entre a poesia e a prosa.

Nos escritos bíblicos, alguns comentadores consideram que há fusão entre poesia e prosa poética, relevando as características próprias das línguas hebraica e grega. Outros consideram somente o termo "prosa poética", e existem ainda aqueles que chamam de "poesia de versos livres", justamente porque não existe nos textos poéticos bíblicos uma preocupação métrica e/ ou com a rima.

Estíquios e hemistíquios

O "estíquio" (palavra de origem grega), em poesia, corresponde a uma linha (ou unidade rítmica) do texto (Ex: Jo 1,1-18). O "hemistíquio" é o nome dado para a metade do estíquio. Essa divisão ou segmentação do texto poético chama-se "esticometria" ou "lineação".

Estrofe, estância ou estança

Muitos literários, e também biblistas, consideram a "estrofe" equivalente à "estância" (ou "estança"). Chama-se "estrofe" cada uma das partes que compõem um texto poético, ou seja, um conjunto de versos, rimados ou não, com uma unidade de conteúdo e de ritmo. O importante não é o número semelhante de versos, mas se há um sentido e se estabelece uma harmonia. Um exemplo de estrofe é a do Sl 100,1-2: "Aclamai o Senhor, terra inteira, servi ao Senhor com alegria, ide a ele com gritos jubilosos!".

Alguns pressupostos básicos

Em nossa análise poética de textos bíblicos, partimos de quatro pressupostos. O primeiro ponto a se considerar é que são textos escritos em grego e em hebraico e possuem, portanto, algumas características específicas da língua de origem.

O segundo é ter consciência de que são obras literárias. Nesse sentido, é necessário relevar os princípios básicos de um texto poético. Entre eles, é que cada obra poética é unitária, não obstante seja possível dividi-la em partes, por questões didáticas. Outro princípio são as diferentes relações que o texto poético estabelece entre os vários elementos que o constituem, sejam gramaticais, sintáticos, morfológicos. Entre os "elementos gramaticais", damos como exemplo os substantivos e os verbos. Assim, para análise dos substantivos é necessário perceber o caso, o gênero, o número (singular ou plural); com relação ao verbo, é interessante saber o tempo (presente, passado, futuro), o modo (indicativo, imperativo, subjuntivo), o aspecto, a voz (ativa, média, passiva). Chamam-se "elementos sintáticos" os itens que compõem uma frase, como: sujeito, predicado, objeto direto ou indireto, complemento nominal, entre outros. É essencial, também, salientar qual é o tema que perpassa o texto poético, elencar as figuras e as imagens predominantes e conhecer a raiz das palavras e como estão interligadas.

Por se tratar de texto literário, é importante a "intertextualidade", ou seja, descobrir a correlação existente entre os textos bíblicos ou com outras obras literárias de outras culturas antigas ou da literatura grega clássica. Outra característica de um texto literário é a plurissignificação, isto é, a capacidade que o texto escrito tem de assumir vários significados, diferentes interpretações, no decorrer da história.[1]

O terceiro elemento a relevar é a necessidade de interpretar um determinado texto bíblico no seu contexto literário. Por exemplo, o hino presente em Fl 2,6-11 deve ser interpretado não meramente como um hino cristológico, mas um hino cristológico num contexto literário exortativo, pois é antecedido pelos vv. 1-5. Desse modo, o hino não deseja responder somente quem é Cristo Jesus, mas qual o papel fundamental da encarnação e ressurreição de Jesus, para a vivência ética de um batizado.

O quarto e último pressuposto é o de enquadrar o texto poético dentro de uma visão de mundo, tendo presente que cada texto também reflete, direta ou indiretamente, um contexto histórico-social-religioso. Isso porque "a literatura procede da história do povo e é expressão da sua vida espiritual".[2]

Sugerimos também, como elemento essencial, a leitura repetida do texto, a fim de perceber a inspiração artística que o perpassa, bem como a análise das imagens, dos verbos, dos recursos estilísticos e outros elementos que nos podem ajudar. Todavia, jamais se deve excluir a sensibilidade artística do leitor e a necessidade de fazer da Palavra de Deus um espelho para nossa vida, como conceitua Paul Ricoeur, quando

---

1 Veja sobre plurissignificação em: GOLDSTEIN, Norma. *Versos, sons, ritmos*. 13. ed. São Paulo: Ática, 2000. (Série Princípios.)

2 Frase de Herder em: ALONSO SCHÖKEL, L. *Estudios de poética hebrea*. Barcelona: Juan Flors, 1963. p. 40.

diz que: “a hermenêutica é a decifração mesma da vida, no espelho do texto”.[3]

Nessa primeira parte, entramos em contato com a terminologia básica e os pressupostos básicos, ao considerar o texto poético uma obra literária. Analisaremos a seguir a sonoridade dos versos, aspecto relevante para os textos poéticos bíblicos, visto que na sua maioria são também cânticos e hinos.

---

[3] RICOEUR, P. *Conflito das interpretações*: ensaios de hermenêutica. Rio de Janeiro: Imago, 1978. p. 322.

Capítulo 2

Sonoridade dos versos

Tudo de alegrias e de tristezas conheci,
Coisas do amor e do sofrer, eu já senti,
Nada me transforma a alegria de viver,
Ver a noite vir e sorrir, ao sol nascer,
Vivo esperando o novo dia,
Que irá trazer a luz, que sempre ficará!

(Cartola, "Canção de saudade")

Os textos poéticos, como sabemos, eram recitados oralmente ou cantados. Desse modo, há uma grande preocupação nos textos bíblicos de provocar um efeito sonoro, facilitando também a sua memorização. Para criar esse efeito sonoro, os escritores bíblicos mais refinados escolhiam e combinavam as palavras conforme a sua afinidade sonora.

O desafio na identificação da sonoridade, nos textos poéticos bíblicos, está em lê-los na língua original, seja no hebraico, grego ou aramaico, ou encontrarmos traduções que preservaram a sonoridade. Porém, é importante conhecermos estes elementos, para compreendermos a sua relevância na interpretação dos textos.

Ritmo

O ritmo num texto poético é produzido por uma repetição periódica de determinadas palavras importantes na frase, ou pela sucessão de sílabas fortes e fracas, com intervalos regulares. Por exemplo, o texto "Fui sabendo de mim", de Mia Couto:[1]

Fui sabendo de mim
por aquilo que perdia

pedaços que saíram de mim
com o mistério de serem poucos
e valerem só quando os perdia

fui ficando
por umbrais
aquém do passo
que nunca ousei

eu vi
a árvore morta
e soube que mentia.

O ritmo poético, como afirma Alonso Schökel,[2] simplifica o ritmo natural da linguagem.

No ritmo poético, é determinante a identificação da combinação das sílabas longas e breves, do número de sílabas (no caso da poética grega), ou dos acentos (no caso da poética hebraica).

Sinais massoréticos no texto hebraico

Ao considerarmos a língua hebraica, podemos notar que os massoretas criaram um sistema de pontuação para indicar a correta leitura vocálica, acentuação, musicalidade dos salmos

---

1 COUTO, Mia. Fui sabendo de mim. In: *Raiz de orvalho e outros poemas*. Disponível em: <http://www.avozdapoesia.com.br/obras_ler.php?obra_id=11294&poeta_id=373>. Acesso em: 16/07/2013.

2 ALONSO SCHÖKEL, L. *Manual de poetica hebrea.* Madrid: Ediciones Cristiandad, 1987. p. 52.

e textos poéticos. Destacam-se três pontuações (ou sinais): os “pontos vocálicos”, os “ṭeʿamîm” e “sôp̄ pāsûq”.

Os *pontos vocálicos* são os sinais que indicam as vogais. Essas se dividem em vogais de tom breve ou longo. Essa divisão também existe em português, mas como estamos habituados com nossa língua, não prestamos a devida atenção. Por exemplo, podemos perceber que há diferença na vocalização de um “a” sem acento e com acento: à, ã, â, bem como no “o” das palavras “avó” e “avô”.

Na tabela abaixo,[3] apresentaremos os pontos vocálicos da língua hebraica, a transliteração das vogais, para facilitar o contato com a língua hebraica. Como os pontos e sinais são colocados embaixo, do lado, ou na parte superior à esquerda da consoante, utilizaremos como modelo a letra hebraica ʾā́lep̄ (א):

Vogal	Transliteração	Tom	Nome da vogal
אָ	ā	longa	qā́meṣ
אַ	a	breve	páṯaḥ
אֲ	ă	brevíssima	qā́meṣ páṯaḥ
אָי	â	longa	qā́meṣ
אֵ	ē	longo	ṣḗrê
אֵי	ê	longa	ṣḗrê
אֶ	e	breve	s^{e}ḡôl
אְ	^{e} ou ə	brevíssima ou não pronunciada	š^{e}wāʾ

[3] Esta tabela foi baseada no livro de: LAMBDIN, T. O. *Gramática do hebraico bíblico*. São Paulo: Paulus, 2003. p. 29.

אֱ	ĕ	brevíssima	ḥāṭēp̄ sᵉg̅ôl
אִי	î	longa	ḥîreq
אִ	i	breve	ḥîreq
אֹ	ō	longa	ḥôlem
אוֹ	ô	longa	ḥôlem
אָ	o	breve	qấmeṣ ḥấṭûp̄
אֳ	ŏ	brevíssima	ḥāṭēp̄ qấmeṣ
אוּ	û	longa	šûreq
אֻ	u	breve	qibbûṣ

Os ṭeᶜamîm (a palavra significa "apreciar") diferenciam-se dos sinais vocálicos. É um conjunto de sinais que, além de indicarem os acentos para a declamação (impostação da voz, entonação), também auxiliavam no ato de tocar ou cantar o texto bíblico. Os ṭeᶜamîm eram divididos em conjuntivos (indicavam que a frase deveria prosseguir) e disjuntivos (indicavam o final do verso ou da frase). Segue abaixo a tabela com todos os ṭeᶜamîm.

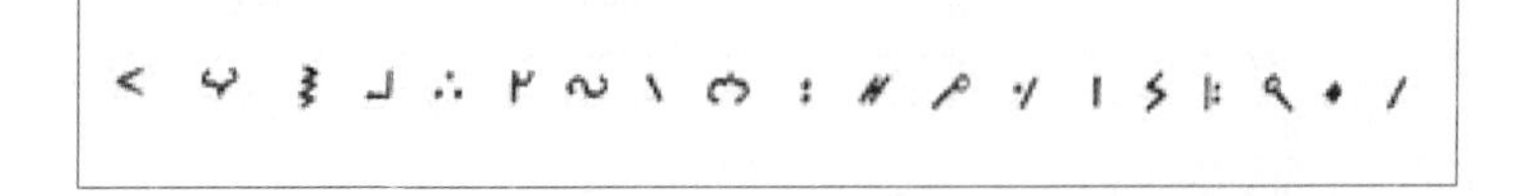

O sôp̄ pāsûq é um sinal importante entre os ṭeᶜamîm. Ele é representado por dois pontos (:) que representam os finais de cada verso, sobretudo, nos salmos. Na pontuação do texto massorético (texto hebraico com a vocalização), o sôp̄ pāsûq também indica o acento forte de cada palavra ou sílaba, conforme sua pronúncia.

Como exemplo do uso desses sinais, escolhemos o Sl 96,2:

Sem os sinais	שירו ליהוה ברכו שמו בשרו מיום־ליום ישועתו
Com os sinais vocálicos	שִׁירוּ לַיהוָה בָּרֲכוּ שְׁמוֹ בַּשְּׂרוּ מִיּוֹם־לְיוֹם יְשׁוּעָתוֹ
Os ṭeᶜamîm	שׁ֣ירו לֽ֭יהוה ברכ֣ו שׁמ֑ו בשׂר֥ו מיום־ל֝י֗ום ישׁועת֥ו
O sôp̄ pāsûq	שירו ליהוה ברכו שמו בשרו מיום־ליום ישועתו׃
Transliteração	šíîrû laJHWH bārăḵû šəmô baśśərû miyyôm-ləyôm yəšûᶜāṯô
Tradução	Cantai ao Senhor, bendizei o seu nome, proclamai dia após dia a sua salvação.

Nos textos em grego, as palavras já são acentuadas, facilitando a sua identificação, e não há grande complicação em dividi-las em sílabas. Por exemplo, 1Cor 13,7:

Texto em grego	πάντα στέγει, πάντα πιστεύει, πάντα ἐλπίζει, πάντα ὑπομένει
Indicação de acentos	πάντα στέγει, πάντα πιστεύει, πάντα ἐλπίζει, πάντα ὑπομένει
Transliteração	pánta stégei, pánta pisteýei, pánta elpízei, pánta hypoménei
Tradução	Tudo suporta, tudo crê, tudo espera, tudo tolera.

Sistemas de versificação

Para medir os versos, existem basicamente dois sistemas de versificação: o "quantitativo" e o "qualitativo".

O sistema quantitativo parte da divisão do verso em sílabas poéticas, também chamada de "escansão". Esta divisão pode ser ou não conforme a divisão silábica gramatical, pois dependerá da pronúncia e da melodia dos versos. As sílabas são contadas até a última sílaba tônica,[4] sendo excluídas as outras. Segue abaixo um exemplo de escansão de uma frase da poesia "As cismas do destino", de Augusto dos Anjos: "Sob a forma de mínimas camândulas". Na escansão dessa frase, verificam-se dez sílabas métricas, divididas conforme os acentos até a última sílaba acentuada,[5] da seguinte forma:

Sob	a	for	ma	de	mí	ni	mas	ca	**mân**	dulas
1	2	3	4	5	6	7	8	9	10	

O sistema qualitativo é o mais utilizado pelos gregos e latinos da Antiguidade clássica, e consiste na alternância entre as sílabas longas e sílabas breves. Esta unidade rítmica do texto poético é denominada "pé" (nome proveniente do hábito de recitar os textos poéticos acompanhados pela lira ou pela marcação do ritmo com o pé). O "pé" é formado por duas ou mais sílabas poéticas. As mais comuns são:

Nome	**Características**	**Representação gráfica[6]**
Troqueu	Uma sílaba tônica (longa) e uma átona (breve)	óo
Iambo ou jambo	Uma sílaba átona e uma tônica	oó

4 Sílabas tônicas: sílabas que levam o acento ou que fazem incidir intensidade de voz ao pronunciá-la. Como exemplo, a palavra *ár*-vo-re, que tem o *ár* como sílaba tônica.

5 O sistema de escandir o verso até a última sílaba tônica foi introduzido por Miguel do Couto Guerreiro, século XVIII, no livro: *Tratado de versificação portuguesa*. Lisboa: Francisco Luiz Ameno, 1784. pp. 6-7.

6 Segue-se o modelo de ALONSO SCHÖKEL, *Manual de poetica hebrea*, cit., pp. 53-68 (pode-se também considerar o livro de ALONSO SCHÖKEL, L. *Estudios de poética hebrea*. Barcelona: Juan Flors, 1963. pp. 163-165), pois Klaus Seybold, no livro *Poetica dei Salmi*, acrescenta um sinal para representar o šᵉwāʾ mudo ("e" não pronunciado) e móvel (pronunciado por um "e" brevíssimo), mas esse detalhismo para o nosso estudo será considerado secundário.

Dátilo	Uma sílaba tônica e duas átonas	óoo
Anapesto	Duas sílabas átonas e uma tônica	ooó

Aos poucos, esse sistema qualitativo de alternância entre as sílabas longas e breves se adaptou ao critério de intensidade, ou seja, na alternância entre sílabas acentuadas e não acentuadas.

Pelo estudo do texto massorético, constata-se que a língua hebraica é regulada pelo acento tônico, que geralmente cai na última sílaba (no português, equivale às oxítonas, como as palavras: café, ninguém). Por meio da sucessão de sílabas tônicas e átonas,[7] é possível individuar o ritmo do verso poético no hebraico. Assim, o ritmo se sobrepõe à métrica (medida do verso) e assume-se um sistema acentual.

O ritmo mais comum é aquele de três acentos em cada membro de um verso e chama-se cadência ternária (3+3). Nota-se ainda, com frequência, a chamada "qînāh" (3+2), que é um aspecto característico da lamentação fúnebre.

As formas 2+2 (binária),[8] 3+3 (ternárias) e 4+4 (quaternária) são chamadas simétricas. As 4+2 ou 4+3 são as assimétricas e as 2+3, 2+4, 3+4 são as inversões.

Na utilização de versos livres, o ritmo nos textos bíblicos é menos melodioso e favorece a concentração no conteúdo ou na temática do texto.

Formas e figuras de efeitos sonoros

Apresentaremos os meios estilísticos dos quais os salmistas e escritores bíblicos provavelmente se serviram para

[7] Sílabas átonas: sílabas que não levam acento ou que não fazem incidir intensidade de voz ao pronunciá-la. Como no exemplo anterior: Ár-vo-re, que tem as sílabas átonas vo-re.

[8] Ex: Lm 4,13; Sl 93,3-5; Sl 116,8.

proporcionar uma estrutura sonora, provocando um efeito melódico no texto. Os mais comuns são:

a) *Aliteração:* repetição de sons consonânticos ou de consoantes idênticas ou semelhantes no começo da palavra. Em português, é raro encontrar esse tipo de procedimento. Um exemplo é o fragmento de "Violões que choram", de Cruz e Souza:

> **V**ozes, **v**eladas, **v**eludosas **v**ozes,
> **V**olúpias dos **v**iolões, **v**ozes **v**eladas,
> **V**agam nos **v**elhos **v**órtices **v**elozes
> Dos **v**entos, **v**ivas, **v**ãs, **v**ulcanizadas.

A aliteração ajuda a valorizar a musicalidade do texto e, sobretudo, tem a função de sublinhar determinada frase ou palavra que deve permanecer na memória do leitor, do orante, como uma espécie de ideia-força. Um exemplo[9] é o Sl 73,15, no qual repete-se a letra alef (א):

Hebraico Lê-se da direita para a esquerda	**Transliteração** Lê-se da esquerda para a direita	**Tradução**
אִם־אָמַרְתִּי אֲסַפְּרָה כְמוֹ	ʾim-ʾāmartîʾ ăsappərāʰ ḵəmô	Se eu dissesse: "Narrarei como eles".

b) *Rima:* repetição de som no início ou no final das palavras, ou de determinadas expressões num verso. Existem *rimas internas* e *externas*.

Quando há repetições de som entre o início de um verso e no interior do verso seguinte, isso é chamado de *rima interna*, como, por exemplo, em Jr 4,30:

---

[9] Outros exemplos (no hebraico) de aliteração: Gn 1,1; Jz 5,12-23.34; 1Rs 10,1; 1Sm 6,7; 2Sm 18,5; Sl 4,3; 19,6; 46,10; Jó 5,8; 13,3.

E tu, devastada, que farás?
Por mais que te vistas de púrpura,
por mais que te enfeites com adornos de ouro,
por mais que alargues os teus olhos com pintura,
em vão te embelezarás!

Por sua vez, há *rima externa* quando a repetição ocorre no final de diferentes versos, como, por exemplo, em Jó 10,16-17:[10]

Orgulhoso como um leão, tu me caças,
Multiplicas proezas **contra mim**,
Renovando teus ataques **contra mim**,
Redobrando tua cólera **contra mim**,
Lançando tropas descansadas **contra mim**.

c) *Assonância:* repetição de vogais, ou sons de vogais, parecidas num verso ou frase. Por exemplo, em Jr 12,7, com a repetição do "î".[11]

Hebraico	Transliteração	Português
עָזַבְתִּי אֶת־בֵּיתִי	ʿāzáḇtî ʾeṯ-bêṯî	Eu abandonei a minha casa,
נָטַשְׁתִּי אֶת־נַחֲלָתִי	nāṭáštî ʾeṯ-naḥălāṯî	Rejeitei a minha herança
נָתַתִּי אֶת ־יְדִדוּת נַפְשִׁי	nāṯáttî ʾeṯ-yᵊḏiḏûṯ nap̄šî	Entreguei o amor da minha vida
בְּכַף אֹיְבֶיהָ	bəḵap̄ ʾōyḇeʸ́hā	Nas mãos de seus inimigos

d) *Sons dominantes ou reiteração*: efeito sonoro produzido pela repetição de sons, sem uma posição específica. Não é necessário que seja a repetição da mesma letra, mas que tenha um som semelhante, por exemplo, as consoantes: b/m, b/p, k/q/g,

[10] Outros exemplos de rimas (no hebraico): Ex 29,35; Jz 14,18; 15,19; 1Rs 18,22; Sl 8,3; 46,10; 55(54),7; Is 7,11; 13,12; 31,9; Jr 4,30; 9,16-20; 12,7; Jl 2,21; Pr 17,11 e 1Ts 2,15-16 (texto grego).

[11] Exemplos de assonância: Gn 1,2; Ex 32,18; Sl 144,4; Is 31; Sf 1,14.

t/d, l/r e s/ś/š/z.[12] Destaca-se o seguinte exemplo do Ct 1,6, no qual se repete o som de “sh”, que é transliterado por “š”.

Hebraico	Transliteração	Português
שֶׁאֲנִי שְׁחַרְחֹרֶת שֶׁשֱּׁזָפַתְנִי הַשָּׁמֶשׁ	... šeʾănî šəḥarḥōreṯ šeššĕzāp̄aṯnî haššāmeš	“...para o eu estar morena, porque o sol me queimou.”

e) *Acróstico alfabético:* quando a primeira letra de cada verso compõe o alfabeto hebraico. Infelizmente, não é possível manter essa forma sonora na tradução. Os salmos “alfabéticos”: 34, 37, 112, 119, 145 e Pr 31,10-31, na Bíblia de Jerusalém, possuem à esquerda dos versículos a referência das letras do alfabeto hebraico. Segue abaixo o Sl 34,2-7 como exemplo:

2 אֲבָרְכָה אֶת־יְהוָה בְּכָל־עֵת תָּמִיד תְּהִלָּתוֹ בְּפִי׃	2 Bendirei a JHWH em todo tempo, seu louvor estará sempre nos meus lábios.
3 בַּיהוָה תִּתְהַלֵּל נַפְשִׁי יִשְׁמְעוּ עֲנָוִים וְיִשְׂמָחוּ׃	3 Glorio-me de JHWH: que os pobres ouçam e fiquem alegres.
4 גַּדְּלוּ לַיהוָה אִתִּי וּנְרוֹמְמָה שְׁמוֹ יַחְדָּו׃	4 Engrandecei a JHWH comigo, juntos exaltemos o seu nome.
5 דָּרַשְׁתִּי אֶת־יְהוָה וְעָנָנִי וּמִכָּל־מְגוּרוֹתַי הִצִּילָנִי׃	5 Procuro JHWH e ele me atende, e dos meus temores todos me livra.
6 הִבִּיטוּ אֵלָיו וְנָהָרוּ וּפְנֵיהֶם אַל־יֶחְפָּרוּ׃	6 Contemplai-o e estareis radiantes, Vosso rosto não ficará envergonhado.

f) *Onomatopeia:* quando o som da letra que se repete remete ao som do objeto nomeado. O objetivo é criar o clima que o autor deseja comunicar. Alguns exemplos são o Sl 46,4 (yehĕmû yeḥmərû mêmāyw – tradução: “tumultuem e espumejem as suas águas”) e 65,8 (mašbî^{a}ḥ šəʾôn yammîm šəʾôn – tradução: “aplacas o ruído dos mares”), com a aliteração de “m” e de “sh” respectivamente, proporciona um fenômeno acústico semelhante à água.[13]

---

[12] Outros exemplos: Ct 2,10; 3,8; 4,1-2; Is 2; Mq 4.

[13] Outras onomatopeias no hebraico: Is 2,4 (o trabalho dos ferreiros), Is 5,24 (o crepitar da palha ao queimar-se), Is 10,17 (piar dos pássaros), Jr 51,55 (clamor de gritos e

g) *Jogo de palavras:* joga com a polissemia[14] ou com as semelhanças sonoras das palavras. Nesta mesma linha, encontra-se a paronomásia, que é o uso de palavras com sonoridades semelhantes. Um exemplo de paronomásia é a música "Cálice", de Chico Buarque, que joga com os vocábulos "cálice" e "cale-se", e com o significado de outras palavras, tendo por objetivo transmitir uma mensagem, mas sem falar abertamente, em razão de ser época de ditadura militar:

Pai! Afasta de mim esse cálice (3x) De vinho tinto de sangue Pai! Afasta de mim esse cálice (3x) De vinho tinto de sangue Como beber dessa bebida amarga Tragar a dor e engolir a labuta? Mesmo calada a boca resta o peito Silêncio na cidade não se escuta De que me vale ser filho da santa? Melhor seria ser **filho da outra** Outra realidade menos morta Tanta mentira, tanta força bruta Pai! Afasta de mim esse cálice (3x) De vinho tinto de sangue Como é difícil acordar **calado** Se na **calada** da noite eu me dano Quero lançar um grito desumano Que é uma maneira de ser escutado Esse silêncio todo me atordoa Atordoado eu permaneço atento Na arquibancada, prá a qualquer momento Ver emergir o **monstro da lagoa**	Pai! Afasta de mim esse cálice (3x) De vinho tinto de sangue De muito gorda a porca já não anda (**Cálice!**) De muito usada a faca já não corta Como é difícil, Pai, abrir a porta (**Cálice!**) Essa palavra presa na garganta Esse **pileque homérico** no mundo De que adianta ter boa vontade? Mesmo calado o peito, resta a cuca Dos bêbados do centro da cidade Pai! Afasta de mim esse cálice (3x) De vinho tinto de sangue Talvez o mundo não seja pequeno (**Cale-se!**) Nem seja a vida um fato consumado (Cale-se!) Quero inventar o meu próprio pecado (Cale-se!) Quero morrer do meu próprio veneno (Pai! Cale-se!) Quero perder de vez tua cabeça! (Cale-se!) Minha cabeça perder teu juízo. (Cale-se!) Quero cheirar fumaça de óleo diesel (Cale-se!) Me embriagar até que alguém me esqueça (Cale-se!)

alardos), Ez 27,24.34 (naufrágio), Jl 2,4-5 (marcha militar) e Is 17,12 (uma marcha militar, com o som do fragor do oceano, cf. ALONSO SCHÖKEL, L. *Manual de poetica hebrea*, cit., p. 46).

[14] Polissemia consiste em dar vários sentidos e significados para uma mesma palavra, como, por exemplo, colher. "Vamos **colher** uma fruta no pomar! Por favor, pegue uma **colher** para apanhá-la".

Nos textos bíblicos, podemos citar o Sl 12,7:

Hebraico	Transliteração	Tradução
אִמֲרוֹת יְהוָה אֲמָרוֹת טְהֹרוֹת	ʾīmărôṯ JHWH ʾămārôṯ ṭəhōrôṯ	As palavras do Senhor são palavras puras.

No texto bíblico de Gn 2,23, encontramos um *jogo de palavras*, relevante para a compreensão, entre os vocábulos homem (אִישׁ - îš) e mulher (אִשָּׁה - iššā^{h}).

Hebraico	Transliteração	Tradução
זֹאת הַפַּעַם עֶצֶם מֵעֲצָמַי וּבָשָׂר מִבְּשָׂרִי לְזֹאת יִקָּרֵא אִשָּׁה כִּי מֵאִישׁ לֻקֳחָה־זֹּאת	zōʾṯ happáʿam ʿéṣem mēʿăṣāmay ûḇāśār mibbəśārî ləzōʾṯ yiqqārēʾ **ʾiššā^{h}** kî **mēʾîš** lūqŏḥā^{h}-zzōʾṯ	esta, é osso de meus ossos e carne da minha carne! Ela será chamada **mulher** porque do **homem** foi tirada.

Em Fm 10-11, Paulo cria um *jogo de palavras* com o nome de Onésimo, que significa "útil": "... suplico-te em favor de meu filho Onésimo, que gerei entre algemas. Ele, antes, te foi inútil; atualmente, porém, é útil, a ti e a mim".[15]

Análise rítmica

Como exemplo de análise rítmica, escolhemos o versículo 3, do Sl 93. Os cinco passos básicos para a análise rítmica são:

1) Providenciar uma cópia do texto a ser analisado na língua original, dividi-lo em versos e transliterá-lo.[16]

---

[15] Outros exemplos de paranomásias: Js 7,24; 1Cr 28,8; 1Rs 18,2; Jó 15,13; Is 5,7; 10,27b-32; 63,1-6; Jr 9,1-7; 12,1-13; 23,9-12; 47,1-7; 48,1-8; 51,1ss; Os 2,17; 6,7-10; 14,3-9; Am 5,5; Mq 1,10-15; 5,1; 6,3b-4a; Sf 2,4-9; Zc 9,3; Ml 3,6-9.

[16] Na transliteração, decidiu-se representar o chamado š^{e}wāʾ *mudo* (ou seja, a vogal "*e*", que na leitura não é pronunciada) com "^{e}", a fim de facilitar a divisão silábica.

Hebraico	Transliteração
נָשְׂאוּ נְהָרוֹ יְהוָה	nāśᵉʾû nəhārôṯ JHWH
נָשְׂאוּ נְהָרוֹת קוֹלָם	nāśᵉʾû nəhārôṯ qôlām
יִשְׂאוּ נְהָרוֹת דָּכְיָם	yiśᵉʾû nəhārôṯ doḵᵉyām

2) Dividir as palavras em sílabas, a fim de facilitar a identificação das sílabas tônicas e átonas.

A regra básica é que cada sílaba comece com uma consoante, seguida de pelo menos uma vogal. No caso de consoantes geminadas: *bb*, *shsh* ou *mm*, deve-se separá-las como se faz em português (exemplo de divisão silábica: carro = car-ro).

Transliteração	Divisão silábica
nāśᵉʾû nəhārôṯ JHWH	na/śᵉ/ʾû nə/hā/rôṯ JHWH
nāśᵉʾû nəhārôṯ qôlām	na/śᵉ/ʾû nə/hā/rôṯ qô/lām
yiśᵉʾû nəhārôṯ doḵᵉyām	yi/śᵉ/ʾû nə/hā/rôṯ doḵ/yām[17]

3) Esquematizar graficamente com "ó" e "o", para facilitar a identificação das sílabas tônicas e átonas. Porém, é necessário ter presentes os acentos apresentados pelos massoretas, bem como a pronúncia das palavras em hebraico.

Para esquematizar graficamente o Sl 93,3, identificaremos as sílabas tônicas com um "ó" (um "o" com acento agudo) e as átonas com um "o" comum.

Como regra geral, a negação "lôʾ (לוֹא) e a partícula *kî* (כִּי) não se enquadram em métrica hebraica, assim seus acentos ignorados. Porém, isso não acontece em todos os casos, o que, portanto, exige atenção ao estilo do texto.

---

[17] Neste caso não se considera o šᵉwāʾ na divisão silábica, por causa da pronúncia, e das indicações no texto massorético.

Divisão silábica	Estrutura gráfica
na/ś^{e}/ʾû nə/hā/rôṯ JHWH na/ś^{e}/ʾû nə/hā/rôṯ qô/lām yi/ś^{e}/ʾû nə/hā/rôṯ doḵ/yām	ooó ooó oó // ooó ooó oó // ooó ooó oó

Este verso é composto de três hemistíquios,[18] e a representação dos acentos é 3+3+3.

4) Analisar as unidades rítmicas e classificá-las.

Ao considerar a unidade rítmica, nota-se que o ritmo é idêntico, no qual se mescla, de forma regular, os "anapestos" (ooó) com os "jambos" (oó). O versículo é estruturado de forma refinada, formando um paralelismo, em que, por três vezes, no primeiro e segundo membro, repete-se a raiz נשׂא (n, ś e ʾ) e a palavra נְהָרוֹת (nəhārôṯ) e modifica-se o terceiro membro. Pela repetição da consoante inicial "num" (נ) e os dois "ām" finais, cria-se um efeito sonoro semelhante ao fragor de um mar em tempestade.[19]

Hebraico	Divisão silábica	Tradução
נָשְׂאוּ נְהָרוֹת יְהוָה נָשְׂאוּ נְהָרוֹת קוֹלָם יִשְׂאוּ נְהָרוֹת דָּכְיָם	na/ś^{e}/ʾû nə/hā/rôṯ JHWH na/ś^{e}/ʾû nə/hā/rôṯ qô/lām yi/ś^{e}/ʾû nə/hā/rôṯ doḵ/yām	Levantaram os rios, Senhor, Levantaram os rios sua voz Levantam os rios o seu fragor

5) Interpretar qual é a função de determinada unidade rítmica no contexto do texto poético analisado (contexto literário).

Para entender o versículo 3, é necessário considerar o Sl 93,1-4, sobretudo o v. 4, pois ele estabelece uma contraposição entre a estabilidade do trono de Deus, presente nos vv. 1 e

18 Explicação de "hemistíquios" na nota 4.

19 Para maior aprofundamento, confira SEYBOLD, *Poetica dei Salmi*, p. 121.

2, e a instabilidade do mar no v. 3 (por causa da tempestade), reforçada pela onomatopeia. O efeito sonoro não reproduz uma ação agressiva, já que pela repetição das palavras e de "anapestos" cria-se uma monotonia no v. 3, mas reforça esse contraste entre o rumor do mar e a potência da voz de Deus. Isto é verificado, ainda, pela ênfase na sonoridade do v. 4, ao repetir oito vezes a consoante "m" (מ) e cinco, a consoante "r" (ר), conforme tabela abaixo:

v. 4 em hebraico	Transliteração	Tradução
מִקֹּלוֹת מַיִם רַבִּים	miqqōlôṯ mayim rabbîm	Mais do que a voz das grandes águas
אַדִּירִים מִשְׁבְּרֵי־יָם	ʾaddîrîm mišebərê-yām	Mais potente que as águas caudalosas
אַדִּיר בַּמָּרוֹם יְהוָה	ʾaddîr bammārôm JHWH	Potente no alto é JHWH

Os elementos sonoros presentes nos vv. 3 e 4 enfatizam a vitória do Deus de Israel sobre as forças caóticas, representadas pelo mar, pelos rios e pelo elemento "água".

As sonoridades escolhidas e os tipos diferentes de pés ("anapestos" e "jambos" no v. 3, e a irregularidade entre "troqueus", "anapestos" e "jambos" no v. 4, rompem a monotonia e criam um ritmo mais acelerado, reforçando os temas presentes no Sl 93: a majestade de Deus (v. 1), a estabilidade do mundo (sentido cósmico e ético, v. 1), a vitória sobre o caos (vv. 3-4), a realeza que se concretiza no templo (indica a santidade do templo) e nas suas testemunhas (v. 5). Segue-se abaixo a estrutura gráfica dos acentos do v. 4:

v. 4 em hebraico	Estrutura gráfica
מִקֹּלוֹת מַיִם רַבִּים	ooó óo oó
אַדִּירִים מִשְׁבְּרֵי־יָם	ooó ooó-ó [20]
אַדִּיר בַּמָּרוֹם יְהוָה	oó ooó oó

[20] Por causa da síncope (redução da palavra "água" em hebraico), são possíveis outras estruturas gráficas.

Por conseguinte, ao considerar os vv. 3 e 4 como centrais do Sl 93, nota-se que o seu tema principal é a realeza expressa pela estabilidade cósmica. Estabilidade que contrasta com a instabilidade por meio da força do mar (v. 3). Porém, no v. 4, o *Senhor* se apresenta mais forte, mais potente e reafirma sua vitória sobre o caos primordial.

Outro elemento relevante é a mudança do tempo verbal no v. 3, pois, após duas ocorrências do verbo no perfeito (נָשְׂאוּ - naś^{eʾ}û /levantaram), esperaríamos sua repetição na terceira frase, porém o salmista escolhe um imperfeito (יִשְׂאוּ - yiś^{eʾ}û / levantam). Este procedimento provoca um rompimento na sequência e o enfatiza. Consequentemente, a vitória não será somente sobre o caos primordial, mas também sobre o caos presente no hoje, do salmista.

Música e textos poéticos bíblicos

Ao analisar os textos poéticos bíblicos e, particularmente, os salmos, percebe-se que há uma íntima relação entre poética, música, ritmo e canto.

O uso da música para expressar o contato com o transcendente é evidente em todas as culturas. Percebe-se que em cada religião a música ocupa uma função, um lugar diferenciado dentro do culto, e são privilegiados determinados instrumentos musicais.

Na tradição hebraica, constata-se que os salmos eram cantados na liturgia e a maioria deles tem como contexto vital (*Sitz im Leben*) o culto celebrado no Templo.

Outro dado importante é a influência da música egípcia e sumérica na música hebraica;[21] visto que estas civilizações

---

[21] Para mais informações sobre o tema, confira: WELLESZ, Egon. *Ancient and Oriental Music*. Londres: Oxford University Press, 1975; GROUT, Donald; PALISCA, Claude. *História da música Ocidental*. Lisboa: Gradiva, 1997.

eram ricas em experiências musicais e que as executavam como elemento essencial nas cerimônias religiosas.

Os próprios termos utilizados para designar o Livro dos Salmos, em grego e hebraico, nos indicam que são poemas, ou louvores para serem cantados com acompanhamento de instrumento. O termo hebraico para "salmo" é תְּהִלָּה. (təhillāʰ) da raiz hebraica הלל (h.l.l), que são as consoantes correspondentes ao verbo hallel, que no infinito significa louvar ao Senhor. A versão grega da Bíblia, a Septuaginta, utiliza a palavra ψαλμός (psalmós), ou seja, são cantos para instrumentos de corda, ou cantos acompanhados de algum instrumento musical. Em grego temos o substantivo ψαλτήριον (psaltērion), que era utilizado para denominar uma oração ou canto de louvar a Deus, celebrando suas maravilhas.

Diante dessas constatações, Suzanne Haïk-Vantoura[22] provou em sua pesquisa a possibilidade de interpretar musicalmente os sinais presentes no texto massorético. A pesquisadora alega que, por meio da decodificação destes sinais, é possível conhecer suas melodias e que elas respeitam certos procedimentos de equilíbrio, coerência e distribuição harmônica.

A autora afirma, ainda, que os sinais massoréticos são, provavelmente, transcrições da chamada "quironomia".[23] A "quironomia" era a arte de representar a música por meio de gestos. Cada gesto representava a melodia que o instrumentalista deveria executar.

Provavelmente, segundo Suzanne, os sinais inferiores presentes nos textos massoréticos correspondiam aos gestos da mão esquerda e os sinais superiores, aos da mão direita. A estudiosa fundamenta seus argumentos nos relevos egípcios,

---

[22] HAÏK-VANTOURA, Suzanne. *The Music of the Bible Revealed.* Berkeley: Bibal Press; San Francisco: King David's Harp, 1991.

[23] Ibid., pp. 74-75.

no *Talmud* e nos textos de Rashi.[24] Para melhor visualizar isso, segue abaixo um dos relevos egípcios, no qual o instrumentalista tocava conforme a melodia indicada pelos gestos da pessoa a sua frente:[25]

Porém, não podemos desconsiderar a função exegética da vocalização e as pontuações colocadas nos textos bíblicos pelos massoretas.

Instrumentos musicais no saltério[26]

No saltério há várias ocorrências de nomes de instrumentos musicais.[27] Porém, não é clara a natureza de todos os instrumentos citados, como, por exemplo, o termo נְחִילוֹת (nəḥîlôṯ) do Sl 5,1.

Entre os instrumentos de sopro destaca-se o šôp̄ār (ou *shofar* - שׁוֹפָר) que é um instrumento semelhante ao "berrante" e que na LXX é traduzido por "trombeta" (σάλπιγξ). Este instrumento é citado nos Sl 47,6; 81,4; 98,6 e 150,3. Era utilizado no culto como prenúncio de poderes transcendentais (Ex 19,16ss), no dia da penitência, da expiação (Lv 25,9-10) e na

---

24 Ibid., p. 80.

25 Confira: KING DAVID'S HARP INCOMPORATION. Disponível em: < http://www. rakkav.com /biblemusic/pages/chironomy.htm >. Acesso em: 15/08/2012.

26 TRIVIÑO MONRABAL, M. V. *Música, dança e poesia na Bíblia*. São Paulo: Paulus, 2006. pp. 13-97. (Coleção Liturgia e Música, 4.)

27 Cf. Sl 9,1; 12,1; 30,1; 33,2; 61,1; 67,1; 71,22; 144,9; 150,3-6.

festa da lua nova. Encontra-se no traslado da arca (1Cr 15,28), em guerras e celebrações de vitórias.

Outros instrumentos de sopro são o ᶜûḡāḇ (עוּגָב: flauta vertical) e a ḥăṣōṣrāʰ (חֲצֹצְרָה: traduzida por "tuba" ou "trombeta"). O termo ᶜûḡāḇ encontra-se em Jó 21,12; 30,31 e no Sl 150,4 e é traduzido na LXX por "órgão" (ὄργανον). Já a palavra ḥăṣōṣrāʰ no saltério ocorre somente no Sl 98,6, e é traduzida por "trombeta" (σάλπιγξ) na LXX. Este instrumento está associado à guerra e às celebrações festivas.[28]

Um instrumento de percussão, que é citado nos Sl 81,3; 149,3 e 150,4, é o tōp̄ (ou *tof* - תֹּף). Esta palavra hebraica é traduzida pela LXX por *týmpanon* (τύμπανον), e em português pode ser traduzida por "tamborim" ou "tambor".

Há duas ocorrências no Sl 150,5 da palavra hebraica ṣelṣəlim (צֶלְצְלִים) que na LXX é traduzida por *kýmbalon* (κύμβαλον). Equivale ao "címbalo", que é um instrumento de percussão formado por dois pratos de bronze. Existe uma variação deste termo, como na palavra məṣiltáyim (מְצִלְתַּיִם), porém isso não ocorre nos salmos nem em textos poéticos (cf. 1Cr 13,8; 15,16.19.28;16,5; 25,1.6; 2Cr 5,12; 29,25; Ne 12,27). Existem outros instrumentos como o paᶜămōn (פַּעֲמֹן) que é traduzido por "sino" ou "campainha", mas também não ocorre nos salmos, somente no livro do Êxodo 28,34-35.

Quanto aos instrumentos de cordas, há basicamente três: o ḵinnôr (כִּנּוֹר); o nēḇel (*nevel* - נֵבֶל) e o ᶜāśôr (עָשׂוֹר).

O ḵinnôr é traduzido pela LXX por "cítara" (κιθάρα) e ocorre nos Sl 33,2; 49,5; 57,9; 71,22; 92,4; 98,5; 108,3; 147,7; 149,3 e 150,3. A cítara era um instrumento de madeira, com

[28] Verifique também em Nm 10,2.8; 31,6; 2Rs 11,14; 12,14; 1Cr 13,8; 15,24.28; 16,6.42; 2Cr 5,12; 13,12; 15,14; 20,28; 23,13; 29,26; Ne 12,35. 41 e Os 5,8.

um orifício no centro, a base era quadrada e a parte superior arqueada. As cordas eram dispostas no sentido vertical. O som é melodioso, suave e muito agradável. Era símbolo de alegria.

O nḗḇel é traduzido pela LXX com a palavra "saltério" (ψαλτήριον), dando assim o nome para todo o livro dos salmos, na versão grega. Não há um consenso com relação a sua tradução, portanto, oscila entre "lira" e "harpa". Este instrumento está presente nos Sl 33,2; 57,9; 71,22; 81,3; 92,4; 108,3; 144,9 e 150,3, e é utilizado para louvar a Deus.

A palavra ᶜāśôr (עָשׂוֹר) literalmente significa "dez", e é traduzida como um "instrumento de dez cordas" (a LXX traduz com a palavra δεκάχορδος - *dekáchordos*, que tem o mesmo significado do termo em hebraico). Alguns estudiosos consideram esse instrumento uma espécie de cítara fenícia (um instrumento retangular, com 10 cordas). Ele é citado nos Sl 33,2; 92,4 e 144,9.

Após essa visão sobre os instrumentos musicais, iremos nos aprofundar nos níveis e nos recursos estilísticos encontrados nos textos poéticos bíblicos.

Capítulo 3

Níveis do texto poético e recursos estilísticos

Não há um padrão para a análise e interpretação de textos poéticos, principalmente na Bíblia. Desse modo, apresentaremos alguns níveis que têm como finalidade ajudar a ler, de forma mais aprofundada, os textos poéticos bíblicos e a reconhecer os principais recursos estilísticos.

Níveis do texto poético

Lexical

O primeiro nível, o lexical, tem como objetivo analisar o *vocabulário utilizado num texto* e o *nível de linguagem* (simples, culta, coloquial). Para tal finalidade, somente é necessário elencar as categorias gramaticais (substantivos, verbos, adjetivos, advérbios) presentes no texto, a fim de perceber quais predominam e como são empregadas.

Quanto ao "substantivo", é necessário averiguar se se trata de substantivos abstratos (exemplo: sabedoria) ou concretos (exemplo: pedra, casa). Em caso de verbos, é necessário elencar o tempo (presente, pretérito perfeito, imperfeito, futuro), o modo (indicativo, subjuntivo, imperativo, infinitivo) e a voz (ativa, reflexiva, passiva).

Após essa listagem, convém perceber a qual campo semântico a palavra pertence. Mas o que vem a ser campo semântico? Campo semântico é o conjunto de palavras, verbos, adjetivos, que possuem afinidade no seu significado. Por exemplo, o Sl 150,3-5 contém vários substantivos relacionados a instrumentos musicais (como "trombeta", "saltério", "harpa", "instrumentos de corda"), assim, podemos dizer que pertencem ao mesmo campo semântico. Outro exemplo é o Sl 146,7-9, onde se citam os vários tipos de pessoas que são marginalizadas, e que traz palavras com o mesmo campo semântico. São elas: oprimidos, famintos, prisioneiros, cegos, órfão, estrangeiros, curvados e a viúva.

Após este primeiro procedimento, segue um levantamento dos adjetivos, das locuções e orações adjetivas, a fim de perceber a relação entre o adjetivo e o substantivo correspondente.

É importante salientar que essas análises somente têm sentido quando contribuem para a interpretação do texto e, ainda, notar se os termos têm um significado literal ou poético, simbólico, metafórico, considerando os vários significados que determinado termo pode assumir conforme o contexto. Por exemplo, em Jó 7,11; 10,11; 21,25, encontramos a expressão mar napšî (מַר נַפְשִׁי) que literalmente pode ser traduzida por "amarga garganta". No entanto, essa forma lexical também pode ser interpretada como amargura interior ou angústia,[1] com isso, é necessário interpretá-la dentro de um contexto.

Sintático

O segundo nível, o sintático, consiste em perceber a *organização do texto*, isto é, anotar qual é o sujeito, o predicado, o complemento presentes nas frases. É muito importante notar se as construções sintáticas utilizadas são usuais ou não e se existe ou não uma sequência da mesma construção.

---

[1] ALONSO SCHÖKEL, L. *Manual de poetica hebrea*, cit., p. 126.

Por exemplo, na língua portuguesa é comum uma frase iniciar com o "sujeito", depois ter um "verbo" e finalizar com o "complemento", mas, se há uma sequência diferente, é necessário intuir o que o autor está tentando indicar ou salientar. Um exemplo é a sequência do Sl 93,4.

Outros elementos a serem observados são as pontuações (interrogações, reticências e outras) e os períodos: curtos ou longos.

O "encadeamento" ou "cavalgamento" (em francês *enjambment*) é uma figura típica deste nível. Consiste no deslocamento de uma palavra, expressão ou um complemento para o verso seguinte, tornando o sentido do primeiro verso incompleto. Desse modo, é necessário uni-lo com o verso seguinte, para completar o seu sentido. Este procedimento quebra a monotonia e enfatiza a frase, tornando-a relevante para a interpretação.

Cita-se como exemplo de "encadeamento" o Sl 96,11-13, com a expressão "diante de JHWH" (לִפְנֵי יְהוָה) no v. 13. Esta expressão completa as frases dos vv. 11 e 12, informando o motivo do convite à exultação de todo o universo, mas, por outro lado, cria uma ambiguidade de sentido no v. 13.[2]

Semântico

O terceiro e último nível é o semântico (*o sentido, o significado*). Todas as figuras sonoras, a construção sintática, os vocábulos, as categorias gramaticais só é compreensível em vista do seu sentido, do seu significado, ou melhor, da sua interpretação, que é o nível semântico. O nível semântico consiste em interpretar a frase, saber qual é o seu significado.

---

[2] Mais exemplos de "encadeamentos": Jó 4,8; 13,7 e Sl 11,6; 32,5; 33,13-14; 59,8; 116,12.15; 129,4; Lm 1,7.

Assim, se digo a frase do Sl 1,6: "Pois, conhece, o *Senhor*, o caminho dos justos, mas o caminho dos ímpios perece", nesse terceiro nível cabe se perguntar: O que significa essa frase? O que significa dizer que o Deus de Israel conhece o caminho dos justos? O que significa dizer que "o caminho dos ímpios perece"?

Recursos estilísticos

Os recursos estilísticos ajudam a interpretar os textos bíblicos, ou seja, a entender o significado das frases. O primeiro recurso é a "figura de linguagem", que tem a função de realçar, ornamentar, embelezar, dar maior ênfase ou expressividade numa palavra, som, frase, discurso, conteúdo ou mensagem. A seguir, caracterizaremos as figuras de linguagem mais relevantes, com o objetivo de auxiliar na identificação das mesmas nos textos poéticos.

Comparação e metáfora

Nas figuras de linguagem, existem as figuras de similaridade (semelhança). As principais são "comparação" e "metáfora".

A "comparação"[3] se dá quando duas palavras são aproximadas por meio de conectivos ou conjunções comparativas, tais como: como, assim como, do que, quanto, qual, que nem, tal qual. Como exemplo, vejamos Ct 4,1-2:

> "...teu cabelo é **como** um rebanho de cabras
> descendo pelas ladeiras de Galaad;

---

[3] Comparação no Primeiro Testamento: Jó 9,26; 14,7-10; Sl 90,4-6; Pr 10,26; 11,28; 25,4-5; 25,13.15.18; 26,1; Ecl 7,6; Ct 4,1-4; Sb 7,22-8,1; Is 1,30; 64,5; Jr 17,8.

os teus dentes **como** um rebanho tosquiado
recém-saído do banho."

A "metáfora"[4] é uma comparação abreviada, sem a utilização de conectivos. Dependendo de sua construção, a metáfora pode produzir diferentes efeitos poéticos. Um exemplo é Ct 4,12:

"**Jardim fechado** tu és, irmã,
minha noiva (esposa), **manancial sigilado**."

Assim, há uma comparação poética (sem o uso de conectivos ou conjunções comparativas) entre a esposa (ou noiva, que é chamada na primeira frase de "irmã"), um jardim fechado e um manancial sigilado, o que pode conduzir o leitor a diferentes interpretações.

Repetição

Nos textos poéticos existem repetições significativas tanto de palavras como de frases completas. É necessário perceber a posição destas repetições, bem como a sua função dentro do texto. Dependendo da posição da repetição num texto poético, existem diferentes denominações e funções. Pode-se destacar:

a) *Anáfora:* sequência de repetições de termos, expressões idênticas ou semelhantes, nos inícios de frases.[5] Serve para unificar uma série ou para ressaltar determinado aspecto. Exemplo: Sl 96,7-8a:

---

[4] Metáforas no Primeiro Testamento: Gn 4,10; Nm 16,30; Dt 32,18; 1Sm 24,14-15; 25,29; 29,9; 2Sm 5,2; 14,17.20; 16,9; 19,27; Sl 1,1.3; 3,13; 9,9; 11,6-7; 12,2.6; 18,2; 23,1-2; 27,1; 28,1; 34,16; 35,5; 37,31; 52,6.21-22; 56,9; 57,1.5; 58,4.7; 59,13; 65,9; 68,2; 69,10; 75,9; 83,13; 98,7; 103,14-15; 109,18; 118,15; 119,35; 141,9-10; 144,4; Ct 6,5; 7,4; Eclo 24,18; Is 5,2; 7,19; 18,2; 66,14; Jr 6,11; Ez 27,34.26; 28,12.

[5] Outros exemplos de anáforas encontram-se em: Gn 49,25; Dt 17,6; 1Rs 10,8; 2Rs 18,32; Ecl 3,1-8; Ct 4,8.9.12; Jr 51,20-23.

[7] "**Tributai ao Senhor,** famílias dos povos,
Tributai ao Senhor glória,
[8] **Tributai ao Senhor** a glória devida ao seu nome."

b) *Epífora (epístrofe):* sequência de repetições de palavras ao fim de dois ou mais versos, ou segmento de prosa poética,[6] criando ritmo no texto. Uma epífora clássica está presente em Jó 10,16-17:

"Orgulhoso como um leão, tu me caças,
Multiplicas proezas **contra mim,**
Renovando teus ataques **contra mim,**
Redobrando tua cólera **contra mim,**
Lançando tropas descansadas **contra mim**"

c) *Inclusão:* é a repetição de palavras idênticas, ou semelhantes, no início e no fim de um segmento, delimitando uma unidade textual.[7] Este recurso serve tanto para moldurar um texto como para sublinhar um aspecto ou uma palavra relevante. A expressão: "Dai graças ao Senhor porque ele é bom, porque é eterna a sua misericórdia", presente no Sl 118,1.29, é um bom exemplo de inclusão.

d) *Refrão ou estribilho:* é um recurso poético que consiste em repetir um verso, ou um conjunto de versos, com intervalos regulares, com uma função estrutural.[8] Um exemplo de refrão, como ladainha, verifica-se nos Sl 118,1-4 e 136, com o constante "porque o seu amor é para sempre!".

---

[6] Algumas epístrofes (no hebraico): Eclo 3,2; 14,9; 1Sm 25,6; Jr 12,7.

[7] Outros exemplos de inclusão podem ser verificados em 1Sm 2,1.10; Sl 8,2.9-10; 77,14; 103,1-2.22; 105,6; 150,1; Is 29,9; Jr 5,21.

[8] Outros refrões encontramos em: Ct 2,7; 3,5; 5,8; Is 9,11.16.20; 10,4; 16,20; Am 4,6-11.

e) *Anadiplose:* consiste na repetição da última palavra ou última expressão de um segmento métrico (verso ou hemistíquio) ou sintático, no início do verso seguinte.[9] Como exemplo, o Sl 96,13:

> "na presença do Senhor **que vem"**,
> pois **está vindo** para **julgar a terra**;
> **julgará o mundo** com justiça e os povos com retidão."

Merisma, expressão polar e antítese

É chamada de merisma a união ou junção de duas palavras opostas que expressam uma totalidade.[10] No Sl 73,25 encontra-se um merisma espacial, muito refinado, por meio das palavras "céus" e "terra":

> "Quem é por mim nos **céus**, além de ti?
> Se estou contigo, nada mais desejo na **terra**".

Os termos "céus" e "terra" constituem um merisma clássico[11] e estão também presentes no Sl 96,11, para indicar a totalidade espacial.[12] A sua função no Sl 96 é convidar todo o universo ou todo o mundo criado para louvar o Criador:

> "Alegrem-se os céus e exulte a terra".

Às vezes é difícil distinguir o merisma de uma expressão polar. As expressões polares, mormente, utilizam palavras

---

[9] Outro exemplo de anadiplose está em Gn 1,1-2, com a palavra "terra".

[10] Encontramos merismas em: Jó 29,6.8; Sl 1,1; 4,8; 49,3; 50,13; 68,6; 85,11; 95,5; 98,5-6; 115,15-16; 121,2.6,8; 146,6-9; Pr 22,17; Eclo 10,2; 11,10; 15,3; Is 2,14-15; 10,4a; 41,4; 43,2; 45,5; Jr 3,9; Ez 17,27; Os 4,3; 9,2; Jl 4,18 e Na 3,5.

[11] BOCCACCIO, P. Termini contrari come espressioni della totalità in ebraico. *Rivista Biblica* 33 (1952) 173-190; WATSON, W. G. E. *Classical Hebrew Poetry*. Sheffield: Sheffield Academic Press, 1986. pp. 321-324.

[12] Alguns autores ligam o "mar" ao merisma, entre as frases do v. 11ab, justificando como totalidade espacial ao relacionar com céus-terra.

ou extremos que se encontram numa mesma linha temática e que compartilham traços comuns.[13] Um exemplo é o Sl 114, em que encontramos os termos: "Mar dos Juncos" e "Jordão", que expressam uma síntese teológica da história. Outro exemplo interessante é o Sl 121,6-7, que apresenta vários extremos, sob um mesmo enfoque principal, mostrar a proteção de Deus:

> "De **dia o sol** não te ferirá, nem a **lua de noite**.
> O Senhor te guarda de todo o mal ele guarda a tua vida:
> O Senhor guarda a tua **partida** e **chegada**
> desde **agora** e **para sempre**."

Já a antítese consiste na oposição de duas ideias, realidades ou termos contrários. No Sl 1 nota-se o contraste entre os justos e os ímpios. Temos vários exemplos, como este em Pr 15,17:[14]

> "Mais vale um **prato de verdura com amor**
> do que um **boi cevado com ódio**."

Outros recursos estilísticos

Elencaremos outros recursos, com exemplos dos textos poéticos bíblicos:

1) *Alusão*: é a referência direita ou indireta a um texto, personagem, situação, fato, acontecimentos históricos ou mítico, que seja do conhecimento do leitor. Há basicamente três tipos de alusões: alusão tópica (refere-se a um acontecimento recente), alusão histórica (refere-se a um dado, fato

---

[13] Exemplos de "expressão polar": Sl 3,102; 121,6-8; 139; Pr 4,27; 30,8; Eclo 40,1-4; Is 19,8; 41,4; 43,10; 44,6; 45,7; 45,15; 46,3-4; 51,6; 52,6; 55,6-9; Am 9,2-3.

[14] Outros exemplos de antítese podem ser encontrados em: Jó 14,7-10; Sl 30, 113,118; Pr 12,5; 13,7; 14,13.30; 15,6.18; 16,9.19; 17,10.12; 27,10; 30,21-23; Is 3,24; 5,7; 14,13-15; 47; 49; 53; Jr 2,13; 4,1; 17,5-8.

ou experiência passada) e alusão mitológica (baseia-se num mito).

No Livro dos Salmos constatamos várias alusões, sobretudo referentes à criação e ao êxodo/Sinai, experiências fundamentais e fundantes para o povo de Israel. Quanto à alusão à criação, cita-se o Sl 96,5, ao dizer: o *Senhor* fez os céus (refere-se à criação em Gn 1–2). Tratando-se do êxodo, um exemplo é o Sl 105,26-36, que nos remete (faz alusão) ao Ex 7,8-12,34.

Um exemplo de alusão mitológica da luta entre Deus e o caos primordial (o caos antes do ordenamento do mundo) ocorre no Sl 93. Também encontramos outro exemplo de alusão mitológica em Jn 2, entre a descida de Jonas nas "entranhas do *Sheol*" e a "descida de *Inanna* ao mundo dos mortos" ou a "descida de *Ishtar*",[15] da cultura sumérico-babilônica.

2) *Elipse:* consiste em omitir um termo da frase, que pode ser um verbo, um substantivo, um artigo, entre outros. A partir deste recurso, torna-se compreensível o texto de Pr 10,1:

> "Filho sensato, alegria de seu pai;
> filho néscio, aflição de sua mãe."

Segundo a nota da Bíblia do Peregrino, ao seguir o princípio da elipse, os dois predicados se aplicam aos dois sujeitos. Portanto, a frase sem a elipse resultaria: "O filho sensato é alegria para seu pai e para sua mãe. O filho néscio é aflição, tanto para a sua mãe como para o seu pai".[16]

---

[15] Confira: BOTTÉRO, J.; KRAMER, S. N. *Uomini e dèi della Mesopotamia.* Alle origini della mitologia. Torino: Einaudi, 1992. (Collana: I millenni.)

[16] Podemos perceber elipse, também, em Gn 2,11.16-17; 12,10-20; 27; 43,1-2; Ex 2,1; Nm 23,19a; Dt 4,12; Jz 11,29-40; 2Sm 4,1-12; 2Rs 4,7; 1Mc 9,48; Ecl 7,1; Is 38,18; Jr 22,10; Os 5,8 e Mq 7,1b.

3) *Hipérbole:* é um exagero literário, tanto positivo como negativo. Quanto ao aspecto positivo da hipérbole, verifica-se na expressão: "terra que mana leite e mel", presente em muitos textos bíblicos, como: Ex 33,3; Dt 6,3; Jó 20,17, entre outros.[17] Também no Sl 78,27 temos a seguinte hipérbole:"e sobre eles fez chover carne como pó, aves numerosas como areia do mar".

Quanto ao aspecto negativo da hipérbole, cita-se o Sl 69,5ab, ao descrever a quantidade e a força dos inimigos:

> **"São mais que os cabelos da minha cabeça,**
> os que me odeiam sem motivo.
> **São mais fortes que meus ossos,**
> meus mentirosos inimigos."

4) *Hendíadis ou hendíade:* consiste em ligar dois substantivos ou verbos, com o intuito de exprimir uma ideia única.

No Sl 96,6 constatam-se duas hendíadis clássicas nas expressões "glória e majestade" e "força e beleza". No Sl 85,11-12 verificam-se as seguintes hendíadis: "amor e verdade" e "justiça e paz".[18] Um exemplo de hendíadis presente no Segundo Testamento está em Jo 1,17, com os substantivos a "graça e a verdade" (a "graça da verdade").

5) *Ironia:* também compreendida como "sarcasmo", é quando se diz o oposto daquilo que deve ser dito.

Um exemplo de ironia está em 1Rs 18,27, quando Elias zomba dos profetas de Baal, dizendo: "Gritai mais alto, pois,

---

[17] Como exemplo de hipérbole, destacamos: Ex 12,37; Nm 12,10; 1Rs 10,27; 18,44; 20,27; 2Rs 21,16; 2Sm 2,18; Sl 5,10; 69,5; 107,3; Ct 1,4b.8b; Eclo 44,21; Jr 14,1 e Os 12,12.

[18] Confira hendíadis em: Ex 15,2; Jó 12,4; Sl 42,3.5; 116,1.

(Baal) sendo um deus, ele pode estar conversando ou fazendo negócios, ou então viajando; talvez esteja dormindo e acordará!".

Outro exemplo está em Jó 12,2, em que este na verdade quer dizer: "sois ignorante e insensato", mas afirma: "realmente sois a voz do povo e convosco morrerá a sabedoria".[19]

6) *Litotes:* é uma figura próxima da ironia, que consiste em afirmar o positivo por meio do negativo, ou em abrandar uma ideia, termo ou expressão, deixando entender seu verdadeiro significado.

Um exemplo de litotes está em Is 10,7: "Mas ela não tinha essa intenção; seu coração não se ateve a esse plano". Quando, na verdade, o propósito era exterminar e destruir as grandes nações.

No Sl 107,38-39 também se verifica uma litotes na frase: "Ele os abençoa e sempre mais se multiplicam, não deixam o seu rebanho diminuir". Mas, na verdade, se deseja dizer: "diminuem e mínguam pela opressão do mal e sofrimento".

7) *Prosopopeia ou personificação:* atribui sentimentos, ações ou características humanas a animais, objetos e substantivos abstratos. Como exemplo, temos o Sl 85,10: "A misericórdia e a verdade se encontraram; a justiça e a paz se beijaram".[20]

---

[19] Como exemplos de ironia no Primeiro Testamento, destacamos: Gn 31; 41; 42,8.23; Jz 3; 5,30; 16,7-14; 1Rs 1,42; 22,15; 2Sm 6,20; 11,11; 12,23; 13,25-27; 15,7-8; 18,27; 19; Est 6,6.10-11; 7,7-10; Jó 38,4-5.21; Sl 89,19-38.39-50; 114,3-5; Pr 23,39-35; Ecl 10,3; Jr 14,6; Am 4,1-5 (com a expressão: "vacas de Basã"); Mq 2,6.11.

[20] Alguns exemplos de prosopopeia estão em: Gn 3,1.4-5; 4,10-11; Dt 6,15; Jz 9,8-15; Sl 96,11-12; 114.

Paralelismo

Um elemento característico da poética hebraica é o paralelismo. Neste recurso são relevantes: as palavras, os conceitos, as ideias principais. Podem ser paralelos por estarem na mesma posição, em posições simétricas, ter função sintática semelhante, a mesma classe gramatical ou, como já vimos, ter a mesma sonoridade.

Existem muitas classificações de paralelismo. Elencar-se-ão, somente, os paralelismos básicos:

1) *Sinonímico:* quando a mesma ideia é expressa de duas formas semelhantes ou equivalentes. Ou seja, uma frase repete o sentido da outra, com palavras sinônimas ou iguais. A finalidade deste paralelismo é enfatizar ou esclarecer determinada ideia, conceito.[21] Exemplo: Sl 93,3:

Levantaram os rios **sua voz**
Levantaram os rios **o seu fragor**

Há uma divisão entre sinonímico bimembre (formado de dois membros paralelos) e trimembre (formado de três membros).

Um exemplo de bimembre é o Sl 18,7:[22]

A	*Na minha angústia invoquei o Senhor*
A'	*ao meu Deus clamei*
B	**Ele ouviu de seu templo minha voz**
B'	**meu clamor em sua presença chegou aos seus ouvidos**

21 Há paralelismo sinonímico em: Jz 5,28; Pr 1,8; 3,13-14; 4,24; 19,6; Eclo 13,1; 33,25.

22 Outros exemplos de sinonímico bimembre podem ser verificados nos Sl 18,5.14-15; 89,23-24.

Pode-se perceber o trimembre, na frase do Sl 24,4.

A'	*Mãos inocentes e coração puro*
A''	*Quem não se entrega à falsidade*
A'''	*Nem jura para enganar.*

2) *Antitético:* quando a ideia é expressa de maneiras opostas, uma frase afirma o contrário da outra. O seu objetivo é revelar o contraste entre duas realidades.[23] Exemplo:

Lm 1,1	Que **solitária** está a cidade **populosa**.
Sl 1,6	Pois, **o Senhor conhece o caminho dos justos**, mas **o caminho dos ímpios perece**.

3) *Sintético:* é quando uma frase resume ou completa o sentido da outra.[24] Também chamado de "progressivo" ou "complementar". Exemplo:[25]

Sl 51,12	"**Coração puro** cria em mim, ó Senhor e **Espírito firme** renova dentro de mim."

Conforme afirma Alonso Schökel,[26] é possível encontrar outros paralelos relacionados com o conteúdo, como, por exemplo, uma afirmação e a sua explicação, uma imagem e sua explicação, causa e consequência, ordem e motivação.

---

23 Encontramos paralelismo antitético em: 1Sm 15,22; Sl 32,10; Pr 10,1-2; 11,19; 13,7; 30,21-23.

24 As três formas de paralelismo foram apresentadas pelo bispo anglicano Lowth, no livro *Leçons sur la Poésie Sacrée dês Hébreux.* Porém, ultimamente o tipo sintético é muito criticado pelos biblistas. Para mais informações sobre Lowth, confira: ALONSO SCHÖKEL, L. *Estudios de poética hebrea.* Barcelona: Juan Flors, 1963. pp. 9-15.

25 Outros paralelismos sintéticos estão presentes nos textos: Sl 1,3; 19,8-10; Pr 14,27; 16,31; 21,28.

26 ALONSO SCHÖKEL, op. cit., p. 73.

Existem ainda relações com membros correlatos (pai e filho, fome e alimento) ou do mesmo campo semântico.

É interessante também considerar as observações de Alter[27] – ao estudar a antiga poesia hebraica – de que os paralelismos na poesia bíblica, mesmo aqueles que podemos classificar como sinonímicos, caracterizam-se por uma intensificação, seja de imagens, conceitos, temas, ao longo de uma sequência de linha. Outra característica é o desenvolvimento narrativo. Um exemplo da intensificação é a poesia presente na oração de Davi, quando foi liberto da mão de Saul, em 2Sm 22,2-51. Analisaremos o v. 9 que diz:

"Subiu fumaça de sua narina,
E um fogo, da sua boca, devorador,
Carvões (brasas) inflamados dele."

Esse v. 9 é constituído de um paralelismo triádico que vai intensificando a imagem da ira, por meio de três substantivos: "fumaça", "fogo" e "carvão", e há um desenvolvimento narrativo, que vai aprofundando a imagem, pois o poeta inicia com a "fumaça", passa para sua fonte, que é o "fogo", e termina com o "carvão" incandescente que inflama tudo.

Com relação ao desenvolvimento narrativo, um exemplo é Is 26,7:

"Como a mulher grávida,
quando se lhe aproxima a hora de dar à luz,
se contorce e dá gritos nas suas dores."

O autor parte do fim da gravidez para o meio do parto (*contorce* e *dá gritos*).

---

27 ALTER, Robert; KERMODE, Frank (Org.). *Guia literário da Bíblia*. São Paulo: Unesp, 1997.

Construção ou estrutura

São estes os tipos mais comuns de construção ou estrutura dos textos poéticos:

1) *Construção paralela (paralelismo):* dá-se quando os elementos em relação, dois a dois, aparecem dispostos de modo paralelo. Podem ser paralelos lexicais (por haver termos iguais, semelhantes, sinonímicos, do mesmo campo semântico), sintáticos (mesma organização sintática do texto, combinações de verbo + complemento, ou de substantivo + adjetivo) ou temáticos. O Sl 89,22-26 apresenta um paralelismo temático:

A	Promessa de assistência	v. 22
B	Ajuda contra os inimigos	vv. 23-24
A’	Promessa de assistência	v. 25
B’	Ajuda contra os inimigos	v. 26

2) *Construção concêntrica (concentrismo):* quando as frases iniciais e finais são paralelas, destacando um terceiro elemento que é central, ou melhor, quando a unidade central é enfatizada e as demais são paralelas (ABA’ ou ABCB’A’), como, por exemplo: Pr 6,17-19 – o centro é a frase do v. 18a: “coração que trama maldades”.

Existem também construções concêntricas, porém organizadas de forma paralela, por exemplo, o Sl 108,4:

A = Louvar-te-ei,		
	B = entre os povos,	
A’ = Cantar-te-ei louvores		**C = SENHOR**
	B’ = entre as nações.	

3) *Construção em espelho:* é uma construção semelhante à concêntrica, mas sem um elemento central, e as frases iniciais estão em paralelo inverso (em ordem decrescente) com as frases seguintes (ABCDD'C'B'A'). No entanto, quando a construção compreende somente quatro unidades, é comum chamar de quiasmo (ABB'A'). O Sl 69 tem uma estrutura quiástica:[28]

A	Apelo à salvação	vv. 2-5
B	Lamento sobre um mal interior	vv. 6-19
B'	Lamento sobre um mal exterior, os inimigos	vv. 20-30
A'	Apelo à *todah* (ação de graças)	vv. 31-37

As estruturas dos textos poéticos bíblicos e, sobretudo dos salmos, variam dependendo da sensibilidade da pessoa que o analisa. Assim, é sempre bom recordar alguns princípios básicos: a unidade do texto poético e a plurissignificação do texto literário, já mencionadas ao final do primeiro capítulo.

Além dos níveis do texto e dos vários recursos estilísticos, existem ainda as formas fixas e a classificação dos gêneros literários, sobretudo nos salmos, que aprofundaremos.

---

[28] Estrutura de RAVASI, Gianfranco. *Il Libro dei Salmi*: Commento e attualizzazione. 4. ed. Bologna: Dehoniane, 1988. v. II. p. 410.

Capítulo 4

Formas fixas e gêneros literários

As formas fixas, como o próprio nome diz, são composições poéticas que seguem uma estrutura específica. Há também os chamados gêneros literários, que se "caracterizam por um conjunto de ideias e emoções dominantes, por fórmulas estilísticas facilmente reconhecidas e por circunstância vital em que surge ou se repete".[1]

Com relação às formas fixas dos textos poéticos, destacam-se: a ode, a elegia ou lamentações fúnebres, o idílio (ou pastoril); poemas descritivos de termos abstratos; os cânticos de guerra, da vida cotidiana, de amor (epitalâmio; *paraklausithyron* e o *waṣf*) e os cultuais (entre eles os salmos). Os gêneros literários, sobretudo dos salmos, são vários como, por exemplo: os hinos, as súplicas, as ações de graças e outros.

Cânticos e poemas

Ode, lamentações e idílio

A ode,[2] de origem grega, é um poema destinado ao canto. No início tinha como temática os grandes sentimentos do ser

1 ALONSO SCHÖKEL, L. *Estudios de poética hebrea.* Barcelona: Juan Flors, 1963. pp. 37-38.

2 MOISÉS, Massaud. *Dicionário de termos literários.* 12. ed. ampl. São Paulo: Cultrix, 2004. pp. 327-329.

humano. Mas, aos poucos, foram acrescentados outros temas, como, por exemplo, celebrar fatos heroicos e religiosos. Não seguia uma forma rígida, porém poderia ser identificada por iniciar e terminar com o louvor a alguém e a descrição do episódio a ser celebrado. Na Septuaginta (LXX), existe um livro destinado às odes, e entre elas encontram-se o *Magnificat* e o Canto do Glória.

A elegia ou lamentações fúnebres[3] são composições destinadas a exprimir tristeza, dor ou sentimentos melancólicos. A métrica da poesia hebraica, como já mencionado anteriormente, reserva o ritmo *qînah* (alterna-se verso de três acentos com o de dois: 3 x 2) para as lamentações. O primeiro, o segundo e o quarto cânticos do livro das Lamentações são típicos dessa forma de composição, bem como o canto de Davi, quando Saul e Jônatas foram mortos (2Sm 1,17-21). Neste canto Davi recorda, principalmente, a dor pela morte do amigo Jônatas. O refrão consta de um verso somente: "Como caíram os heróis!" (2Sm 1,19.25.17).[4]

Chamam-se idílio, ou poema pastoril, composições que celebram a vida no campo, a natureza, a atividade agrícola, ou seja, o bucólico. Como exemplo, sugere-se a primeira parte do Sl 23.

Existem poemas que exaltam determinados termos abstratos, listando as suas características, como os poemas sobre o amor (1Cor 13; 1Jo 4,17-18), a sabedoria (Sb 7,22–8,1) e a Palavra de Deus (Hb 4,12ss).

---

[3] Ibid., pp. 137-139.

[4] Podem ser encontradas lamentações em: 2Sm 1,19-27; 3,33ss; Am 5,1-3.16; Jr 3,21-25; 8,1-4; 9,16.19-21; 14,49.19-20; 16,5; 22,18ss; Os 6,1-3; 14,3b-4; Ez 24,15ss; 26,15-18; 27; 28,11-19; 31; 32,1-8.17-32; Is 12,7-13; 52,13-53,12 e Na 3,18ss.

Cânticos de guerra e de situações da vida cotidiana

Os cânticos são poemas destinados a serem recitados de forma cadenciada. Chamam-se de guerra, os cânticos destinados ou que estimulam o combate, ou que invocam as forças e as condições para a vitória, também chamado de *ensalmo* (Js 10,12) e cântico de vitória[5] (cf. Jz 5,1-31 – marcado pelo estribilho Jz 5,2 e Ex 15,1-18.21).

Existem ainda as trovas, que descrevem de forma profética e poética o acampamento de Israel em ordem de combate (Nm 23,7-10.18-24; 24,3-9.15-19.20-24), ou que recordam a conquista de uma determinada região ou cidade, como a de Hesbon (ou Hesebon), cidade de Moab (Nm 21,27s).

Entre os cânticos que retratam aspectos da vida cotidiana, têm-se: o cântico de trabalho (Nm 21,17-18; Jz 9,27), de zombaria (Os 6,4-6; Is 23,15ss; 44,12-20; 47; Nm 21,27-30), sátiras (Is 23,15-16), cantos de banquetes (Is 22,13), do poço (Nm 21,17), o canto de fidelidade de Ruth à Noemi (Rt 1,16-17).

É interessante notar que os grandes momentos da história da salvação são celebrados por meio de cânticos. Elencar-se-ão para melhor visualização:

1) Cântico de Moisés, Mirian e Aarão: Ex 15,1-19 (experiência exodal).
2) Antes da morte de Moisés: Dt 32,1-43.
3) Cântico de Débora: Jz 5 (período dos juízes).
4) Cântico de Ana: 1Sm 2,1-10 (início da monarquia).
5) Cântico de Isaías: 26,9-19.
6) Cântico de Habacuc: 3,2-19.

---

[5] Cf. 1Sm 18,6-7; 2Rs 13,17; Ex 16,23ss; 17,16; Ez 15,20-21; Js 5; 10,12; Jz 11,34; 16,23ss.

7) Cântico de Jonas: Jn 2,3-10.
8) Cântico dos três jovens: Dn 3,26-58.
9) Cântico de Maria: Lc 1,46-55 (celebração da encarnação de Jesus).
10) Cântico de Zacarias: Lc 1,68-79 (celebração do nascimento de João Batista).

Cânticos de amor

Nessa forma fixa se destacam: o epitalâmio, o *waṣf* e o *paraklausithyron*.

O epitalâmio ou cânticos nupciais são poemas matrimoniais. No texto bíblico encontramos dois exemplos: Sl 45 e Is 62.

O poema que enaltece os atributos físicos e outras características da pessoa amada chama-se *waṣf*. Não há um esquema rígido, porém ele se caracteriza pela descrição, de forma gradativa, do corpo do amado ou da amada, que se pode iniciar dos pés à cabeça, ou vice-versa. É uma forma presente em Ct 4,1-7; 5,10-16 e 7,1-10.

O *paraklausithyron* é o poema que retrata o amado diante da porta fechada do recinto ou da casa na qual a amada se encontra (Ct 5,2-5). Existem, também, os chamados poemas de busca noturna, que é quando a amada sai durante a noite à procura do seu amado (Ct 5,6-8).

Todas essas formas estão presentes no Cântico dos Cânticos, que é um clássico cântico de amor.

Cânticos cultuais

Apesar de serem encontrados outros cânticos cultuais a Bíblia (1Pd 2,21-24; 1Tm 3,16; Fl 2,6-11; Rm 11,33-36 Ap 15,3-4), destacam-se os salmos.

Os gêneros literários, presentes no livro dos salmos, foram classificados pelo alemão Hermann Gunkel.[6] Mas, no decorrer do tempo, foram reclassificados e ultimamente essas reclassificações sofrem duras críticas, porque se constata que vários salmos não se ajustam a um gênero específico, mas a vários. Porém, é interessante conhecê-los, pois ajudam na interpretação não só dos salmos, mas dos cânticos e de outros textos poéticos na Bíblia.

Neste subsídio, apresentar-se-ão os vários gêneros literários, as divisões das coleções dos salmos e seguir-se-á a classificação das formas fixas.

Salmos
Informações básicas

Numeração

Quanto à dupla numeração dos salmos, há uma regra geral para as Bíblias que seguem a numeração hebraica (como a Bíblia de Jerusalém, Bíblia da CNBB e a TEB): os números fora dos parênteses correspondem à numeração hebraica e os números entre parênteses, à numeração grega. Essa diferença ocorreu porque alguns salmos foram unificados no cânon da Bíblia hebraica e subdivididos na Septuaginta (versão grega), ou vice-versa, conforme a tabela abaixo:

---

6 GUNKEL, H. *Introducción a los Salmos*. Valencia: Institución San Jerónimo, 1983. pp. 47-131. (Clásicos de la Ciencia Biblica, 1.)

Bíblia Hebraica	LXX (grega)
1-8	1-8
9-10	9
11-113	10-112
114 - 115	113
116	114-115
117-146	116-145
147	146-147
148-150	148-150
não existe	151

A liturgia na Igreja Católica segue a numeração grega e não a hebraica, pois os textos litúrgicos são traduzidos tendo como base, mormente, a versão latina da Bíblia (Vulgata ou Neovulgata).

No cânon da LXX e da tradição siríaca, existem 151 salmos. O Sl 151 foi acrescentado na Tradução Ecumênica da Bíblia (TEB), assim temos acesso a sua tradução.

Datação

A história da redação e da introdução de cada coleção de salmos no cânon são complexas, marcadas por suposições e problemas, prejudicando a datação dos salmos. Nos estudos atuais, os salmos são datados como escritos ou compilados somente no período exílico, pós-exílico e muitos biblistas consideram uma grande maioria dos salmos, como do período helenístico. Outros comentadores dos salmos, dada a dificuldade já elencada, desconsideram qualquer hipótese de datação. A nossa opção é verificar cada salmo e diante do vocabulário, optar por uma datação aproximada.

Autoria

A autoria está intimamente ligada com a problemática da datação e, portanto, é de natureza incerta. É verdade que muitos salmos trazem, no título, a preposição לְ, (lə) que possibilitaria a definição da autoria. Porém, essa preposição pode ser traduzida por: "de", "para", "a respeito de", "para ser executada por", "conforme o estilo de", "sob a direção de". Outra dificuldade é a consciência de que esses títulos foram anexados posteriormente aos salmos, influenciados por vários fatores, entre eles, a necessidade de dar ao salmo um contexto para facilitar a sua compreensão. Vejamos:

"autor" ou títulos	Tradução	Quantas vezes aparecem e em quais salmos?
לְדָוִד	Davi	73 x (Sl 3, 15, 17, 23)
לְאָסָף	Asaf (mestre ou ancestral de uma confraria de cantores, relacionada à guerra)	12 x (Sl 50; 73-83)
לִבְנֵי־קֹרַח	Filhos de Qorah (Córe) – cantores oficiais do Templo – 1Cr 6,16.22	11 x (Sl 42,44-49; 84-85; 87-88)
לִשְׁלֹמֹה	Salomão	2x (Sl 72; 124)
לְמֹשֶׁה	Moisés	1x (Sl 90)
לְהֵימָן	Heman (um dos cantores do grupo de Qorah)	1x (Sl 88)
לְאֵיתָן	Etan (?, talvez igual ao anterior)	1x (Sl 89)

As coleções no saltério

Outros estudiosos propõem uma divisão em cinco livros ou coleções, cada qual terminando com uma forma doxológica. Apresentar-se-á a proposta de Zenger,[7] por acrescentar outros detalhes nessa subdivisão:

---

[7] ZENGER, E. O livro dos Salmos. In: VV. AA. *Introdução ao Antigo Testamento.* São Paulo: Loyola, 2003. p. 314. (Bíblica Loyola, 36.)

Livros	Salmos	Subdivisão	Doxologia
	Sl 1–2	Proêmio: Torah + Messias, Sião e o Senhorio de Deus	
I	Sl 3–41	Salmos de Davi	41,14: Bendito seja JHWH, o Deus de Israel, desde sempre e para sempre! Amém e Amém!
II	Sl 42–72	Salmos de Coré: 42–49 Salmos de Asaf: 50 Salmos de Davi: 51–72	72,18s: Bendito seja JHWH, o Deus de Israel, o único que opera milagres! Bendito seja para sempre seu nome glorioso! Que toda a terra seja repleta de sua glória! Amém e Amém! Fim das orações de Davi, filho de Jessé.
III	Sl 73–89	Salmos de Asaf: 73–83 Salmos de Coré: 84–89 Salmo de Davi: 86	89,53: Bendito seja JHWH para sempre. E todo o povo dirá: Amém e amém!
IV	Sl 90–106	Salmo de Moisés: 90–92 Salmo sem título: 93–100[8] Salmos de Davi: 101–106	106,48: Bendito seja JHWH, o Deus de Israel, desde sempre e para sempre. E todo o povo dirá: Amém!Amém!
V	Sl 107–145	Salmo de louvor: 107 Salmo de Davi: 108–110 Salmos alfabéticos da Torah: 111–112 Hallel de Páscoa: 113–118 Salmo alfabético da Torah: 119 Salmo de Subidas: 120–137 Salmo de Davi: 138–145	145,21: Minha boca dirá o louvor de JHWH, e toda carne bendirá seu santo nome, para todo o sempre!
	Sl 146–150	Hallel final: 10 vezes "aleluia".	

[8] Alguns autores consideram os Salmos 93–100 relacionados com o título dos Salmos 90–92, por apresentarem as mesmas características e a mesma temática, a saber, a Realeza de Deus.

Outros seguem a classificação, por meio das formas fixas apresentadas no início dos salmos, dispostas da seguinte forma:

Termo	Significado possível	Salmos
מִזְמוֹר	Salmo	Sl 3; 4; 13; 15
שִׁיר	Cântico	Sl 18; 29; 46; 48,1; 65,1; 66,1; 67,1
מַשְׂכִּיל	Cântico de sabedoria ou de ensinamento	Sl 32; 42; 44
מִכְתָּם	Título, sobrescrito ou epígrafe	Sl 16; 56-60
שִׁגָּיוֹן	Lamento	Sl 7
תְּהִלָּה	Louvor	Sl 145
תְּפִלָּה	Oração	Sl 17; 86; 90; 102

Os gêneros literários dos salmos

Como já mencionado, a classificação dos salmos de forma científica foi realizada por Gunkel, no início do século XX. Neste período, era relevante o estudo do texto em si, sendo o auge do método histórico-crítico. No decorrer do tempo, o seu método foi desenvolvido, modificado, aperfeiçoado, mas as intuições básicas permaneceram inalteradas.

Gunkel considera três elementos necessários para determinar o gênero literário dos salmos:

a) *Forma literária:* consiste em perceber as características formais do texto, desde as mais simples (vocabulário, metáforas) até as mais complexas (construção sintática das frases, estrutura geral do texto, estilo).

b) *Conteúdo:* relevar os pensamentos e os sentimentos expressos no texto e como eles se inter-relacionam.

c) *Contexto vital (Sitz im Leben):* é determinado ao observar as relações existentes entre a forma, o conteúdo e a suposta situação concreta, na qual o texto foi produzido e a realidade na qual o mesmo será utilizado. Por exemplo, um salmo foi escrito no período "x" (pode ser o período persa ou helenístico) para uma festa específica (da Páscoa, de Pentecostes, das Cabanas).

A partir do pressuposto de Gunkel, de que os salmos tinham como contexto vital o culto, indicar-se-ão duas críticas: 1) a impossibilidade em determinar o momento e a festa específica, por falta de acesso aos detalhes de cada liturgia e festas judaicas; e 2) a existência de salmos relacionados à vida cotidiana e não propriamente a uma ação litúrgica, como, por exemplo, os salmos diante de uma catástrofe, de alguém que está sendo perseguido.

O problema presente na classificação dos gêneros literários dos salmos é que não há um consenso entre os biblistas e, portanto, existe uma infinidade de classificações.

Seguir-se-á a proposta de *Gunkel*, acrescentando elementos relevantes da sugestão de *Ravasi*[9] e alguns complementos de outros estudiosos.

Hinos

São cantos de louvor a Deus por suas obras, em tom festivo. Geralmente, são elencados os atributos de Deus, a sua grandeza e majestade. Os hinos seguem o seguinte esquema:

---

[9] RAVASI, G. *Il libro dei Salmi*: Commento e attualizzazione. 7. ed. Bologna: Dehoniane, 1997. v. I.

a) *Introdução:* convite ao louvor (uso de imperativos: "louvai", "cantai", "celebrai"), algumas vezes acompanhado por gestos ("aplaudir", "elevar as mãos"). Mencionam-se alguns instrumentos musicais e é dirigido a um determinado grupo, que é convidado a louvar.

b) *Desenvolvimento:* apresentam os motivos para o louvor. O sinal identificador da segunda parte é geralmente a partícula "*kî*" (כִּי), a qual, em hebraico, significa "pois" (ou "porque"), acompanhada dos atributos ou feitos divinos, de forma narrativa ou descritiva.

c) *Conclusão:* retoma o convite de louvor inicial ou apresenta uma frase em forma de oração, intercessão, maldição ou bênção.

Apresentar-se-ão alguns exemplos, porém existem salmos que se adaptam a diferentes gêneros literários e não a um específico, portanto serão repetidos em mais de um gênero. Exemplos: Sl 29; 33; 65; 66; 100; 105; 111; 113; 117; 135; 136; 145; 146; 147; 148; 149; 150.

Os hinos podem ser subdivididos entre aqueles que exaltam a Deus como Salvador (como aqueles que foram apresentados anteriormente) e como Criador (Sl 8; 19; 18; 77; 97; 104; 139; 144; 148).

Outros mais específicos são os hinos de entronização do Deus de Israel ou hinos de JHWH-Rei e os hinos de Sião.

• *Os hinos de entronização do Deus de Israel ou de JHWH-rei* são formalmente semelhantes aos hinos, mas celebram a realeza divina. Comumente, utilizam a fórmula "JHWH reina" ou "JHWH é rei", e há como pano de fundo a teofania (manifestação de Deus), que inaugura o seu reinado definitivo e seu domínio sobre os seus inimigos, a história e o universo. Quanto ao contexto vital, dependerá do conteúdo de cada salmo e, muitas vezes, será impossível defini-lo. Os salmos classificados como de entronização divina são: Sl 47; 93; 96–99.

• *Os hinos de Sião* exaltam a cidade santa, o monte santo Sião, capital e centro espiritual da nação (centro das peregrinações). Pois, sobre Sião estão estabelecidas as instituições da casa real, as sedes da justiça e, sobretudo, o Templo-habitação do Senhor.

Estes hinos apresentam Sião como a cidade ideal, mãe de todos os povos, símbolo do paraíso primitivo e do reino definitivo. De Sião brotam para Israel: a santidade, a estabilidade e a proteção. A fórmula típica é "JHWH nos protege em sua cidade". Os salmos considerados como hinos a Sião são: Sl 46; 48; 76; 84; 87; 122 e 132.

Salmos de súplica

O salmista, diante de uma dificuldade grave, suplica a intervenção de Deus. Basicamente, são divididos entre salmos de súplica individual ou coletiva. Nestes salmos, a dor e o mal são personalizados ou apresentados de forma simbólica. Pode-se dizer que, no salmo, atuam três personagens: o mal, Deus e o suplicante.

O mal	**Deus**	**Suplicante**
a) doença grave; b) pecado; c) tragédia nacional; d) processo judicial; e) adversário implacável.	a) É chamado em causa e questionado: Por quê? b) É acusado de permanecer em silêncio e indiferente. c) Apresentação dos motivos para sua intervenção.	Desenvolve uma argumentação em três momentos: a) a felicidade passada; b) o trágico presente; c) a esperança futura.

A estrutura dos salmos de súplica é a seguinte:

a) *Invocação ao Senhor:* é comum tecer uma ladainha com os títulos de Deus. Faz-se um apelo a Deus e se apresentam as motivações da esperança, na ação salvadora de Deus, na história de Israel. Essa introdução objetiva conquistar a benevolência divina.

b) *Desenvolvimento:* descreve a desgraça, suplica e há certa murmuração em relação ao silêncio e à inatividade de Deus, diante da realidade individual ou coletiva. O salmista recorre a metáforas que representam dor, sofrimento, perigo e, às vezes, declara sua inocência ou reconhece a sua culpa.

c) *Conclusão:* finaliza com voto de ação de graças ou sacrifício de louvor, para expressar a certeza da salvação. Eventualmente, encontra-se um oráculo de salvação.

A diferença entre as súplicas individuais e coletivas está no conteúdo e não na forma. As súplicas individuais refletem aspectos precários da existência humana e, também, a ação humana por construir uma vida melhor. O mal assume diferentes faces e níveis: material, moral e espiritual.

É possível identificar quatro situações nas quais as súplicas individuais eram recitadas ou entoadas:

a) *Perseguição ou perigo:* as causas podem ser: naturais (carestia, seca, tempestades), sociais (escravidão, guerra, injustiça, pobreza) ou pessoais (físicas ou psíquicas). Os inimigos são apresentados em forma simbólica e o orante invoca sobre eles a vingança e o castigo.

b) *Enfermidade e morte:* o conteúdo é marcado pela confissão dos pecados e pedido de perdão, na certeza de ser curado, uma vez que a morte e as doenças são vistas como um castigo pelos erros cometidos. Porém, ambas (morte e enfermidades) revelam a debilidade e a caducidade humana, gerando angústia. Normalmente, tanto a enfermidade como a morte são personificadas e consideradas inimigas.

c) *Inocente injustamente acusado:* estes poemas funcionam como apelação do inocente, diante do tribunal de Deus, no Templo. O acusado aguarda confiante a sentença de Deus, expõe a sua causa e pede o reconhecimento da sua inocência, por meio da absolvição e o castigo dos culpados. Esses salmos são caracterizados por elementos e linguagem jurídica, tais como protesto, pedido para que seja examinada a causa e a pessoa acusada, a confiança na sentença de Deus. Deus é nomeado juiz supremo de Israel (ou da Antiga Judeia) e do mundo, e há juramento de inocência.

d) *Penitência ou reconhecimento individual das culpas ou do pecado:* o orante reconhece sua responsabilidade diante dos males que sofre. Segue a seguinte sequência: o reconhecimento e a confissão da culpa, a conversão, e a experiência de uma vida nova redimida.

Os exemplos de súplicas individuais são: Sl 3; 5–7; 11; 13; 17; 22; 25–28; 31; 35; 36; 38; 39; 41–43; 51; 54–57; 59; 61; 63; 64; 69–71; 86; 88; 102; 109; 120; 130; 131; 140–143.

Nas *súplicas coletivas* muda o sujeito, pois não releva o "eu", mas o "nós" da comunidade, do povo, de Israel. O mal é uma magnitude que afeta toda a comunidade, como: catástrofes naturais (fome, peste, seca), problemas históricos (derrotas, exílio, guerra) ou males provenientes da própria condição humana (morte, velhice).

O protagonista, que é toda a nação ou a comunidade, é a causa da desgraça por sua infidelidade à Aliança, unindo a dimensão religiosa e a ética. Após o reconhecimento da culpa e o castigo, o povo ou a comunidade recupera a sua identidade de nação ou de comunidade santa e bendita.

Entre as súplicas coletivas encontram-se os salmos: 12; 14; 44; 53; 58; 60; 74; 79; 80; 82; 83; 85; 89; 90; 94; 106; 108; 123; 126 e 137.

Salmos de confiança e de ação de graças

Os salmos de confiança seguem formalmente os salmos de súplica. A diferença consiste na confiança inabalável no Senhor, da parte do salmista, diante da consciência dos males e das angústias que o aflige. Tal convicção confere a estes salmos uma incipiente tonalidade de louvor e expressa profunda comunhão com Deus e a fidelidade na sua misericórdia.

A grande diferença entre essa forma literária e as demais não está no conteúdo, mas na atitude por detrás das palavras. É uma espécie de explosão interior, livre e espontânea, de expressões que transmitem confiança absoluta em Deus, de tal forma que todas as outras certezas e seguranças humanas chegam a empalidecer.

Esse gênero não é assim tão puro, pois sempre há uma mistura de vários aspectos e características dos demais, de modo que não existe uma estrutura rigorosa, apesar de podermos perceber um esquema bipartido: o primeiro evoca a potência divina; o segundo traduz o sentimento de confiança decorrente da potência divina. Existem salmos de confiança individual (Sl 3–4; 11; 16; 23; 27; 62; 121; 131) e de confiança coletiva (Sl 46; 115; 125; 129).

Salmos de ação de graças (Todah)

A princípio, os salmos de ação de graças estavam vinculados ao sacrifício de ação de graças. Desse modo, diante da realidade de ser salvo por Deus, o orante convidava seus amigos, narrava-lhes o acontecimento em forma de agradecimento e celebrava com um banquete. Nesses salmos predominam a alegria e o tom de reconhecimento das maravilhas que Deus realizou na vida de uma pessoa, proporcionando a unidade da comunidade e a confirmação da fidelidade e da bondade de Deus.

Trata-se, porém, de uma forma intermediária entre a súplica e o hino de louvor. Nesse sentido, é um subgênero, com menor definição e autonomia. Uma característica peculiar é que o voto de ação de graças aparece, com certa frequência, ao final da súplica. Mas o que diferencia esses salmos é a descrição do perigo, do qual o Senhor libertou seu fiel ou seu povo. Contudo, é possível identificar certa estrutura:

a) *Convite:* o orante faz um apelo à assembleia a louvar pelo bem recebido. O contexto vital seria, provavelmente, o cumprimento do voto diante das pessoas presentes.

b) *Desenvolvimento:* narra sobre o seu passado trágico e a felicidade vivida no presente; apela à assembleia a unir-se ao louvor e descreve a atmosfera de júbilo que perpassa esse acontecimento.

c) *Conclusão:* apresenta um sacrifício de louvor ou faz uma simples oração, no estilo profético (ex.: Sl 138,8).

Os salmos de ação de graças são: 9–10; 30; 32; 34; 40; 41; 52; 65–68; 92; 103; 107; 116; 129; 134 e 138. O Sl 118 é considerado como um salmo de ação de graças coletiva, porém não há um consenso entre os comentadores de salmos.

Existem, ainda, os salmos chamados de “macarismos” ou de “bem-aventuranças”, que é uma subdivisão dos salmos de ação de graças. Eles são identificados por iniciarem com a expressão “feliz” ou “bem-aventurado”. Os salmos que contêm essa característica são: Sl 1; 2; 12; 32 e 41. Porém, pelo conteúdo que permeia esses salmos, eles recebem outras classificações mais abrangentes.

Salmos litúrgicos

O aspecto cultual e litúrgico perpassa quase todos os salmos, mas existem aqueles que possuem explicitamente uma clara função litúrgica e que expressam um momento preciso do culto. Os salmos litúrgicos são:

• *Salmos de entrada ou de ingresso:* são salmos que trazem elementos da liturgia da porta ou de ingresso ao Templo ou a um determinado santuário, após uma peregrinação, e elencam as condições necessárias para participar do culto (cf. Sl 15; 24). Essas condições são baseadas na fidelidade ao decálogo (Dez Mandamentos). Ao analisar o conteúdo desses salmos, percebe-se que não basta uma pureza externa, mas é necessária a retidão ética.

Os temas principais desses salmos são: a lei, o culto, o santuário.

• *Cantos de peregrinação:* são salmos a serem entoados no percurso até Jerusalém, para animar os peregrinos (Sl 84; 95). Normalmente iniciam com o imperativo “vinde”, acompanhado de alguns ritos de procissão. Todo o salmo deixa transparecer o amor ao Templo.

Uma das dificuldades desse gênero é traduzir a expressão הַמַּעֲלוֹת (hammaᶜălôṯ), pois, literalmente, significa “das subidas”, mas também pode ser traduzida por “graduais”, de “ascensão”. Alguns biblistas traduzem por “das peregrinações”, relevando os Sl 120–134, porém não há consenso entre os biblistas.

Encontram-se também salmos que podem ser considerados como de "entrada" e de "peregrinação", como é o caso do Sl 24.

Salmos requisitórios ou penitenciais

Esse grupo de salmos contém matiz profético. Seu modelo literário é o do requisitório profético ou processo judicial (Dt 32,1-25; Is 1,2-3.10.20; Mq 6,1-8; Jr 2,4-13.29), em que o profeta atua como advogado de Deus e a sua intervenção ambienta-se num contexto cósmico. Uma fórmula típica deste grupo é o de ser introduzido pelo apelo: "Escuta, meu povo".

Os salmos considerados requisitórios são: 50; 58; 78; 81–82; 95. Alguns autores consideram também os Sl 6; 32; 38; 51; 102 e 143, acompanhados da confissão dos pecados.

O Sl 50 serve de modelo ideal para traçar a estrutura desse grupo:

a) *teofania preliminar:* (vv. 1-3)
b) *início do julgamento dos fiéis:* convocação do céu, da terra e dos fiéis (vv. 4-5) declaração celeste da fidelidade de JHWH (v. 6) autoproclamação de JHWH (v. 7) requisitória negativa (rejeição dos sacrifícios – vv. 8-13) decreto positivo sobre sacrifícios genuínos (vv. 14-15)
c) *julgamento dos rebeldes à aliança:* interrogatório (vv. 16-17) requisitório sobre mandamentos violados (vv. 18-20) declaração de culpa (v. 21) ameaças (v. 22)
d) *conclusão:* (v. 23)

Aos salmos requisitórios são, comumente, associados os salmos do juízo de Deus, dado que, após a estrutura peculiar, segue um anúncio do juízo iminente e implacável de Deus (cf. Sl 58; 75; 82).

Salmos sapienciais

São salmos meditativos sobre a condição humana, em seu aspecto ético e religioso. O tema central é a sabedoria. Contudo, encontram-se outros temas decorrentes da experiência cotidiana, como: o sofrimento do inocente, o triunfo dos maus, a fraternidade, a lei de Deus e a vulnerabilidade humana.

Esses salmos têm um tom didático e estilo proverbial, contendo aforismos breves, paralelismos próprios dos livros sapienciais e reflexões incisivas sobre a dimensão social, ética e existencial.

Ultimamente, esses salmos estão sendo reclassificados, visto que, pela dificuldade dos salmos em adaptarem-se a um único gênero literário, eram considerados, indiscriminadamente, sapienciais. Os salmos classificados como sapienciais são: 1; 19; 32; 37; 49; 73; 91; 112; 119; 127; 128 e 133.

Salmos alfabéticos

São classificados como salmos alfabéticos aqueles que trazem em cada verso uma das letras do alfabeto hebraico, para favorecer sua memorização, também chamados "acrósticos". Porém, é bom lembrar que esse procedimento pode ser um recurso estilístico e não propriamente um gênero, como vimos anteriormente.

Os exemplos de salmos alfabéticos são: 9–10; 25; 34; 37; 111–112; 119 e 145.

Salmos históricos

A característica peculiar dos salmos históricos é apresentar um ensinamento, por meio da experiência histórica. Esse ensinamento pode ser expresso como uma confissão histórica da fé ou credo histórico. Outras vezes, segue as estruturas dos salmos hínicos ou sapienciais.

Os Sl 78; 105; 106; 111; 114; 135 e 136 são classificados como históricos.

Salmos régios

São salmos centrados na figura do rei ou na monarquia, principalmente, da dinastia davídica.

Em termos de conteúdo, esses salmos anunciam e celebram o rei como ungido do Senhor, mediador entre Deus e o povo e portador dos bens messiânicos, como: a justiça, o direito e a paz.

Nesses salmos, os comentadores costumam identificar os seguintes elementos ou tipos: oráculo, súplica na guerra, ação de graças pela vitória, súplica na derrota pedido por um governo justo, canto de entronização e/ou coroação, oração do rei ou pelo rei, cantos em honra ao rei e cantos atribuídos ao rei. Esta diversidade de circunstâncias e momentos em que o rei é celebrado provoca uma grande variedade de estruturas e estilos nos salmos régios.

Consideram-se como régios os Sl 2; 18; 20; 21; 45; 61; 72; 89; 101; 110 e 132. Entre esses salmos, ressalta-se o Sl 89, que retrata a crise da monarquia e as súplicas a Deus, baseando-se nas promessas feitas a Davi.

Salmos precatórios e de vingança (ou reivindicação)

Nesses salmos, o orante invoca o mal sobre os inimigos. Os salmos precatórios são também chamados de "maldição" ou "invectiva".

O salmista não faz justiça com as próprias mãos, mas invoca a justiça divina para que faça recair sobre os seus inimigos o mal que eles mesmos conjuraram (Sl 7,16; 9,16-17; 57,7), que sejam confundidos enquanto caluniam (Sl 35,19.26; 40,15-16; 120) e que lhes seja feita a mesma violência que praticaram contra o fiel ou a comunidade orante (Sl 58,3.7-11; 109; 137,7-8; 140,2-4.11-12). Numa palavra, recaia sobre sua própria cabeça o mal feito ou desejado.

Como rezar tais salmos? A primeira atitude é perceber a distância cultural entre nós e os autores do Primeiro Testamento. Não se trata de odiar os inimigos, mas de amar a Torah, que foi desprezada pelo inimigo. Em outras palavras, pede-se que Deus retribua aos infiéis de acordo com a sua própria maldade. Segundo, é necessário não confundir misericórdia com falta de justiça. Terceiro, interpretar as imprecações como solidariedade a todos aqueles que sofrem injustiça e opressão.

Crítica à classificação dos gêneros dos salmos

A primeira crítica baseia-se na dificuldade de encontrar salmos típicos de um determinado gênero literário, pois o orante, enquanto lamenta, suplica, louva, na esperança de ser atendido, ao mesmo tempo oferece um sacrifício de ação de graças enquanto amaldiçoa seus inimigos.

Em termos mais concretos, os salmos são palavras que espelham a situação humana, que é uma situação complexa, marcada por fases diferentes, que suscitam sentimentos diversos.

Pode-se dizer que, basicamente, existem dois grandes blocos: os salmos de louvor e de súplica. Blocos que sintetizam dois aspectos do mistério da salvação, experimentados pelo ser humano na sua relação com Deus. Outro aspecto que podemos destacar é que, quando pedimos a Deus a salvação (suplicando ou louvando), isso significa que temos consciência de que a salvação provém de Deus. Ela não nos pertence. Desse modo, ao louvar e celebrar a bondade de Deus (louvor), o orante contemporaneamente reconhece que necessita dele (súplica), do seu perdão e da sua ajuda.

Podemos dizer também que a súplica nos remete à "espera" e o louvor ao "acolhimento do dom". A súplica olha para si mesmo, para a necessidade, e o louvor foca Deus, o seu dom, a sua maravilha. Consequentemente, a oração é o ato de colocar-se diante de Deus apresentando-lhe nossas necessidades, nossa dificuldade e, simultaneamente, consiste no abrir-se para contemplar o presente de Deus, que nos é dado constantemente.

Tudo isso para dizer que os gêneros literários dos salmos não são um instrumental a ser utilizado mecanicamente, mas uma ferramenta que ajuda a compreendê-los. É um ponto de partida, e não uma verdade a ser defendida.

Outro cuidado necessário ao analisar um salmo é considerar as suas peculiaridade e não encaixá-lo, de forma rígida, num determinado gênero.

As teologias nos salmos

Nos salmos, notam-se as características das várias teologias bíblicas,[10] ou seja, na análise da estrutura e do conteúdo

---

[10] Para aprofundar: KRAUS, Hans-Joachim. *Teologia dei Salmi*. Brescia: Paideia, 1989. (Biblioteca Teologica, 22.)

de um determinado salmo, identificamos aspectos da teologia da Aliança, ao ressaltar a fidelidade e a infidelidade do povo ao pacto realizado com Deus (Sl 79), da teologia da retribuição (Sl 73), da teologia sapiencial (Sl 1; 73; 91), apocalíptica (Sl 97), sacerdotal, profética, da Criação (Sl 93; 100), da teologia da presença, exodal (Sl 78; 105; 106; 136) e outras. Porém, existem determinadas teologias que se sobressaem, como a da Criação, a exodal e a do Sinai.

Com relação aos nomes divinos, é necessário compreendê-los no contexto do salmo e interpretá-los teologicamente para saber por que certo nome foi escolhido em detrimento de outro. Mormente, usa-se o tetragrama (יְהוָה) ou ʾĕlōhîm (אֱלֹהִים).

O tetragrama pode ser traduzido como: "Eu sou" (ou: "Ele é" ou "Ele será") ou "Eu estou" (ou "Ele está" ou "Ele estará"). O nome divino JHWH passou por mudanças de significado, conforme os períodos históricos. Numa primeira etapa, é muito provável que o tetragrama era a confirmação da presença e do auxílio de Deus ("Eu estou" ou "Eu estarei"). O significado teológico deste nome divino coincidia com a promessa divina de que Deus estaria sempre no meio do povo. Nota-se isso, sobretudo, nos relatos da época patriarcal.

No período exílico e pós-exílico, o nome divino JHWH foi interpretado como a afirmação da existência divina, ou melhor, uma confissão de fé na existência de um único Deus verdadeiro: Ele existe e não há outro.

Na tradição rabínica, o tetragrama é a revelação do rosto misericordioso de Deus, enquanto o nome ʾĕlōhîm revela a manifestação da justiça divina.

Nos salmos, Deus assume outros nomes e diferentes características. Ele é o Rei ou Rei da Glória (10,16; 29,10; 96–99), Altíssimo de toda a terra (89,28), o pastor (23), Senhor (12,5; 97,5), juiz (96,10.13; 99,8), Senhor dos Exércitos (Sl 24,10; 89,9), Deus das montanhas (68,15; 91,1) ou šadday (שַׁדַּי); Criador e autor da criação (8,4; 96,5; 89,13.48; 146,6; 102,9).

Outro aspecto da teologia dos salmos é a centralidade em Jerusalém (Sl 122; 128,5; 137,5; 147,2) como lugar da presença de Deus (Teologia da Presença). Nessa cidade, o orante pode contemplar a glória de Deus e é o lugar previsto da manifestação divina a todas as nações. A cidade de Jerusalém é, também, denominada Sião (Sl 2,6; 99,2), monte Sião (Sl 48,2), lugar do Templo Santo ou Casa do Senhor (Sl 5,8; 11,4; 23,6; 26,8; 138,2).

Por último, os salmos são perpassados pela promessa da dinastia davídica (2Sm 7) e o rei é denominado Ungido de Deus (Sl 2,2.6; 89,52).

É notória, também, a consciência que o orante tem da vulnerabilidade humana e da sua total dependência de Deus. Neste sentido, ele se considera como fraco, oprimido, humilde e necessitado, desprovido (Sl 9,13.19; 10,2.9.17), como justo (Sl 7,10; 31,19) e servo de Deus (Sl 27,9; 86,2).

Outro elemento a ressaltar, com relação à vulnerabilidade, é a consciência do orante da morte. Nesse sentido, podemos encontrar três visões diferentes que perpassam o livro dos salmos.

A primeira visão sobre a realidade após a morte é que a pessoa ressuscitará, porém é uma concepção rara e questionável, pelos biblistas, sobre se realmente existe ou não. A segunda visão é o arrebatamento, ou seja, que o justo não experimentará a morte (Sl 16,10b).

A última visão é que após a morte tudo acaba, e a única vida que temos é essa aqui na terra. Assim, a esperança de vida eterna está na descendência ou na memória das pessoas, por meio das boas ações que realizamos.

Com relação a essa última visão, agrega-se a noção de que a pessoa ao morrer permanecerá no *Sheol*, que é a morada dos mortos, localizada na parte inferior do cosmo, no subterrâneo. Nesse sentido, alguns salmos dizem que na morada dos mortos (*Sheol*) a pessoa é afastada de Deus e não lhe pode prestar culto com cantos de louvor (Sl 6,6; 30,4.10; 89,49). E uma segunda visão considera que mesmo no *Sheol* Deus está presente (Sl 139,8).

Segunda parte

Análise de textos poéticos bíblicos

Há três coisas que me maravilham,
e a quarta não a conheço:
o caminho da águia no céu,
o caminho da serpente sobre a rocha,
o caminho do navio em meio ao mar e
o caminho de um jovem em direção a uma moça.

(Pr 30,18-19)

Alguns textos bíblicos foram escolhidos como exemplos de como realizar uma análise poética. O critério da escolha foi didático, ou seja, escolher textos do Primeiro e do Segundo Testamentos que serviriam como paradigmas para outras análises. Porém, ressaltamos que não existe nenhuma "receita" pronta de análise poética, mas dependerá das características de cada texto.

A primeira análise será do texto profético de Jr 12,7-12, uma prosa profética, na qual teremos a preocupação de enfatizar o refinamento sonoro e a identificação do gênero literário subjacente. O segundo texto selecionado é o Sl 96, por servir como modelo para a análise literária e teológica dos salmos e o conhecimento da chamada "análise canônica", que releva o contexto literário do salmo e as suas relações lexicais, temáticas e teológicas com os salmos anteriores e posteriores. Depois analisaremos quatro cânticos: dois do Cântico dos Cânticos (Ct 4,1-7 e 5,10-16), para maior conhecimento do gênero *waṣf*, e dois do Segundo Testamento, o Cântico de Maria (Lc 1,46b-55) e 1Cor 12,31b-13.

Capítulo 5

Prosas poéticas no Primeiro Testamento

Análise de Jr 12,7-12

O texto poético presente em Jr 12,7-12 é exemplar pelo refinamento na escolha de material sonoro. Por isso, iremos analisá-lo tendo presentes dois pontos: a análise rítmica e a definição do gênero literário.

Há um consenso entre os biblistas em classificar Jr 12,7-11como um texto poético. A dúvida reside somente no v. 12, pois é constituído de uma parte poética (v. 12a) e outra em forma de prosa (v. 12bc). Porém, é possível considerar toda a perícope como uma prosa poética, ao relevar a terminologia empregada nesse subsídio. Isto é justificado, visto que pela análise do texto o v. 12 finaliza o poema e estabelece seu clímax.

Procede-se então o primeiro passo, que é justamente o contato com o texto hebraico, a transliteração e a tradução.

Texto hebraico de Jr 12,7-12
7 עָזַבְתִּי אֶת־בֵּיתִי נָטַשְׁתִּי אֶת־נַחֲלָתִי נָתַתִּי אֶת־יְדִדוּת נַפְשִׁי בְּכַף אֹיְבֶיהָ
8 הָיְתָה־לִּי נַחֲלָתִי כְּאַרְיֵה בַיָּעַר נָתְנָה עָלַי בְּקוֹלָהּ עַל־כֵּן שְׂנֵאתִיהָ
9 הַעַיִט צָבוּעַ נַחֲלָתִי לִי הַעַיִט סָבִיב עָלֶיהָ לְכוּ אִסְפוּ כָּל־חַיַּת הַשָּׂדֶה הֵתָיוּ לְאָכְלָה
10 רֹעִים רַבִּים שִׁחֲתוּ כַרְמִי בֹּסְסוּ אֶת־חֶלְקָתִי נָתְנוּ אֶת־חֶלְקַת חֶמְדָּתִי לְמִדְבַּר שְׁמָמָה
11 שָׂמָהּ לִשְׁמָמָה אָבְלָה עָלַי שְׁמֵמָה נָשַׁמָּה כָּל־הָאָרֶץ כִּי אֵין אִישׁ שָׂם עַל־לֵב
12 עַל־כָּל־שְׁפָיִם בַּמִּדְבָּר בָּאוּ שֹׁדְדִים כִּי חֶרֶב לַיהוָה
אֹכְלָה מִקְצֵה־אֶרֶץ וְעַד־קְצֵה הָאָרֶץ אֵין שָׁלוֹם לְכָל־בָּשָׂר

A transliteração do texto antes mencionado é:

7 ʿāzaḇᵉtî ʾeṯ-bêṯî nāṭašᵉtî ʾeṯ-naḥălāṯî nāṯattî ʾeṯ-yəḏiḏûṯ nap̄ᵉšî bəḵap̄ ʾōyᵉḇeyhā 8 hāyᵉṯāh-llî naḥălāṯî kəʾarᵉyēh ḇayyāʿar nāṯᵉnāh ʿālay bəqôlāh ʿal-kēn śənēʾṯîhā 9 haʿayiṭ ṣāḇûaʿ naḥălāṯî lî haʿayiṭ sāḇîḇ ʿāleyhā ləḵû ʾisᵉp̄û kol-ḥayyaṯ haśśāḏeh hēṯāyû ləʾoḵᵉlāh 10 rōʿîm rabbîm šiḥăṯû ḵarᵉmî bōsəsû ʾeṯ-ḥelᵉqāṯî nāṯᵉnû ʾeṯ-ḥeleqaṯ ḥemedāṯî ləmiḏebar šəmāmāh 11 śāmāʰ lišemāmāh ʾāḇelāh ʿālay šəmēmāh nāšammāh kol-hāʾāreṣ kî ʾên ʾîš śām ʿal-lēḇ 12 ʿal-kol-šəp̄āyīm bammiḏᵉbār bāʾû šōḏəḏîm kî ḥereḇ la JHWH ʾōḵᵉlāh miqeṣēh-ʾereṣ wəʿaḏ-qəṣēh hāʾāreṣ ʾên šālôm ləḵol-bāśār

Apresentaremos uma tradução literal, para facilitar o contato com o texto. Embora, alerta-se sobre a dificuldade em manter o material sonoro, o ritmo e a rima na tradução, como foi aludido no início do nosso subsídio. Segue a tradução:

v. 7	Abandonei a minha casa, rejeitei a minha herança, entreguei o amor de minha vida[1] nas mãos de seus inimigos.
v. 8	A minha herança (patrimônio) tornou-se para mim como um leão na floresta. Levantou contra mim a sua voz. Por isso, a odiei.
v. 9	Uma ave de rapina colorida (com várias cores) tornou-se para mim a minha herança. As aves de rapinas rodeiam contra ela: “Ide, reuni todos os animais do campo, trazei-os para o festim”.
v. 10	Muitos pastores arruinaram a minha vinha e pisotearam a minha porção (minha parte), converteram a porção que era o meu prazer em deserto desolado (terrível; devastado).
v. 11	Em desolação a colocaram e clama (lamenta) a mim na sua devastação. Toda a terra tornou-se desolada (devastada) e nenhum homem coloca sobre ela o seu coração.
v. 12	Sob todas as alturas (dunas) do deserto avançam os devastadores (opressores), pois a espada de JHWH está devorando desde um extremo da terra até o outro. Não há paz para nenhuma carne.

1 Literalmente poderia ser traduzido por “a delícia da minha alma”.

O poema em Jr 12,7-12 pode ser dividido ritmicamente em doze versos. Cada verso é subdivido em dois hemistíquios, exceto o v. 12bc, que é subdividido em três. A tabela a seguir apresenta a divisão rítmica e as formas[2]:

vv. 7-12	Versículos	Forma		Versículos	Forma	
v. 7	v. 7a.b	2 + 2	simétrica	v. 7c1.c2	3 + 2	*qînāh*
v. 8	v. 8a1 e a2	2 + 2	simétrica	v. 8b.c	3 + 2	*qînāh*
v. 9	v. 9a.b	4 + 3	assimétrica	v. 9c.d	4 + 2	assimétrica
v. 10	v. 10a.b	4 + 2	assimétrica	v. 10c1.c2	3 + 2	*qînāh*
v. 11	v. 11a.b	2 + 3	inversão	v. 11c.d	2 + 4	inversão
v. 12	v. 12a1.a2	3 + 2	*qînāh*	v. 12b1.b2.c	3 + 3 + 3	simétrica

Ao considerar as unidades rítmicas presentes nas tabelas anteriores, percebe-se que predominam as formas assimétricas e *qînāh* (4x), que é característica da lamentação fúnebre. O poema tem um ritmo lento, pela prevalência de *anapestos* (vv. 7-12) e a presença de longas unidades rítmicas de acento (vv. 7.9.10.12).[3]

Com relação ao material sonoro, o poema é marcado por repetição e assonâncias. No primeiro contato com o texto, percebe-se um acúmulo de *yod* no final das palavras nos vv. 7-10. Nos vv. 7-8, nota-se uma insistência nas rimas, com a

[2] A análise de Jr 12,7-12 foi baseada em GRGIĆ, Miljenka. Dio in conflitto con se stesso? Un contributo per la comprensione della forma di Ger 12,7-12. Roma: PIB, 2006. pp. 24-40. Dissertação de Mestrado não publicada.

[3] Sobre o valor das unidades rítmicas, veja: ALONSO SCHÖKEL, *Manuale di poetica ebraica*. Brescia: Queriniana, 1989. p. 52. (Collana Biblioteca Bíblica.)

utilização da primeira pessoa[4] do singular, tanto na conjugação verbal como no sufixo dos substantivos. O acúmulo de sufixos[5] dá ao poema um tom dramático. Confira abaixo o efeito sonoro, por meio dos seis finais com *yod* no v. 7; dois nos vv. 8 e 9 e três no v. 10:

[7] עָזַבְתִּי אֶת־בֵּיתִי נָטַשְׁתִּי אֶת־נַחֲלָתִי נָתַתִּי אֶת־יְדִדוּת נַפְשִׁי בְּכַף אֹיְבֶיהָ
[8] הָיְתָה־לִּי נַחֲלָתִי כְּאַרְיֵה בַיָּעַר נָתְנָה עָלַי בְּקוֹלָהּ עַל־כֵּן שְׂנֵאתִיהָ
[9] הַעַיִט צָבוּעַ נַחֲלָתִי לִי הַעַיִט סָבִיב עָלֶיהָ לְכוּ אִסְפוּ כָּל־חַיַּת הַשָּׂדֶה הֵתָיוּ לְאָכְלָה
[10] רֹעִים רַבִּים שִׁחֲתוּ כַרְמִי בֹּסְסוּ אֶת־חֶלְקָתִי נָתְנוּ אֶת־חֶלְקַת חֶמְדָּתִי לְמִדְבַּר שְׁמָמָה

Verifica-se ainda a predominância de consoantes iguais ou com sonoridades semelhantes, como é o caso de "n - ḥ - t - h" (vv. 7-10); "s - b - r- m" (vv. 9-10); "š - m - h" (vv. 10-11) e "r - ṣ - q" (vv. 11-12). Bem como palavras repetidas que ligam um versículo a outro, como, por exemplo, a raiz verbal נתן (n.t.n) do verbo "dar, conceder" (nos vv. 7.8.10).

As combinações de material sonoro no poema produzem dois efeitos. O primeiro é o de criar uma unidade sonora no poema, e o segundo é de sugerir a importância de cada afirmação. O ritmo lento e os efeitos sonoros revelam o interesse do autor em apresentar os acontecimentos de modo detalhado, convincente e dramático.

Identificação do gênero literário

Há grande discussão entre os biblistas sobre o gênero literário de Jr 12,7-12. Alguns comentadores o consideram um "oráculo de juízo", com elementos de lamentação para expressar o sofrimento divino, diante do castigo do povo. Essa

---

[4] Cf . ALONSO SCHÖKEL, L.; SICRE DIAZ, J. L. *Profetas I*: Isaías e Jeremias. São Paulo: Paulus, 1988. p. 494. (Coleção Grande Comentário Bíblico.)

[5] Cf. ALONSO SCHÖKEL, *Manuale di poetica ebraica*, cit., pp. 35-36.

decisão pode ser corroborada ao verificarem-se, nesta prosa poética, elementos característicos do "oráculo de juízo" contra as nações. Pois o autor apresenta as razões e a elaboração da acusação, por causa da maldade do povo e da terra de Judá contra Deus, e por fim anuncia o juízo (desgraça) e as suas consequências,[6] a saber, a destruição total do povo e da terra. Para considerá-lo um "oráculo de juízo", faltaria somente a fórmula do mensageiro, mas esta ausência faz parte do estilo do autor do livro de Jeremias. Para melhor visualizar, segue o esquema abaixo:

v. 7	Decisão	Anúncio da intervenção divina com a descrição das três rejeições.
v. 8ab v. 8c	Razão	Acusa o comportamento rebelde do povo contra Deus. Anúncio da reação de Deus.
v. 9ab v. 9cd	Razão	Acusa o comportamento do povo e a inimizade contra Deus. Anúncio da ação divina: convite aos inimigos.
vv. 10 e 11abc v. 11d	Razão	Acusa o comportamento dos chefes do povo: ruína da terra. Concretização da acusação.
v. 12	Decisão	Anúncio da intervenção de Deus: a vinda dos invasores (12a) e o castigo universal (12bc).

Outros o classificam como "lamentação", baseando-se na quantidade de *qînāh*, presente nas unidades rítmicas (conforme a tabela acima), e no tom dramático provocado pelo material sonoro escolhido.

---

6 Para aprofundar sobre a estrutura de oráculos contra as nações, veja: WESTERMANN, C. *Basic Forms of Prophetic Speech.* Cambridge: Westminster John Knox Press, 1991. pp. 169-176.

Lapointe[7] afirma que é um "monólogo divino", pois no texto é possível constatar todas as características de um "monólogo": a decisão divina (vv. 8ab.10-11), a motivação que expressa os sentimentos e a disposição de Deus em assumir tal decisão (vv. 8c.9a + o tom de lamento), e a decisão propriamente dita (vv. 7.9cd.12).[8] Essa proposta pode ser justificada, pois não se verifica uma estrutura típica de uma "lamentação", que deveria ser: a invocação, a lamentação, a oração e o louvor.

Essa dificuldade em identificar o gênero tem outro elemento agravante, que é o recurso utilizado pelo autor em expor o conteúdo de forma gradual, porém com uma interrupção significativa (vv. 8-11), a fim de manter a atenção do ouvinte do início ao fim,[9] criando um suspense. Ou seja, no v. 7 o autor anuncia a deliberação divina, no entanto cria uma espécie de suspensão no anúncio dessa decisão, introduzindo as causas para tal intento (vv. 8-11), e retoma no v. 12 a decisão pré-anunciada no v. 7, apresentando as consequências da mesma. Esquematicamente, isso pode ser visualizado da seguinte forma:

A	v. 7	Juízo de Deus	**Anúncio parcial da decisão de Deus:** 3 rejeições
B	vv. 8-9	Culpa do povo: causa	Mudança do povo
B'	vv. 10-11	Culpa do povo: causa	Mudança da terra
A'	v. 12	Juízo de Deus: Consequência	**Anúncio completo:** a ação dos inimigos e a destruição total

7 LAPOINTE, R. The Divine Monologue as a Channel of Revelation. *Catholic Biblical Quarterly,* Washington, n. 32, p. 170, 1970.

8 Id. The Divine Monologue, cit., p. 174.

9 LUNDBOM, J. R. *Jeremiah.* A Study in Ancient Hebrew Rhetoric. 2. ed. Winona Lake: Eisenbrauns, 1997. pp. 52-71.

Conclui-se que o autor de Jr 12,7-12 utiliza-se de vários gêneros literários, porém, há mais elementos do "oráculo de juízo" envolvido num clima de "lamentação".[10] Opção legitimada pela presença de vários elementos do "oráculo de juízo", como vimos anteriomente, e pela escolha de formas típicas das "lamentações fúnebres" (*qînāh*). No entanto, não é uma "lamentação" com a finalidade de conduzir Judá à conversão, mas é o lamento sob um morto, no qual não há retorno. Por isso, o autor acrescenta a forma de "monólogo", para indicar a impossibilidade de comunicação entre Deus e o povo. Ou seja, ele se serve de elementos da "lamentação" e do "monólogo" não com o intuito de criar uma compaixão,[11] mas para legitimar o "oráculo de juízo" ou de "desgraça" contra Judá.

Desse modo, a mescla desses elementos reforça a perspectiva trágica da realidade de Judá:[12] seria como uma morte coletiva, em que não há nenhuma possibilidade de mudança[13] (cf. Jr 48,29-33), e revela o sofrimento de Deus diante do fim dessa cidade e desse Reino,[14] o qual ele amou e revelou constantemente a sua fidelidade e predileção.

Agora passaremos para a análise do Sl 96, que será utilizado como modelo para análise de outros salmos.

Análise do Sl 96

O Sl 96 é uma breve composição que pertence aos chamados salmos de JHWH-rei. O tema da "realeza", que

---

[10] WESTERMANN, *Basic Forms of Prophetic Speech*, cit., pp. 202-203.

[11] Id. The Role of the Lament in the Theology of the Old Testament. Interpretation: *A Journal of Bible and Theology*, Richmond, v. 28/1, pp. 23-24.26, jan. 1974.

[12] Id. Role of the Lament, cit., p. 22.

[13] Cf. 4,8; 6,26; 9,9-10.16-21; 22,10.18-19.

[14] FRETHEIM, T. E. The Suffering of God: An Old Testament Perspective. Philadelphia: Fortress Press, 1984. p. 137. (Overtures to Biblical Theology, 14.)

perpassa todo o saltério, é marcado pela visão messiânica e está intimamente ligado com a dinastia davídica. Porém, mediante o método canônico, nota-se que os Sl 93–100, que seguem após o Sl 89 (salmo que expressa a crise da monarquia davídica), enfatizam a majestade universal de Deus.

Nos salmos, constatam-se desde a noção de Deus-rei como aquele que age contra os adversários internos e externos do seu povo (Rei-Guerreiro) até o domínio régio divino vinculado ao restabelecimento da ordem: social, ético-jurídica (Rei--Juiz) e cósmica (Rei-Criador), abrangendo todos os âmbitos (religioso, político, social).

Os salmos reforçam, também, que o Senhor é rei eterno (Sl 10,16; 93,2) e manifesta a sua majestade na criação; aludem à necessidade do reconhecimento da sua soberania na história, não somente de Israel, mas de todas as nações (Sl 47,8), e criam a expectativa da irrupção do seu Reino definitivo no fim dos tempos.

A nossa proposta é apresentar, num primeiro momento, a tradução do Sl 96 e algumas informações gerais sobre o mesmo, como: a datação, o gênero literário e a estrutura literária. Num segundo momento, analisaremos poeticamente o Sl 96. Para concluir, relevaremos a posição do Sl 96 e, por meio do método canônico, que pertence aos chamados "métodos sincrônicos",[15] iremos confrontá-lo com os Sl 89; 93–95; 97–98, para verificar qual é a sua função ou o seu significado no conjunto dos salmos que tratam da realeza.

Esta análise é como um guia para a interpretação de outros salmos. O importante é perceber como ela nos conduz a

---

[15] O aprofundamento dos critérios do método adotado baseia-se nos estudos de: SIMIAN-YOFRE, H. Possibilità e limiti dell'interpretazione "canônica" della Bibbia. *Rivista Biblica*, Roma, v. 56, pp. 157-175, 2008; DIAS DA SILVA, C. M. *Metodologia de exegese bíblica*. São Paulo: Paulinas, 2000. pp. 37-239. (Coleção Bíblia e História.)

uma relação mais profunda com os textos poéticos e nos oferece uma interpretação do conjunto dos salmos que contêm a mesma temática: a soberania de Deus como criador-rei-juiz.

Texto massorético[16] *(TM) e tradução*[17]

Como vimos na primeira parte, toda análise inicia-se com a tradução do texto. Se a pessoa que está analisando um determinado texto poético não tem conhecimento da língua hebraica, poderá utilizar-se de uma tradução existente e compará-la com outras traduções, percebendo as diferenças e semelhanças. É importante também ler as notas explicativas presentes nas próprias edições das Bíblias ou os comentários sobre o texto em questão. Pois toda atenção dirigida ao texto servirá de um precioso instrumento para a análise poética.

Entraremos em contato com o texto massorético, com a transliteração e, em seguida, com a tradução:

Texto Hebraico	Transliteração
שִׁירוּ לַיהוָה שִׁיר חָדָשׁ שִׁירוּ לַיהוָה כָּל־הָאָרֶץ [1]	[1] šî́rû lJHWH (la'dōnāy) šîr ḥāḏāš šî́rû lJHWH kol-hā'ā́reṣ
שִׁירוּ לַיהוָה בָּרְכוּ שְׁמוֹ בַּשְּׂרוּ מִיּוֹם־לְיוֹם יְשׁוּעָתוֹ [2]	[2] šî́rû bārăḵû šəmô baśśərû miyyôm-ləyôm yəšûʿāṯô
סַפְּרוּ בַגּוֹיִם כְּבוֹדוֹ בְּכָל־הָעַמִּים נִפְלְאוֹתָיו [3]	[3] sappərû ḇaggôyīm kəḇôḏô bəḵol-hāʿammîm nip̄lə'ôṯāyw
כִּי גָדוֹל יְהוָה וּמְהֻלָּל מְאֹד נוֹרָא הוּא עַל־כָּל־אֱלֹהִים׃ [4]	[4] kî ḡāḏôl JHWH ûməhullāl mə'ōḏ nôrā' hû' ʿal-kol-'ĕlōhîm
כִּי כָּל־אֱלֹהֵי הָעַמִּים אֱלִילִים וַיהוָה שָׁמַיִם עָשָׂה [5]	[5] kî kol-'ĕlōhê hāʿammîm 'ĕlîlîm wa JHWH šāmáyim ʿāśāʰ
הוֹד־וְהָדָר לְפָנָיו עֹז וְתִפְאֶרֶת בְּמִקְדָּשׁוֹ [6]	[6] hôḏ-wəhāḏār ləp̄ānāyw ʿōz wəṯip̄'éreṯ bəmiqdāšô

[16] É o texto hebraico com os sinais vocálicos elaborados pelos massoretas.

[17] Os dicionários utilizados para a tradução são: ALONSO SCHÖKEL, L. et al. (Ed.). *Dicionário Bíblico Hebraico-Português*. 3. ed. São Paulo: Paulus, 2004; W. BAUMGARTNER, W. et al. *Hebrew and Aramaic Dictionary of the Old Testament. Leiden:* E. J. Brill, 1994-2000. v. I-V; REYMOND, P. *Dizionario di Ebraico e Aramaico Biblici*. Roma: Società Biblica Britannica, 2001.

7 הָבוּ לַיהוָה מִשְׁפְּחוֹת עַמִּים הָבוּ לַיהוָה כָּבוֹד וָעֹז	7 hāb̲û lJHWH mišpəḥôt̲ ʿammîm hāb̲û lJHWH kāb̲ôd̲ wāʿōz
8 הָבוּ לַיהוָה כְּבוֹד שְׁמוֹ שְׂאוּ־מִנְחָה וּבֹאוּ לְחַצְרוֹתָיו	8 hāb̲û lJHWH kəb̲ôd̲ šəmô śəʾû-minḥāh ûb̲ṓʾû ləḥaṣrôt̲āyw
9 הִשְׁתַּחֲווּ לַיהוָה בְּהַדְרַת־קֹדֶשׁ חִילוּ מִפָּנָיו כָּל־הָאָרֶץ	9 hištaḥăwû lJHWH bəhad̲rat̲-qṓd̲eš ḥ́ilû mippānāyw kol-hāʾā́reṣ
10 אִמְרוּ בַגּוֹיִם יְהוָה מָלָךְ אַף־תִּכּוֹן תֵּבֵל בַּל־תִּמּוֹט יָדִין עַמִּים בְּמֵישָׁרִים	10 ʾimrû b̲aggôyīm JHWH mālāk̲ ʾap̄-tikkôn tēb̲ēl bal-timmôṭ yād̲în ʿammîm bəmêšārîm
11 יִשְׂמְחוּ הַשָּׁמַיִם וְתָגֵל הָאָרֶץ יִרְעַם הַיָּם וּמְלֹאוֹ	11 yiśməḥû haššāmayīm wət̲āḡēl hāʾā́reṣ yirʿam hayyām ûməlōʾô
12 יַעֲלֹז שָׂדַי וְכָל־אֲשֶׁר־בּוֹ אָז יְרַנְּנוּ כָּל־עֲצֵי־יָעַר	12 yaʿălōz śād̲ay wək̲ol-ʾăšer-bô ʾāz yərannənû kol-ʿăṣê-yā́ʿar
13 לִפְנֵי יְהוָה כִּי בָא כִּי בָא לִשְׁפֹּט הָאָרֶץ יִשְׁפֹּט־תֵּבֵל בְּצֶדֶק וְעַמִּים בֶּאֱמוּנָתוֹ	13 lip̄nê JHWH kî b̲āʾ kî b̲āʾ lišpōṭ hāʾā́reṣ yišpōṭ-tēb̲ēl bəṣéd̲eq wəʿammîm beʾĕmûnāt̲ô

1 Cantai a JHWH[18] um cântico novo,
cantai a JHWH, toda a terra.

2 Cantai a JHWH, bendizei o seu nome;
proclamai dia após dia a sua salvação.

3 Narrai entre as nações a sua glória,
entre todos os povos, as suas maravilhas.

4 Porque grande é JHWH e muito digno de louvor,
ele é temível sobre todos os deuses.[19]

5 Porque todos os deuses dos povos são ídolos,
mas JHWH fez os céus.

6 Glória e majestade estão diante dele,
força e beleza estão no seu santuário.

---

18 Permanecemos com o tetragrama, para facilitar a visualização do nome divino, porém poderia ser traduzido por “Senhor”.

19 Outra tradução possível seria: “ele é temível mais que todos os deuses”. Com relação ao significado da preposição l[;, no v. 4b, confira: JOÜON, P.; MURAOKA, T. *Gramática del Hebreo Bíblico*. Estella (Navarra): Verbo Divino, 2006. § 133f. (Instrumentos para el estudio de la Biblia, 18.)

[7] Tributai a JHWH, famílias dos povos,
tributai a JHWH glória e força (ou dar glória fortemente).

[8] Tributai a JHWH a glória devida ao seu nome;
trazei oferenda[20] de forma que entreis nos seus átrios.

[9] Prostrai-vos a JHWH no esplendor da santidade;
tremei diante dele toda a terra.

[10] Dizei entre as nações: JHWH é rei (reina, tornou-se rei).
Certamente, é firme o mundo,[21] não pode vacilar
e ele governará os povos com equidade.[22]

[11] Alegrem-se os céus e exulte a terra;
ribombe o mar e a sua plenitude.[23]

[12] Festeje o campo e tudo o que nele há;
então comecem a se regozijar (alegrar-se)
todas as árvores da floresta,

[13] na presença de "JHWH que vem",
pois está vindo para julgar a terra;
julgará o mundo com justiça e os povos com retidão.[24]

---

[20] Pode-se, também, traduzir como "presente" ou "tributo", mas optou-se por "oferenda" pelo contexto cultual que marca o versículo. A LXX traduz com o termo "sacrifício", "rito sacrifical" ou "cerimônia sacra".

[21] A palavra hebraica também significa "cosmo" ou "mundo", como parte da criação, ou "mundo habitável".

[22] Literalmente: "governará os povos com equidade".

[23] O termo hebraico aqui presente pode ser também traduzido por "o que nele contém" ou "o quanto o preencha".

[24] A palavra hebraica também pode significar: "veracidade", "sinceridade", "fidelidade", "lealdade".

Informações gerais sobre o Sl 96

Constatam-se várias propostas em determinar a datação do Sl 96, que vão desde o período pré-exílico[25] até o helenístico.[26] A nossa opção é situá-lo no período pós-exílico[27] (entre os séculos VI/IV a.E.C), ao considerarmos a temática geral (a realeza divina), a dimensão cósmica, a visão escatológica,[28] a perspectiva universalista[29] do culto e da realeza divina, o uso de palavras presentes em outros salmos e escritos (cf. Dêutero-Trito Isaías) e o sistema gramatical.

Com relação ao gênero literário, há um consenso em classificá-lo como hino[30] imperativo à realeza do Senhor,[31] visto que é constituído, basicamente, de imperativos direcionados a diversos grupos. Outra característica dos hinos, presente no salmo em questão, é o uso da partícula *"kî"* (כִּי) para introduzir a motivação.

É complexo, porém, determinar o seu contexto vital (o Sitz im Leben), deste modo, optou-se por considerar o contexto cúltico, semelhante ao da "peregrinação dos povos em

---

25 Cf. HOWARD JR., D. M. *The Structure of Psalms 93-100.* Winona Lake: Eisenbrauns, 1997. pp. 190-191. (Biblical and Judaic Studies, 5.)

26 Proposta de: KISSANE, E. J. *The book of Psalms.* Translated from a critically revised Hebrew text with a commentary. Dublin: Browne & Nolan, 1954. v. II, p. 114. Posição assumida, sobretudo, pelos comentadores que relevam o contexto canônico.

27 Proposta de datação de: WILSON, G. H. *The editing of the Hebrew Psalter.* Chicago: Scholars Press, 1985. p. 214. (Society of Biblical Literature. Dissertatio Series 76.)

28 RAVASI, G. *Il libro dei Salmi.* 10.ed. Bologna: Dehoniane, 2008. v. 2. p. 996.

29 ZENGER, E. (Ed.). *Introduzione all'Antico Testamento.* Brescia: Paideia, 2005. p. 552.

30 Quanto às características principais dos hinos, indica-se GUNKEL, *Introducción a los Salmos*, cit., pp. 47-108; 113-131.

31 ALONSO-SCHÖKEL; CARNITI. *I Salmi* II, cit., p. 330; RAVASI, *Il libro dei Salmi* II, cit., p. 996.

Jerusalém"[32] (cf. Is 2,1-5; Dêutero-Trito Isaías), unindo, portanto, o contexto litúrgico e a visão profética.

Estrutura do Sl 96

Existem inúmeras propostas de estruturação deste salmo, apresentaremos aquela que valoriza os aspectos literários, poético e esticométrico.

O Sl 96 é articulado por elementos formais que permitem estruturá-lo em três blocos, compondo um paralelismo alternado em nove partes: abc // a'b'c' // a"b"c" (cf. tabela a seguir). Os conteúdos centralizam no "ser" e na "ação de Deus".

I	a	v. 1	Introdução.
	b	vv. 2-3	Sequência de verbos imperativos do mesmo campo semântico e o interlocutor é "toda a terra".
	c	vv. 4-5	Formalmente, conclui-se com o uso do duplo "*kî*" e com frases que enfatizam o ser e o agir salvífico e criacional de JHWH e afirmam a nulidade dos outros ídolos.
II	a'	v. 6	Introdução.
	b'	vv. 7-8	Sequência de verbos imperativos do mesmo campo semântico e os interlocutores são as "famílias dos povos".
	c'	v. 9	Culmina com a conclusão do rito sacro (*prostrar-se* e *tremer diante do Senhor*) e o interlocutor é a "terra inteira".
III	a"	v. 10	Introdução.
	b"	vv. 11-12	Sequência de imperativos provenientes do mesmo campo semântico, e os verbos são dirigidos ao cosmo e aos elementos da natureza.
	c"	v. 13	Formalmente, conclui-se com o uso do duplo "*kî*" e com as proposições que anunciam a vinda e o julgamento de JHWH.

[32] LOHFINK, N.; ZENGER, E. *The God of Israel and the Nations*: Studies in Isaiah and the book of Psalms. Collegeville: Liturgical Press, 2000. p. 172.

Uma primeira observação, antes da justificação da proposta da estrutura, é com relação aos vv. 6 e 10. Pois, ao relevar os elementos formais, esses versículos localizam-se no início da segunda e da terceira parte, respectivamente. Mas, tematicamente, as proposições dos vv. 6 e 10 servem de frases pontes (ou dobradiças), ao unir o v. 5 à segunda seção e o v. 9 à terceira seção.

Cada parte segue a estrutura dos hinos e forma uma tríade compacta constituída por introdução (vv. 1.6.10), desenvolvimento (vv. 2-3.7-8.11-12) e conclusão (vv. 4-5.9.13).

As repetições das palavras e a inclusão de vocábulos do mesmo campo semântico sugerem uma intenção estrutural. Comprovam a disposição orgânica do salmo, a inclusão entre os vv. 1 e 9, com a duplicação da expressão "toda terra". A palavra "a terra" repete-se também no v. 13 e, de certa forma, alude à inclusão entre o início (v. 1) e o final do salmo (v. 13).

A hendíade "glória e majestade" (v. 6) com o termo "esplendor" (v. 9), o substantivo "santuário" (v. 6) com "santidade" (v. 9), apesar de não serem idênticos, possuem raízes iguais, criando uma inclusão entre o início e o fim da segunda parte.

As locuções preposicionais "diante dele" (vv. 6 e 9) e "na presença de" (v. 13), sobretudo entre os vv. 6 e 9, criam uma inclusão, delimitando a segunda seção.

Os imperativos "Cantai a JHWH" (vv. 1[2x].2) e "Tributai a JHWH" (vv. 7[2x].8) formam um paralelismo em escada (escala), em que se repetem os dois primeiros termos (vv. 1-2 e vv. 7-8) e modifica-se o terceiro. Nos vv. 7b-8a, sucede o mesmo fenômeno com a sentença "Tributai a JHWH a glória",[33] com a repetição dos três termos, duas vezes (cf. tabela a seguir).

---

[33] O termo כָּבוֹד também está presente no v. 3.

vv. 1-2a	[1] **Cantai a JHWH** um cântico novo, **Cantai a JHWH**, toda a terra. [2] **Cantai a JHWH**
vv. 7-8a	[7] **Tributai a JHWH**, famílias dos povos, **Tributai a JHWH** glória [8] **Tributai a JHWH** a glória devida ao seu nome.

Outrossim, os termos "povos" e "todos" nos vv. 3 e 5, o duplo *"kî"* no v. 13 e nos vv. 4-5a, seguidos de frases nominais, reforçam a constatação de uma disposição estrutural. Além desses, as duas ocorrências da palavra "nações" (vv. 3.10), seguidas de verbo do campo da comunicação ("narrar" e "dizer"), as cinco ocorrências do substantivo "povos" (vv. 3.5.7.10.13) e as duas do "mundo" (vv. 10.13), além de enfatizar o universalismo, são localizadas de forma estratégica no salmo.

Do ponto de vista estrutural, são significativas as ocorrências dos dois primeiros vocábulos: "nações" e "povos", nos vv. 3 e 10, a presença destes dois termos no v. 10 e a repetição de "terra", "mundo" e "povos" no v. 13. Observa-se, ainda, que o tetragrama e os substantivos "mundo" e "povos" estabelecem uma inclusão entre o v. 10 e o v. 13.

É evidente a centralidade do salmo no tetragrama, ao constatarem-se as onze ocorrências do nome divino (vv. 1[2x].2.4.5b.7[2x].8.9.10.13), as duas do vocábulo "nome" (vv. 2.8), o uso do pronome "ele"[34] (v. 4) e dos "sufixos de terceira pessoa do singular".

[34] Com relação à designação divina mediante o *pronome de terceira pessoa masculina singular*, veja: DAHOOD, M. The divine designation « הוא» in Eblaite and the Old Testament. *Annali dell'Istituto Universitario Orientale*, Napoli, v. 43, 1983. pp. 193-199.

Outro elemento unificador é a ênfase na "totalidade". Verifica-se, particularmente, nas ocorrências do termo "todo/toda/inteiro" (vv. 1.3.4.5.9.12[2x]).

A justaposição e a repetição consecutiva da mesma palavra ou raiz são uma das características típicas do Sl 96, com a intenção de reforçar um determinado conteúdo ou como elemento estruturante nos pequenos segmentos. É constatável, na utilização da palavra "ʾĕlōhîm" (vv. 4.5), a intenção de intensificar o contraste entre o "Deus de Israel" e os ídolos e determinar a conclusão da primeira parte, nas duas ocorrências da raiz "julgar" (שׁפט- špṭ); no dúplice uso da expressão "pois vem" (כִּי בָא - kî bāʾ- v. 13) que realçam o julgamento e a vinda, e na expressão "dia a dia" (יוֹם-yôm) a fim de exprimir a continuidade temporal (v. 2).

Outro fator distintivo é a escolha de substantivos do mesmo campo semântico dispostos em série em cada seção, para enfatizar o tema em questão. Observa-se na primeira parte a seleção de substantivos relacionados com a manifestação de Deus ("nome", "salvação", "glória" e "maravilhas") e a apresentação de três títulos para Deus ("grande", "louvável", "temível"). Nos versículos centrais, predominam palavras associadas à adoração-culto ("glória", "esplendor", "santuário", "átrios" e "oferenda"). Na última seção, prevalecem os termos do campo ético-jurídico ("equidade", "justiça", "retidão") e cósmico ("céu", "terra", "mar" e os elementos da natureza).

A dimensão espacial, no primeiro e no terceiro segmento, é explicitada por meio de termos genéricos que exprimem totalidade e, na segunda parte, há uma centralização no santuário. A expressão "toda a terra" não faz menção propriamente a um espaço, mas considera-se como uma sinédoque, referindo-se a "todos os habitantes" (vv. 1.9).

Por último, sublinha-se a escolha de consoantes iguais no início das frases: nos vv. 1-2 o šîn (שׁ), o kap̄ (כּ) nos vv. 4-5;

as quatro repetições nos vv. 6-9 da letra hēʾ (ה) e os dois yô<u>d</u> (י) nos vv. 11-12 (cf. tabela a seguir).

Primeira parte - *shîn e kaph*	**Segunda parte - *he***	**Terceira parte - *yod***
1 שִׁירוּ לַיהוָה	6 הוֹד־וְהָדָר	11 יִשְׂמְחוּ
2 שִׁירוּ לַיהוָה	7 הָבוּ לַיהוָה	12 יַעֲלֹז
4 כִּי	8 הָבוּ לַיהוָה	
5 כִּי	9 הִשְׁתַּחֲווּ לַיהוָה	

Cada bloco focaliza, por meio de um paralelismo estrutural, os títulos e nome de Deus, Tetragrama-Salvador-Libertador (vv. 2-3), Criador (vv. 4-5), santo (v. 9), rei (v. 10) e juiz (vv. 10.13), legitimando a sua soberania na esfera religiosa (sobre todos os deuses dos povos e todos os seres celestes, vv. 4-5), no âmbito cúltico-litúrgico (santuário, vv. 6-9), e o seu domínio político-cósmico-jurídico (cf. tabela abaixo). Esse artifício estrutural propicia estabelecer um arco que une a criação e a escatologia.

vv.	Agente	Característica	Ação
v. 2 v. 3	JHWH	Salvador Libertador	proclamai dia após dia a **sua salvação.** Narrai entre as nações a sua glória, entre todos os povos, **as suas maravilhas**.
v. 5	JHWH	Criador	JHWH **fez os céus**
v. 9	JHWH	Santo	esplendor da santidade
v. 10a	JHWH	Rei	JHWH **é rei** (reina, tornou-se rei).
v. 10e v. 13	JHWH JHWH	Juiz Juiz	**governará** os povos com **equidade**. **julgar** a terra; **julgará** o mundo com justiça e os povos com **retidão.**

Sonoridade e recursos estilísticos

Do ponto de vista poético, percebe-se que a escolha de versos livres ressalta a estrutura em paralelos (sublinhada anteriormente), estimula a progressão semântica, evita os contrastes e estabelece uma linearidade. A sucessão de apoios semânticos e linguisticamente interativos (repetição de palavras, sintaxe ou até mesmo expressões) propiciam uma correlação entre os versos e, apesar da ausência de uma perfeita sonoridade, é perceptível uma unidade sonora.

É constante, nas duas primeiras partes, a repetição de som "û" e "ô" provenientes dos imperativos, dos sufixos de terceira pessoa do singular e pela quantidade dessas vogais longas nos substantivos. Os imperativos criam um efeito sonoro, quando há preferência por verbos com as consoantes ou as sonoridades símiles aos vocativos.[35]

Os sons dominantes presentes nos vv. 1.2.9 provêm das consoantes símiles e pertencerem ao grupo š e ṣ. Prevalecem, nos vv. 3.4b.5, os finais em "*îm*" e os sons em "m" e "l". Nos vv. 7.8.10.11, os sons dominantes advêm das consoantes do mesmo grupo "m" e "b".[36]

Com relação ao ritmo,[37] o poema é constituído de catorze versos, geralmente com dois estíquios, exceto o verso 10, em que há três. Conforme a tabela a seguir:

---

[35] Por exemplo, as frases יִרְעַם הַיָּם יִשְׂמְחוּ הַשָּׁמַיִם.

[36] ALONSO SCHÖKEL, L. *Manual de poética hebrea*. Madrid: Ediciones Cristiandad, 1987. (Academia Christiana, 41.)

[37] O "*ó*" significa as sílabas tônicas, "*o*" as átonas e para as sílabas em que o *shewá* significa ə. Dado que o ꞏ K não se enquadra em métrica hebraica, é possível ignorar o acento nos vv. 4 e 5. (cf. SEYBOLD, K. D. *Poetica dei Salmi*. Brescia: Paideia, 2007. pp. 116-141 [Introduzione allo studio della Bibbia. Supplementi 35.]). Terrien acentua a irregularidade do salmo e o divide em quatro estrofes, e considera o v. 13 independente (*envoi*) das estâncias (cf. TERRIEN, S. *The Psalms*.

vs	Acentos	Salmo dividido em verso
1	óo ooó ó oó + óo ooó ó oóo	שִׁירוּ לַיהוָה שִׁיר חָדָשׁ שִׁירוּ לַיהוָה כָּל־הָאָרֶץ
2	óo ooó ooó oó + ooó oó oó oooó	שִׁירוּ לַיהוָה בָּרֲכוּ שְׁמוֹ בַּשְּׂרוּ מִיּוֹם־לְיוֹם יְשׁוּעָתוֹ
3	ooó ooó ooó + oó ooó oooó	סַפְּרוּ בַגּוֹיִם כְּבוֹדוֹ בְּכָל־הָעַמִּים נִפְלְאוֹתָיו
4	o oó oó oooó oó + oó ó oó ooó	כִּי גָדוֹל יְהוָה וּמְהֻלָּל מְאֹד נוֹרָא הוּא עַל־כָּל־אֱלֹהִים
5	o ó ooó ooó ooó + ooó oóo oó	כִּי כָּל־אֱלֹהֵי הָעַמִּים אֱלִילִים וַיהוָה שָׁמַיִם עָשָׂה
6	ó ooó ooó + ó ooóo oooó	הוֹד־וְהָדָר לְפָנָיו עֹז וְתִפְאֶרֶת בְּמִקְדָּשׁוֹ
7	oó ooó ooó oó + oó ooó oó oó	הָבוּ לַיהוָה מִשְׁפְּחוֹת עַמִּים הָבוּ לַיהוָה כָּבוֹד וָעֹז
8	oó ooó oó oó + oó oó oóo oooó	הָבוּ לַיהוָה כְּבוֹד שְׁמוֹ שְׂאוּ־מִנְחָה וּבֹאוּ לְחַצְרוֹתָיו
9	oooó ooó ooó óo + óo ooó ó oóo	הִשְׁתַּחֲווּ לַיהוָה בְּהַדְרַת־קֹדֶשׁ חִילוּ מִפָּנָיו כָּל־הָאָרֶץ
10	oó ooó oó oó + o oó oó o oó + oó oó oooó	מָלָךְ אַף־תִּכּוֹן תֵּבֵל בַּל־תִּמּוֹט יָדִין עַמִּים בְּמֵישָׁרִים אִמְרוּ בַגּוֹיִם יְהוָה
11	ooó oooó ooó oóo + oó oó oooó	יִשְׂמְחוּ הַשָּׁמַיִם וְתָגֵל הָאָרֶץ יִרְעַם הַיָּם וּמְלֹאוֹ
12	ooó oó oó ooó + o oooó ó oó óo	יַעֲלֹז שָׂדַי וְכָל־אֲשֶׁר־בּוֹ אָז יְרַנְּנוּ כָּל־עֲצֵי־יָעַר
13	oó oó o ó + o ó oó oóo	לִפְנֵי יְהוָה כִּי בָא כִּי בָא לִשְׁפֹּט הָאָרֶץ
14	oó oó oóo + ooó ooooó	יִשְׁפֹּט־תֵּבֵל בְּצֶדֶק וְעַמִּים בֶּאֱמוּנָתוֹ

A preponderância dos "jâmbicos" (oó) e dos "anapésticos" (ooó) cunha um movimento harmônico e solene. O salmista recorre ao "troqueu silábico" (óo) e ao "anfíbraco" (oóo) para evitar a monotonia. O movimento irregular da última parte gera um clima de expectativa. Nota-se, ainda, que há uma predominância de formas simétricas, sobretudo no primeiro e no segundo blocos, criando uma regularidade no ritmo. Confira a tabela:

Strophic structure and theological commentary. Grand Rapids-Cambridge: Eerdmans, 2003. pp. 674-675).

Vv.	Acento	Forma	Salmo dividido por versos
1a.1b	4+4[37]	simétrica	שִׁירוּ לַיהוָה שִׁיר חָדָשׁ שִׁירוּ לַיהוָה כָּל־הָאָרֶץ
2a.2b	4+4	simétrica	שִׁירוּ לַיהוָה בָּרֲכוּ שְׁמוֹ בַּשְּׂרוּ מִיּוֹם־לְיוֹם יְשׁוּעָתוֹ
3a.3b	3+3	simétrica	סַפְּרוּ בַגּוֹיִם כְּבוֹדוֹ בְּכָל־הָעַמִּים נִפְלְאוֹתָיו
4a.4b	4+4	simétrica	כִּי גָדוֹל יְהוָה וּמְהֻלָּל מְאֹד נוֹרָא הוּא עַל־כָּל־אֱלֹהִים
5a.5b	4+3	assimétrica	כִּי כָּל־אֱלֹהֵי הָעַמִּים אֱלִילִים וַיהוָה שָׁמַיִם עָשָׂה
6a.6b	3+3	simétrica	הוֹד־וְהָדָר לְפָנָיו עֹז וְתִפְאֶרֶת בְּמִקְדָּשׁוֹ
7a.7b	4+4	simétrica	הָבוּ לַיהוָה מִשְׁפְּחוֹת עַמִּים הָבוּ לַיהוָה כָּבוֹד וָעֹז
8a.8b	4+4	simétrica	הָבוּ לַיהוָה כְּבוֹד שְׁמוֹ שְׂאוּ־מִנְחָה וּבֹאוּ לְחַצְרוֹתָיו
9a.9b	4+4	simétrica	הִשְׁתַּחֲווּ לַיהוָה בְּהַדְרַת־קֹדֶשׁ חִילוּ מִפָּנָיו כָּל־הָאָרֶץ
10a.10b.10c	4+3+3	assimétrica	מָלָךְ אַף־תִּכּוֹן תֵּבֵל בַּל־תִּמּוֹט יָדִין עַמִּים בְּמֵישָׁרִים אִמְרוּ בַגּוֹיִם יְהוָה
11ab.11c	4+3	assimétrica	יִשְׂמְחוּ הַשָּׁמַיִם וְתָגֵל הָאָרֶץ יִרְעַם הַיָּם וּמְלֹאוֹ
12a.12b	4+4	simétrica	יַעֲלֹז שָׂדַי וְכָל־אֲשֶׁר־בּוֹ אָז יְרַנְּנוּ כָּל־עֲצֵי־יָעַר
13a.13b	3+3	simétrica	לִפְנֵי יְהוָה כִּי בָא כִּי בָא לִשְׁפֹּט הָאָרֶץ
13c.13d	3+2	qînāh	יִשְׁפֹּט־תֵּבֵל בְּצֶדֶק וְעַמִּים בֶּאֱמוּנָתוֹ

O Sl 96 é unitário e, apesar de dividi-lo em três partes, essas são perfeitamente coligadas do ponto de vista formal, poético, temático e pelo gênero literário.[38]

Análise literária e teológica

Cantai a JHWH um cântico novo (v. 1)

O salmo abre-se com o convite a "cantar" (שִׁיר[39]- šîr), um verbo utilizado, principalmente, no sentido positivo, como

[38] Percebe-se uma diferença nos acentos dos vv. 1.4.9 (varia entre 4+3 e 4+4), gerada pela contagem ou não do acento do termo כֹּל (Kol). Esse elemento é relevante na medida em que pode aumentar ou diminuir a quantidade de formas simétricas ou assimétricas no conjunto do salmo.

[39] Cf. Ex 15,21; 1Cr 16,9.23; Sl 68,5.33; 98,1; 105,2; 137,3 e Jr 20,13.

forma de exprimir o júbilo diante da constatação da ação salvífica ou da vitória de Deus na história (Sl 105,2; 106,12; Ex 15,1-21), e é frequente no contexto cúltico litúrgico. Entre as ocorrências no saltério, sublinham-se dois momentos, por serem conectados com o salmo em questão ou ao relevar o epígrafo na LXX[40]: o cantar na procissão da Arca (Sl 68,5.33) e no memorial de aclamação (Sl 27,6; 33,3).

O "ato de cantar" no Sl 96 é dirigido a JHWH, ou seja, utiliza-se o nome típico do Deus de Israel (Sl 100,3; Ex 3,13-14; Dt 4,35; 7,9; 1Rs 18,21.37) e o objeto direto é a fórmula "cântico novo".

O tetragrama começa a ser um nome divino significativo no tempo de Moisés. Num primeiro momento da tradição (o período mosaico e em épocas imediatamente posteriores), era utilizado para afirmar o auxílio de Deus para com aqueles que o adoram. Posteriormente, no período da reforma de Josias, adquire um significado existencial em contraste com a inexistência dos ídolos (cf. Dt 4,39).[41] Argumento que é corroborado pelo conteúdo e o uso do nome divino no Sl 96.

Por sua vez, o adjetivo "novo" no sintagma do v. 1 é muito discutido entre os exegetas,[42] pelo seu significado polissêmico, fruto dos vários contextos em que ele ocorre na Bíblia Hebraica,[43] e pela falta, entre os estudiosos, de um consenso sobre o contexto vital do salmo em questão.

---

[40] Na LXX, o Sl 96 tem como epígrafo: "quando a casa foi edificada depois do cativeiro, hino de louvor, para Davi ou a Davi".

[41] METTINGER, T. N. D. *Buscando a Dios*. Significado y mensaje de los nombres divinos en la Biblia. Córdoba: El Almendro, 1994. pp. 31-64.

[42] Cf. HOSSFELD; ZENGER. *Psalms 2*, pp. 464-465; RAVASI, *Il libro dei Salmi* II, cit., pp. 1002; ALONSO SCHÖKEL; CARNITI. *I Salmi* II, cit., pp. 334-335; W. BRUEGGEMANN. *The Message of the Psalms*. A theological commentary. Minneapolis: 1984. p. 144 (Augsburg Old Testament Studies.)

[43] Sintetizam-se em três as interpretações relevantes sobre o termo "novo", utilizadas pelos comentadores, a fim de explicar o significado da expressão "cântico

A expressão "cântico novo" está presente na Bíblia Hebraica nos Sl 33,3; 40,4; 98,1; 144,9; 149,1 e Is 42,10. Numa perspectiva canônica,[44] as ocorrências do sintagma no saltério formam uma estrutura concêntrica ab/ c/ b'a', na qual o Sl 96 ocupa a parte central, juntamente com o Sl 98 (a [Sl 33] – sem título = louvor e b [Sl 40] – davídico – c [Sl 96–98] – salmos de JHWH-rei – b' [Sl 144] – davídico e a' [Sl 149] – *hallel*).[45]

"Cântico Novo" é um sintagma presente no contexto de louvor a Deus, por sua ação redentora em prol de um indivíduo (Sl 40,4), de uma comunidade (Sl 33 e 144) ou do povo (Sl 149), e é vinculado a um processo comunicativo (Sl 96,1-3.10 e Sl 40), em que o(s) orante(s) testemunha(m), na forma de um agradecimento público, a ação realizada.

Perante as características semelhantes (léxico, temas, conteúdos e abordagens), legitima considerar a fórmula "cântico novo" um modelo.[46] Genericamente falando, seria um gênero de cântico utilizado para exprimir a "vitória" de Deus,

---

novo": a) "inédito", acentuando sua relação com um evento salvífico recente (cf. Dt 20,5; 22,8; 24,5; 2Cr 20,5), ou por conta da dimensão *universal* dos interlocutores aos quais os convites são dirigidos (cf. 1Sm 6,7; 2Sm 6,3; 21,16; 1Cr 13,7; Is 48,6; Jz 15,13; 16,11.12; Jó 32,19; 1Rs 11,29.30; 2Rs 2,20; Js 9,13; Ecl 1,9); b) "atualizado" ou "renovado constantemente" (cf. Jó 29,20; 2Cr 15,8; Sl 103,5 e, sobretudo, Lm 3,22), como um *memorial* das ações de JHWH, na festa dos tabernáculos ou do início do ano; e c) "vigoroso", "poderoso", relevando o tema da realeza de JHWH e a sua ação poderosa na história.

[44] Algumas observações pontuais a respeito das ocorrências do sintagma "cântico novo" na perspectiva canônica encontram-se na obra de: LOHFINK; ZENGER. *The God of Israel and the Nations*, cit., pp. 113-114.

[45] Essa estruturação sublinha a realeza universal de JHWH, perpassa a perspectiva messiânica presente nas promessas feitas a Davi (salmos davídico e régio), a Moisés (a Lei) e na missão do povo, e conclui com a realização escatológica, fundada na criação e na *Torah* (Sl 144), em que o Senhor é o salvador de todos os pobres (Sl 149). Em todos os salmos em que ocorre a expressão "cântico novo", o templo exerce uma função relevante, como lugar onde JHWH exerce a sua senhoria, escuta a súplica e protege os pobres.

[46] Percebe-se nas semelhanças dos vocábulos e temáticas dos Sl 33; 40; 96; 98; 144; 149 e Is 42, nos quais temos a expressão "cântico novo".

num momento importante na história, seja pessoal ou coletiva, anunciando uma nova realidade em que a crise, o mal ou o perigo são superados.

Nota-se que o Sl 96 se adequa a esse padrão presente no saltério e em Is 42,10, pelas retomadas lexicológicas, por relevar o tema do senhorio universal de JHWH (Sl 33,10-11.16-17; Is 42,8), apresentando-o como salvador e libertador (Sl 96,3; 98,2-3; 149,4), criador (Sl 33,6; 96,5; Is 42,5), rei (Sl 33; 98; 149,2; 96,10) e juiz (Sl 33,5; 96,10.13). E, ainda, por preponderar a teologia exodal (Sl 144,5-8; 96,1-4), criacional (Sl 33,6; 149,2; 96,5) e salientar a dimensão profética e escatológica,[47] em que a vinda de JHWH é representada como uma realidade iminente, expressa com termos e aspectos provenientes do campo ético-jurídico (Sl 98,9 e 149,7-9).

O sintagma "cântico novo" estabelece e transparece uma grande afinidade com a teologia e as perspectivas do Dêutero e Trito Isaías. Além das relações já citadas ao relevar a expressão em Is 42, destacam-se ainda a dimensão cósmica (Is 42,10-12 e Sl 96,11-13), o proclamar publicamente a glória de Deus (Is 42,12 e Sl 96,3), a alusão à ineficiência e nulidade dos ídolos (Is 42,17 e Sl 96,4-5), a conexão com a subida de JHWH ao trono (Is 52,7), o aspecto universal da salvação (Is 52,10), o julgamento escatológico e o papel fundamental do templo. Esses dois últimos elementos abrem a possibilidade de relacionar o irromper da era escatológica com a reedificação do Templo, legitimando o epígrafo da LXX e a presença

47 O sentido escatológico, relacionado com o adjetivo "novo", surge, sobretudo, com os profetas no período exílico e pós-exílico. No profeta Isaías, o termo vem utilizando provavelmente no período pós-exílico ("coisas novas" [Is 42,9; 43,19; 48,6] e "novos céus e nova terra" [Is 65,17; 66,22]), e define a renovação de algo que Deus já havia operado "no princípio" (Is 41,15; cf. Lm 5,21) ou em contraposição à economia antiga (Is 43,19; 48,6 e 62,2). O "novo" geralmente tem a sua origem em Deus e pode ser entendido como algo que provoca uma mudança profunda no interior das pessoas ou da história de Israel.

do Sl 96 em 1Cr 16,23-33, porém, sem desconsiderar a importância da dimensão ético-jurídica supracitada.

Na primeira parte, o interlocutor é designado com a expressão coletiva "toda a terra", não interpretada, meramente, no sentido genérico (como "todas as criaturas que habitam no universo"),[48] mas como "todos os seres humanos"[49] (cf. Sl 33,8). Mas, ao consultar os comentadores, essa expressão cria um problema de interpretação, pois oscila entre uma leitura restrita do termo (Israel) e uma interpretação universal.[50] Essa ambiguidade nos reporta à problemática em compreender o Sl 96 na perspectiva da teologia da eleição (Israel como povo eleito) ou na perspectiva profética, sobretudo Dêutero Isaías, da abertura a todas as nações (universalidade). Diante da dificuldade, optamos em aprofundar primeiramente o salmo e, no final da análise, darmos algumas possibilidades de respostas.

Ao recolher os elementos que emergem da introdução do segmento inicial, percebe-se que o convite, dirigido a toda a terra, a entoar um "cântico novo" não tem como objeto um benefício qualquer, mas o agir salvífico (histórico e criacional) de JHWH.

O convite ao louvor universal ao ser e agir divino (vv. 2-3)

O ritmo regular dos imperativos nos vv. 2 e 3a, a tendência a um paralelismo sintático (verbo + objetos – indireto no v. 2a e direto no v. 2bc) e o uso de fórmulas sintéticas criam uma solene monotonia, própria do gênero literário hínico, que é interrompida pela elipse do imperativo "narrai" no v. 3b, adquirindo maior vivacidade.

---

48 Nessa direção interpreta Ravasi, ao considerar "tutto l'orizzonte terrestre" (RAVASI, *Il libro dei Salmi* II, cit., p. 1002).

49 Alonso Schökel e Carniti (*I Salmi* II, cit., p. 334) compartilham dessa interpretação.

50 Por exemplo, a proposta de González, que restringe a expressão כָּל־הָאָרֶץ ao povo de Israel e traduz com a expressão "todo o país" (GONZÁLEZ, A. *El Libro de los Salmos*. Introducción, versión y comentário. Barcelona: Herder, 1966. p. 438. [Biblioteca Herder 73.])

Algumas particularidades dos vocábulos, nesses dois versículos, requerem algumas observações. O verbo "bendizer", "louvar" (ברך - brḵ) significa reconhecer, na pessoa louvada, alguém capaz de salvar; é render graças por todos os benefícios recebidos em forma de bênção e há uma conotação jurídica como legitimação da soberania e do domínio do ser bendito.[51] O objeto direto desse verbo é expresso pelo substantivo "nome"[52] (שֵׁם[53]- šēm). O termo "nome" é uma substituição tardia[54] do tetragrama[55] e nos remete à experiência da revelação a Moisés (Ex 3,13-15; 15,3; 20,7). Particularmente, exprime a benevolência divina, a garantia de proteção, libertação,[56] e caracteriza Deus na sua plenitude como pessoa atuante e atual no mundo.

---

[51] Veja: MITCHELL, C. W. *The meaning of BRK "to bless" in the Old Testament.* Atlanta: Scholars Press, 1987. pp. 146-180 (Society of Biblical Literature. Dissertation Series, 95); KELLER, C. A.; WEHMEIER, G. ברך BRK, Bendecir. In: WESTERMANN, Claus; JENNI, Ernest (Ed.). *Diccionario teologico manual del Antiguo Testamento.* Madrid: Cristandad, 1978-1985. v. I. pp. 509-540. (Biblioteca Biblica Cristiandad.)

[52] VAN DER WOUDE, A. S. " שֵׁם šēm, Nombre". In: WESTERMANN; JENNI (Ed.). *Diccionario teologico manual del Antiguo Testamento*, v. II, 1174-1208.

[53] Nos Livros I e II do saltério, salvo poucas exceções, o "nome" é pronunciado somente por Israel e até mesmo os outros povos (גּוֹיִם) são definidos como aqueles que não invocam o "nome" (Sl 79,6). Por outro lado, sobretudo nos Livros IV e V, percebe-se a necessidade do reconhecimento universal do "nome" (Sl 102,22; 105,1; 145,21 e cf. Is 12,4).

[54] ALONSO SCHÖKEL; CARNITI, *I Salmi II*, cit., p. 334.

[55] Constatam-se, normalmente, as fórmulas בָּרְכוּ יְהוָה (cf. Jz 5,2.9; Ne 9,5; 1Cr 29,20; Sl 66,8; 68,27; 103,20; 134,1; 135,19) ou בָּרוּךְ יְהוָה (Sl 28,6; 31,22; 41,14; 72,18; 89,53; 106,48; 124,6; 135,21; 144,1 e Zc 11,5 – a única vez em que aparece esse sintagma em um contexto negativo), que semanticamente são semelhantes à sentença do Sl 96. Geralmente, no saltério o tetragrama é indicado e são acrescentados outros nomes ou títulos divinos ampliando a fórmula (cf. Sl 28,6; 31,22; 41,14; 72,18; 89,53; 106,48; 135,21; 144,1), porém são possíveis algumas variantes, em que se substitui o tetragrama por um apelativo divino, como é o nosso caso (cf. Sl 72,19; 68,20; Ez 3,12 ou "Seja bendito o nome do Senhor" nos Sl 113,2-3; Jó 1,21). Essa fórmula e suas variantes são, mormente, precedidas pela explicitação de uma situação de dificuldade pessoal ou coletiva (cf. Sl 18,47.49; 41,14; 66,8-9; 89,53; 106,48; 124,6; 144,1; 1Cr 16,36; 29,10b) e acompanhadas pela partícula כִּי ou pelo pronome relativo, que indicam o motivo pelo qual é bendito o nome do Senhor.

[56] Confira as citações que falam sobre obter a proteção ou a salvação por meio do nome: Sl 5,12; 31,4; 44,6; 79,9; 91,14; 106,8.47; 109,21; 116,4; 118,10; 119,132; 124,8 e 143,11.

Kraus acrescenta que o uso do tetragrama exprime a inacessibilidade divina e que o “nome” indica a presença de Deus, que se volta ao ser humano.[57] É uma observação válida, porém o tetragrama também exprime a misericórdia de Deus e, por meio dele e da palavra “nome”, a transcendência de Deus se torna acessível, ou seja, Deus se faz conhecer ao revelar o seu nome: JHWH. Por outro lado, é importante sublinhar que “nome” é um termo que engloba todas as dimensões, títulos, tudo aquilo que Deus revela de si mesmo na história, no seu agir. Diverso é o uso do tetragrama, que, de certa forma específica, direciona a um determinado elemento, evento, realidade, povo.

Portanto, “toda a terra” é chamada a cantar e bendizer, na forma comunicativa, mas também vital, a soberania (Sl 8,2.10; 148,12), a grandeza (Sl 148,13), a santidade (Sl 99,3), a reverência (Sl 111,9) de Deus, que se volta para a humanidade de multíplice maneira, a fim de libertá-la, salvá-la, conduzi-la, amá-la.

O verbo “proclamar” no v. 2c[58] remete a dois significados. O primeiro é no sentido missionário, como “anunciar, apregoar”, proveniente da literatura profética, frequentemente presente na linguagem e no contexto do Dêutero-Trito Isaías[59] (Is 40–41; 52; 60–61), em que o mensageiro enviado da parte de JHWH (Is 41,27) recebe uma missão específica: anunciar. Essa missão, no decorrer do livro de Isaías, adquire uma perspectiva

---

57 KRAUS, H.-J. *Psalms 60-150:* A continental Commentary. Minneapolis: Fortress Press, 1989. pp. 252-253.

58 No saltério, o verbo בשר, na forma *piel* imperativa plural, ocorre somente neste caso.

59 Algumas observações sintéticas, acerca do uso da raiz rfb no Dêutero-Isaías, são encontradas no artigo de BLUNDA, J. M. El anuncio del Reino em Is 40-55: una nota sobre los verbos de comunicación. In: CHIU, J. E. A.; O’MAHONY, K. J.; ROGER, M. (Org.). *Bible et Terre Sainte*: Mélanges Marcel Beaudry. Frankfurt: Peter Lang, 2008. pp. 145-151.

universalista, e o anúncio tem como conteúdo o início da realeza do Senhor (Is 52,7) e a "salvação", que nesse contexto significa a libertação concreta dos pobres (Is 61,1-3).[60]

Ao relacionar o verbo "proclamar" com o termo "salvação" (v. 2c) e a ocorrência deste último no Sl 40,10 (LXX traduzido por σωτήριον[61] – sōtērion) obtém-se o segundo significado: "sacrifício de ação de graças", que consiste na proclamação da ação salvífica, sob a forma de agradecimento (Sl 105; 106), restrita a uma assembleia num contexto cúltico.

As duas interpretações do verbo "proclamar/anunciar" são compatíveis e plausíveis com a visão do salmo em questão.

Verifica-se, no contexto canônico, que é possível acrescentar no significado da palavra "salvação", no Sl 96,2, a administração da justiça (Is 60,16; 63,5.8.9) na defesa do povo (Is 41,14; 44,6; 49,7; 63,8; 61,8-10), e que adquire, também, uma perspectiva escatológica (Sl 96,13; cf. Jr 3,17) e

---

60 A pergunta que permanece é como entender o sentido missionário no Sl 96, fator que remete à dificuldade notada anteriormente sobre a relação entre Israel e as nações. Constata-se que o anúncio no Sl 96 não é missionário no sentido comum do termo. Assim, inicialmente o salmo alude à visão de *missão centrífuga*, como classifica alguns autores. Dessa forma, mostra que a história salvífica de Israel ou o simples fato de Israel existir como povo eleito (a sua presença) testemunha aquilo que JHWH é para o seu povo e para o universo. Por conseguinte, a história de Israel atesta a grandeza e a realeza de JHWH a toda a humanidade. Contudo, encontra-se subjacente a visão de *missão centrípeta* no Sl 96, ao constatar a perspectiva monoteísta e os princípios da *teologia de Sião*. Conclui-se, portanto, que o salmo em questão se situa na transição entre a fase da *missão centrífuga* para a *missão centrípeta*. Para aprofundar sobre as diferentes fases da missão e, em particular, o sentido de missão no Sl 96, é sugestiva a obra de: OKOYE, J.C. *Israel and the nations*. A mission theology of the Old Testament. Maryknoll: Orbis Books, 2006, caps. 8 ao 12. (American Society of Missiology Series, 39.)

61 Um elemento a relevar, pois o tradutor poderia optar por σωτηρία (cf. Sl 95,2) ao invés de σωτήριον. Não obstante constatar que σωτήριον, em várias ocorrências na LXX, é praticamente um sinônimo de σωτηρία, é possível observar em vários casos que σωτήριον ou θυσίας σωτηρι são geralmente usados pela LXX para traduzir a expressão "sacrífico de paz", "sacrífico de agradecimento", ou "de comunhão" (cf. na LXX: Lv 4,26.31; 7,11.13; 17,4; Nm 6,14; 15,8; 1Cr 16,1.2; 2Cr 30,22).

apocalíptica[62] (Sl 96,11-12), ao relevar a datação, provavelmente pós-exílica, do Sl 96.

A expressão adverbial "dia após dia" exprime a continuidade do anúncio no tempo. Porém, percebe-se que não é um "sempre" abstrato ou genérico, mas enuncia a ação que é concretizada no cotidiano, que é sujeita a todas suas vicissitudes e, portanto, exige perseverança. É um anunciar ou louvar que perdura na fragilidade, na dinamicidade do tempo.

Assim, no Sl 96 há o convite a "anunciar" e/ ou "proclamar" em forma de ação de graças, constantemente (dia após dia), a salvação, isto é, as manifestações da potência divina, mediante ações concretas, realizadas na história e na criação (Sl 18,4; 28,19; 98,1; 106,10).

Quanto ao verbo "narrar" (ספר – s.p.r), há nele uma sentido exclusivamente comunitário: é a confissão pública do agir de Deus, realizada por aquele que foi beneficiado, perante a assembleia litúrgica. Geralmente, o constante "narrar" as maravilhas do Senhor é garantia de manter viva e reafirmar a fidelidade a JHWH (Sl 75,2), como único Deus-Salvador, e serve de testemunho ou memorial às gerações futuras que não presenciaram o ato propriamente dito (cf. Sl 78,4).

O primeiro elemento a ser narrado às nações é a "glória" de Deus. Na tradição sacerdotal, "glória"[63] (da raiz do verbo

---

[62] Dependendo do contexto, o termo "salvação" recebe um caráter temporal (dia da salvação, cf. Is 49,8), relaciona-se com um lugar (Is 46,13), com um determinado evento visível (Is 52,10; Ex 14,13.31), uma situação duradoura (Is 45,17; 51,6.8; 60,18) ou um fato ou circunstância universal (Is 49,6; 62,1). É um termo significativo na literatura profética (100x) e, particularmente, no Dêutero-Trito Isaías (56x).

[63] Para maior aprofundamento: MUÑOZ LEÓN, D. *Gloria de la Shekina en los Targumim del Pentateuco.* Madrid: Consejo Superior de Investigaciones cientificas Instituto Francisco Suarez, 1977. Id. *Palabra y gloria.* Excursus en la Biblia y en la Literatura Intertestamentaria. Madrid: Consejo Superior de Investigaciones cientificas Instituto Francisco Suarez, 1983. (Verbum gloriae, 4.)

"ser pesado" ou "peso") significa a manifestação ou revelação da potência divina a uma pessoa (ou grupo) num determinado evento. Esse termo é coligado com a criação (Sl 19,2; 26,8; 29,1), perpassa a experiência exodal,[64] é significativo na teologia da presença como revelação de Deus no templo (1Rs 8,11), remete à promessa de plenificação de toda a terra com a presença divina (Nm 14,21; Sl 57,6.12; 108,6)[65] e está vinculado à salvação futura do povo em Sião, que é apresentada como renovada manifestação da "glória" (Is 24,33; 25,6-12; 40,5). Todos esses elementos são compatíveis, porém no v. 3 a palavra "glória" é particularmente relacionada com a revelação divina nas suas ações na história e na criação, mas adquire os outros significados nas demais ocorrências do termo no Sl 96.

O outro aspecto a ser narrado são as "maravilhas",[66] que é praticamente sinônimo de "prodígios" (Dt 28,59; Ne 9,17; Sl 77,15; 78,11.32; 98,1; 105,2.5; 106,7.22) e refere-se à atuação de Deus que ultrapassa a capacidade de imaginação da pessoa humana (Sl 139,6; Pr 30,18-19). Por isso, é vinculado à reação do ser humano, ao contemplar a intervenção divina, sobretudo, nos primórdios da história do povo (Sl 106,7.22; Ex 3,20; 34,10). Logo, não é relatar uma teoria, mas a experiência da comunidade.

---

[64] Constata-se, na travessia do mar (Ex 14,4.17.18), no deserto, no dom do maná (Ex 16,7.10), no monte Sinai (Ex 24,16.17), na tenda do encontro (Nm 14,10; 16,19; 17,7; 20,6), após o pecado do Bezerro de Ouro (Ex 33,18-23), como confirmação de que Deus realmente estava presente no meio do seu povo e caminha com ele rumo à Terra Prometida.

[65] Esse vocábulo é frequente em Isaías. Destacam-se algumas citações: Is 3,8; 10,16; 11,10; 16,14; 21,16; 24,23; 35,2; 40,5; 42,8.12; 48,11; 58,8; 59,19; 60,1 e 66,18.

[66] As ocorrências significativas do termo "maravilhas" estão em: Jz 6,13; 1Cr 16,9.12.24; Sl 78,4.11.32; 105,2.5; 107,8.15; 111,4.

A narração das "maravilhas" e da "glória" é direcionada aos "povos" e às "nações". O uso predominante dos termos "nações" e "povos" indica a sua importância para o Sl 96. Opta-se[67] por interpretar "povos",[68] no sentido religioso (vv. 3.5.7), como um grupo de pessoas (comunidade) que acredita em determinadas deidades. Já o termo nações[69] acena ao aspecto político-social, e entre esses os soberanos (cf. Sl 47; 102,16 e Is 62,2) e os responsáveis pelos tribunais jurídicos (cf. Sl 94).

Essa interpretação não exclui as "nações" estrangeiras, ao contrário, engloba todas as "nações", em todas as suas dimensões, e proclama a soberania do Deus de Israel sobre as potências religiosas, políticas e jurídicas. Esta é uma forma estilística de especificar o aspecto a ser evidenciado, confirmando que somente o Deus de Israel (JHWH) é o Altíssimo (Sl 83,19 e 97,9), o Senhor (Sl 97,5) e o Grande Rei de toda a terra (Sl 47,3).

Conclui-se que o convite a reconhecer o poder do Senhor, no v. 3, é direcionado a todos, e não somente ao povo de Israel, e em todos os âmbitos. Ou seja, a história salvífica de Israel testemunha aquilo que JHWH é para o seu povo e para o Universo.

Verifica-se, nos vv. 2-3, a utilização de fórmulas raras na Bíblia Hebraica (especialmente no saltério), com vocábulos significativos para a teologia da Criação, presentes nos relatos

---

[67] Com relação à interpretação adotada dos termos " גּוֹיִם" e " עַמִּים ", confira: FEUER, *Tehillim* II, cit., p. 1187, e HULST, A. R. " גּוֹי־עַם ʿam/ gōy, Pueblo". In: WESTERMANN, Claus; JENNI, Ernest (Ed.). *Diccionario Teologico Manual del Antiguo Testamento*. Madrid: Cristandad, 1978-1985. v. II. pp. 373-415. (Biblioteca Biblica Cristiandad.)

[68] LIPIŃSKI, E. " עַם ʿam". In: BOTTERWECK, G. J.; RINGGREN, H. (Ed.). *Grande Lessico dell'Antico Testamento*. Brescia: Paideia, 2002. v. VI. pp. 806-824.

[69] BOTTERWECK, G. J.; CLEMENTS, R. E. " גּוֹי גּוֹי". In: BOTTERWECK; RINGGREN, op. cit., pp. 1979-1986.

da experiência exodal e profética e inspirados, particularmente, na linguagem e contexto do Dêutero-Trito Isaías. Esses sintagmas formam um único convite, expresso segundo um módulo tipicamente cúltico-litúrgico (cf. Sl 26), na forma de rendimento de graças pública (cantar, bendizer, anunciar) pelos benefícios recebidos. Esse convite ao louvor tem como objeto o ser ("nome") e as obras ("maravilhas") potentes ("glória"), salvíficas ("salvação"), históricas e criacionais de Deus.

Os motivos do louvor (vv. 4-5)

Os vv. 4-5,[70] mediante um paralelismo sintático, formado por frases afirmativas e comparativas, expõem a motivação para os convites expressos nos vv. 1-3, ou seja, a constatação da grandeza de JHWH e a nulidade (אֱלִילִים - ᵓĕlîlîm) dos deuses. O paralelismo pode ser visualizado na seguinte tabela:

v. 4a	*a) Conjunção + frase nominal* = afirmações sobre JHWH
v. 4b	*b) Frase nominal - preposicional* = contraste
v. 5a	*a') Conjunção + frase nominal* = afirmações sobre os ídolos
v. 5b	*b') Frase verbal* = contraste pelo *waw* adversativo

O tetragrama (vv. 4a.5b) e a expressão "todos os deuses" (vv. 4b.5a) unificam os vv. 4-5 e são articulados de maneira quiástica:

וַיהוָה	כָּל־אֱלֹהֵי	כָּל־אֱלֹהִים	יְהוָה
a'	b'	b	a

[70] Alguns comentadores afirmam que o v. 5 é um acréscimo redacional, inserindo no salmo a problemática dos ídolos. Isso é justificado pela mudança de tema, pela duplicação do כִּי e pela interrupção das frases nominais (v. 5b). Com relação a esse argumento, veja: PAZ TORQUATO, *Malkut Adonaj*, cit., p. 334, n. 178.

Por meio de uma proposição nominal (atemporal) e de uma frase nominal preposicionada (durada indefinida), o v. 4 sublinha três atributos do Senhor ("grande", "digno de louvor"[71] e "temível") e a sua supremacia sobre os deuses.

Ao comparar a afirmação "grande é JHWH e muito digno de louvor" e as suas ocorrências no saltério (cf. Sl 48,2 e 145,3), emergem alguns elementos e contextos relevantes.

Os atributos do v. 4, mormente, expressam o domínio régio de Deus sobre a totalidade espacial e temporal (cf. Sl 47,3; 113) na tradição de Sião (cf. Sl 48,2; 99,2; Is 12,6; Hab 2,18) e remetem à tradição exodal (Ex 18,11; 15,11; 34,10; Sl 111,9). A "grandeza" e o "ser louvável" são utilizados para qualificar o Deus de Israel (Sl 77,14; 147,5) com o objetivo de reforçar a sua supremacia sobre as divindades cananeias (Sl 48,3; 86,10; 95,3) e sobre as forças do caos (cf. Sl 18,4). Essas qualidades divinas plenificam o templo[72] e estão presentes nos contextos de anúncio glorioso, universal e gáudio da iminente "vinda" do Senhor para julgar todos os povos e nações (Sl 97,7 e Hab 2,18).

Nota-se, ainda, que "grande"; "digno de louvor" e "terrível" são atribuídos aos reis ou soberanos extraisraelitas[73] e que no salmo exprimem a dignidade régia de Deus e do seu Reino.

---

[71] O "ser digno de louvor" (מְהֻלָּל) é uma expressão pouco utilizada na BHS (cf. Sl 18,4; 48,4; 113,3; 145,3 e 1Cr 16,25). E o uso de מְאֹד transforma a expressão em um superlativo absoluto.

[72] VIGANÒ, L. *Nomi e titoli di YHWH alla luce del semítico del Nord-ovest*. Roma: PIB, 1986. pp. 34-118. (Biblica et Orientalia, 31.)

[73] SEMBRANO, L. Le immagini della regalità nei Salmi. FARRUGIA, M. (Ed.) *Universalità del Cristianesimo*. In dialogo con Jacques Dupuis. Cinisello Balsamo: San Paolo, 1996. p. 85; BAINES, J. A realeza egípcia antiga: formas oficiais, retórica, contexto. In: DAY, J. (Ed.) *Rei e Messias em Israel e no antigo Oriente Próximo*. São Paulo: Paulinas, 2005. pp. 19-56 (Bíblia e História); LAMBERT, W. G. A realeza na antiga Mesopotâmia, pp. 57-74.

O vocábulo "nulidade", "inútil" ou "insignificante" (cf. Jó 13,4; Zc 11,17, o paralelo em 1Cr 16,26 e Sl 97,7), que traduzimos por "ídolos" e que designa "deuses pagãos" (Lv 19,4; 26,1 e Hab 2,18) é frequente no Proto-Isaías.[74]

No aspecto religioso, pode-se dizer que a "grandeza de Deus" e o seu "ser louvável" estão relacionados com a sua divindade ("temível")[75] e soberania em contraposição aos ídolos.

O indício de uma visão meramente monolátrica (v. 4b) é superado pela perspectiva monoteísta no v. 5, elemento relevante para confirmar o universalismo[76] do louvor a JHWH. Essa perspectiva não está presente somente pelo conteúdo, mas mediante alguns artifícios redacionais-estilísticos, como: a introdução de um *"kî"* causal indireto, conectado com o v. 4b; o uso de uma anadiplose ao retomar o sintagma "todos os deuses", o afirmar a nulidade (ou não existência) dos ídolos, por meio de uma frase nominal (atemporal) e o uso da paranomásia (empregar palavras com a mesma sonoridade - אֱלֹהֵי הָעַמִּים אֱלִילִים[77] - ᵓĕlōhê hāᶜammîm ᵓĕlîlîm).

---

[74] Elencam-se algumas citações do termo no proto-Isaías (Is 2,8.18.20 [voltado ao Reino do Norte], 10,10 [à Assíria], 19,1.3 [ao Egito], 31,7 [Egito ou Assíria]). Feuer (*Tehillim* II, cit., p. 1187) oferece uma lista de nomes presentes nas Escrituras para denominar "ídolos".

[75] COSTACURTA, B. *La vita minacciata*: Il tema della paura nella Bibbia Ebraica. Roma, 1997. pp. 31-38, 124-145. (Analecta Biblica, 119.) Cf. Sl 47,3; 89,8; 99,3; Ex 15,11 e 34,10.

[76] Com relação ao monoteísmo, consultar as obras de: LEMAIRE, A. *La nascita del monoteismo*. Il punto di vista di uno storico. Brescia: Paideia, 2005 (Studi Biblici, 145), sobretudo os caps. 13-14; LORETZ, O. *L'unicità di Dio*. Un modello argomentativo orientale per l'Ascolta, Israele! Brescia: Paideia, 2007, caps. 8-9. (Studi biblici, 154.)

[77] A expressão "deuses dos povos" é vinculada à concepção da existência de um "deus local" (cf. Mq 4,5; Jn 1,5 e 2Rs 17,29).

A nulidade dos deuses é radicalizada no v. 5b, com a interrupção da sequência de proposições nominais e a inserção de uma frase adversativa verbal (com um passado histórico – "fez"), acompanhada de uma prolepse,[78] que enfatiza, sintaticamente, o objeto direto e, estilisticamente, a sinédoque[79] presente no termo "céus". Esse termo, ao representar a totalidade da Criação (Sl 33,6; 102,26), pelo conteúdo presente na frase do v. 5b,[80] reforça a potência divina e a sua ação criadora e confirma a sua soberania. Ao ponderar o contexto próximo e o culto aos deuses relacionados com os astros (Am 5,26), pressupõe uma crítica[81] a não considerar os deuses como celestes, mas como manufaturas terrestres.

Conclui-se que o convite ao louvor universal (v. 1) nasce como resposta ao reconhecimento de todos os povos-nações, na totalidade das suas dimensões (religiosas-políticas-sociais), de que JHWH é o único Deus (vv. 4-5a), criador (v. 5b) e salvador (vv. 2-3).

---

78 A *prolepse* é verificada por meio da sequência insólita, na sintaxe hebraica, de uma conjunção relacionada com o sujeito, o qual é seguido do objeto direto, posicionando o verbo no final da frase. O primeiro elemento (conjunção + sujeito) pode ser justificado gramaticalmente pela presença do *waw* adversativo ou por tratar-se de nome divino, quando é comum transgredir a sequência gramatical, a fim de exprimir reverência. No entanto, não é um procedimento característico do Sl 96 (cf. v. 4). Portanto, legitima a considerar rara a construção gramatical do v. 5b (cf. JOÜON; MURAOKA, *Gramática del Hebreo Bíblico*, p. 155).

79 Sinédoque consiste na atribuição da parte pelo todo ou do todo pela parte, semelhante à metonímia (exemplo: "A senhora ficou sem teto". Nesse caso, o "teto" representa a casa inteira).

80 Essa frase é um *hápax legómenon* (aparece somente uma vez) na BHS, pois, para referir-se à criação, normalmente, são utilizados os dois elementos: "terra" e "céus" (cf. Sl 121,2; 124,8, 135,6).

81 Cf. ALONSO SCHÖKEL; CARNITI, *I Salmi* II, cit., p. 335; RAVASI, *Il libro dei Salmi* II, cit., p. 1004.

Glória e majestade estão diante dele, força e beleza estão no seu santuário (v. 6)

O v. 6 descreve a presença de divina e o seu santuário, expressos segundo um padrão teofânico, que prepara os convites para as práticas rituais que serão desenroladas nos vv. 7-8 e atingirão o clímax no v. 9.

As duas frases não verbais, com predicados adverbiais, são paralelas, coordenadas, segundo a sintaxe sujeito + predicado, e construídas de forma semelhante: substantivo abstrato + waw + substantivo abstrato + forma adverbial (preposição + substantivo + sufixo de terceira pessoa do singular) e pela tendência ao duplo passo entre substantivos.

A hendíadis "glória e majestade",[82] acompanhada da locução preposicional "diante dele", propicia interpretar os dois substantivos como atributos da presença soberana do Senhor (majestosa glória de JHWH) ou, no sentido figurado, como dois personagens ("glória" e "majestade") que lhe prestam reverência.[83] Em ambas as interpretações, a paranomásia presente no v. 6a enfatiza a "majestade de Deus". "Glória" e "majestade" são dois termos típicos de contextos epifânicos

---

[82] Esses dois termos são praticamente sinônimos: הוֹד pode ser traduzido por "eminência", "majestade", "honra", e é utilizado como atributo ao rei (Jr 22,18; Sl 21,6; 1Cr 29,25) ou ao sacerdote (Zc 6,13), e הָדָר designa a dignidade real de uma determinada pessoa ("majestade", "esplendor"). As possibilidades de interpretações desses termos estão presentes de forma sintética em: BAZYŁIŃSKI, S. *I Salmi 20-21 nel contesto delle preghiere regali.* Roma: PIB, 1999. p. 222, n. 274-276; FORNARA, R. *La visione contraddetta.* La dialettica fra visibilità e non visibilità divina nella Bibbia Ebraica. Roma: PIB, 2004. pp. 186-188. (Analecta Biblica 155.)

[83] Alonso Schökel e Carniti optam por essa possibilidade e enfatizam a soberania de Deus, que é assistida por quatro personificações (considerando as duas hendíades), porém não são divindades (ALONSO SCHÖKEL; CARNITI, *I Salmi* II, cit., p. 335).

e doxológicos (Sl 21,6; 104,1),[84] em que a realeza divina se manifesta nas suas ações justas e admiráveis, na história e na criação (Sl 8,2; 111,3; 145,5.12). Ulteriores ocorrências de "glória" com o termo empregado no v. 6 e "majestade" referem-se aos atributos da veste real que envolve JHWH (Sl 104,1).

O enunciado "força e beleza" é *hápax legómenon*[85] (isto é, aparece uma só vez) na Bíblia Hebraica, sendo qualidades consideradas como atributos da realeza de Deus[86] que adornam o "santuário".

O termo traduzido por "santuário"[87] pode ser interpretado de três formas, porque o v. 6, do ponto de vista do conteúdo, exerce uma função de dobradiça, gerando uma oscilação estrutural em pertencer à primeira ou à segunda seção.

Desse modo, ao relacionar-se com os vv. 1-5, reforça o aspecto da divindade de JHWH, da sua soberania e da sua grandeza. Ao unir-se com o v. 5b e, especificamente, com o termo

---

84 RAVASI, *Il libro dei Salmi* II, cit., 1004; HOSSFELD; ZENGER. *Psalms 2*: a commentary on Psalms 51-100. Minneapolis: Fortress Press, 2005. p. 465. (Hermeneia, 19.)

85 Como sintagma é um *hapaxlegomenon*, não obstante se verifica no Sl 89,18 o sintagma תִּפְאֶרֶת עֻזָּמוֹ. No Sl 89, os dois termos estão relacionados a JHWH como "força" e "esplendor" do seu povo. É possível, ainda, identificar ocorrências dos dois termos separadamente: relacionados à veste de Sião (Is 52,1), como aspecto da *Arca do Senhor* (Sl 78,61; 132,8 e cf. Lm 2,1), ou um "ornamento" presente nas vestes de Aarão (Ex 28,2.40).

86 O termo תִּפְאֶרֶת significa o "esplendor", a "magnificência", a "glória", a "honra". O termo "força" é utilizado em relação ao santuário, mas como espaço no qual é possível vê-la (Sl 63,3) e como recinto no qual se manifesta a potência divina ("força"), possibilitando o reconhecimento da sua *divina presença* no santuário a todas as nações (Sl 68,29-35; cf. também Ex 15,13).

87 Pode ser traduzida por "santuário (cf. Ex 15,17; 25,8; Lv 12,4; 16,33; 19,30; 20,3; Is 8,14; 16,12; 60,13; 63,18.), por "coisas sagradas" relacionadas, sobretudo, com as "oferendas" (Nm 10,21; 18,1.29; Lv 5,15; 21,22; 22,2; Ne 12,47), ou por "santidade" (cf. Sl 68,36).

"céus", podemos interpretar que o "santuário" seria a morada celeste[88] de Deus, ou seja, o lugar no qual Deus tem o seu palácio (Sl 11,4), o seu trono (Sl 47,6), e reina soberano como único Deus, exercendo e manifestando o seu poder (força).

Ao relevar os elementos formais e o conteúdo, o v. 6 vincula-se aos vv. 7-9. Desse modo, podemos interpretar que se refere ao santuário terrestre, concretamente, ao templo de Jerusalém,[89] como recinto da presença da glória[90] do Senhor, como espaço da sua autorrevelação, da sua aparição visível, do seu domínio, e, também, como manifestação da sua potência e do seu esplendor (cf. Nm 14,21).

O templo terreno faz parte do processo da experiência religiosa de Israel, que adota, de certa forma, a concepção cananeia[91] da relação entre a divindade e o santuário como espaço da presença, da manifestação de Deus. Por outro lado, ao concentrar a sua presença de forma permanente em um lugar,[92] legitima e assegura a universalidade da sua visibilidade (v. 9).

---

88 Em várias ocorrências, o vocábulo קֹדֶשׁ assume o significado de "morada celeste", por exemplo, nos Sl 20,7 (מִשְּׁמֵי קָדְשׁוֹ); 68,6 (מְעוֹן קָדְשׁוֹ); 102,20 (מִמְּרוֹם קָדְשׁוֹ), e 150,1 (בקָדְשׁוֹ).

89 Os termos מִקְדָּשׁ ou קֹדֶשׁ com o significado de "templo terrestre", encontram-se, por exemplo, em Sl 20,3 (מִקֹּדֶשׁ); 24,3 (מְקוֹם קָדְשׁוֹ); 60,8 (בְּקָדְשׁוֹ); 68,25 (בַּקֹּדֶשׁ); 74,7; 78,69; 79,1; 138,2 (הֵיכַל־קָדְשְׁךָ).

90 Conforme Gilbert, acentua a relação existente entre o Templo de Jerusalém e o santuário celeste. O autor comenta que o Templo de Jerusalém pode ser considerado *uma imitação da tenda santa que era preparada desde o princípio* (Sb 9,8), na qual todos os povos são convidados a adorar (Is 2,2-4; 18,7; Zc 8,20.23) o Senhor (cf. GILBERT, M. *Ogni vivente dia lode al Signore*. Roma: Apostolado della Preghiera, 1992. v. 2. p. 63. [Bibbia e pregheira, 11.]).

91 Cf. TERRIEN, S. *The elusive presence*: Toward a new biblical theology. New York/Hagerstown/San Francisco/London: Wipf & Stock Pub, 1978. pp. 186-213. (Religious Perspectives, 26.) Com relação à concepção cananeia do templo como lugar da presença de Deus, veja: CLEMENTS, R. E. *God and temple*. Philadelphia: Fortress Press, 1965. pp. 1-11.

92 Terrien nota que o verbo שָׁכַן que no início significava uma presença temporária, com o tempo se tornou a presença permanente de Deus no Templo (cf. 1Rs 8,12-13; Is 8,18; Sl 68,16.17.19; 74,2; 135,21). TERRIEN, *The elusive presence*, cit., p. 196.

Por fim, pela ocorrência dos substantivos "força" e "beleza" no Sl 89,18, contexto imediato do Sl 96, pode-se considerar a comunidade como "santuário vivente" (Sl 114,2) que louva e rende homenagem ao Senhor, como povo reunido no seu nome, manifestando, assim, a sua presença e a sua glória.

Nota-se, portanto, que a flexibilidade estrutural do v. 6 pode ser entendida como um recurso estilístico, que possibilita unir três concepções teológicas presentes no saltério com relação ao templo: o celeste, o terrestre (Templo de Jerusalém) e a assembleia.

A hendíadis do v. 6b também indica uma segunda interpretação, que surge ao se perceber que os termos utilizados e as concepções de "santuário" são peculiares da tradição de Sião e estão, principalmente, presentes no saltério e no profeta Isaías (Sl 74,13; 77,15; 78,26; Is 12,2; 19,4), para exprimir a eleição da cidade de Jerusalém e nela o Templo (Is 46,13; 52,1; 60,71; 63,15; 64,10; 1Cr 22,5) como habitação de JHWH. A escolha de Sião, como morada de Deus (cf. Sl 9,12), redime esse lugar (Is 52,1; Sl 110,2), glorifica-a[93] (Sl 78,68; 132,13-14) e garante a sua sacralidade e inviolabilidade,[94] sendo, por conseguinte, o espaço no qual Deus exerce o seu domínio ("força") sobre a terra (cf. Ex 15,13-18; Sl 78,51-55; 132,11-14) e sobre todo o universo (cosmo).[95]

Conclui-se que a introdução da segunda seção apresenta o objetivo de todos aqueles que vêm adorar JHWH:

---

[93] KRAUS, H.-J. *Teologia dei Salmi*. Brescia: Paideia, 1989. pp. 122-133. (Biblioteca Teologica, 22.)

[94] Na fé israelita, Sião se torna a santa montanha de Deus (cf. Ex 15,13-17; Sl 78,54.67-72; Is 2,2-4; Is 11,9; 57,13). Quanto à concepção de inviolabilidade, é notória, sobretudo, no Proto-Isaías (Is 10,5-11.27-34; 14,24-27.28-32; 17,12-13; 28,14-22; 29,1-8; 30,27-33; 31,1-8; 33,20-24).

[95] Cf. CLEMENTS, *God and Temple*, cit., pp. 40-62.

contemplar a sua "glória", e a sua "majestade", e a "beleza" e a "força" do seu santuário (Is 6,1-3), antecipando o que significa a experiência diante do *Senhor*, após os ritos que serão elencados nos vv. 7-9.

Tributai a JHWH, famílias dos povos (vv. 7-8)

O ritmo solene da repetição dos imperativos sublinha o caráter processual do rito e cria um clima de expectativa que antecede o estar diante da presença do esplendor da santidade divina (v. 9).

Os interlocutores das frases imperativas são designados pelo "plural" e com a expressão coletiva "família dos povos" (um *hápax legómenon*). Ao compará-la com expressões afins,[96] presentes na Bíblia Hebraica, nota-se a sua relação com a bênção dada a Abraão em Gn 12,3 e 28,14 e com o contexto e a teologia que perpassa o Sl 22.[97] No Sl 22, o salmista exprime o canto de agradecimento de um pobre sem esperança (v. 22) salvo por Deus (vv. 23-32) e o seu convite dirigido, primeiramente, aos membros do povo de Israel (os pobres) e ampliado as todas as "famílias das nações" (v. 28). A motivação do convite no Sl 22 é: o Reino de Deus (reinado revelado na salvação do pobre) que estende seu domínio e a sua ação salvífica a todas as nações (v. 29), elementos semelhantes ao Sl 96.

---

[96] Na Bíblia Hebraica, encontra-se o sintagma: "famílias da terra" (Gn 12,3; 28,14; Am 3,2); na literatura jeremiana têm-se as expressões "famílias de Israel" ou "famílias dos filhos de Israel" ou "todas as famílias ou tribos das nações" (Sl 22,28); e num sentido restrito, o termo "família" vem geralmente acompanhado de um nome próprio (Gn 10,32), oriundo dos nomes dados às tribos de Israel (Js 21), aos descendentes de Levi (Nm 3–4) ou aos nomes de outros povos (Gn 10,18).

[97] Os exegetas Hossfeld e Zenger traduzem com a expressão "tribos das nações", baseando-se no Sl 22,28 (cf. HOSSFELD; ZENGER, *Psalms 2*, cit., p. 465).

Outro aspecto a relevar é a constatação de que as frases dos vv. 7-8a são idênticas às do Sl 29,1, exceto a substituição de “filhos de Deus” pelo sintagma em análise (cf. tabela).

Salmo 29,1a	Salmo 96,7a	Sl 96,7b e 29,1b	Sl 96,8a e 29,2a
a הָבוּ	a הָבוּ	a’ הָבוּ	a” הָבוּ
b לַיהוָה	b לַיהוָה	b’ לַיהוָה	b” לַיהוָה
c בְּנֵי אֵלִים	c מִשְׁפְּחוֹת עַמִּים	c’ כָּבוֹד וָעֹז	c” כְּבוֹד שְׁמוֹ

A interpretação da expressão “filhos de Deus”, no Sl 29,1, divide os exegetas em três posições. O enunciado é entendido por alguns comentadores como se referindo aos “seres celestiais” ou aos “anjos”, enquanto outros autores o interpretam como os “fiéis” em assembleia. Há, ainda, aqueles que unem as duas interpretações, ou seja, são “os seres celestiais (ao aludir a uma liturgia celeste) e a “assembleia” (reporta à liturgia terrestre). São dados significativos para a interpretação do sintagma no Sl 96,7a, ao ponderar a tríplice interpretação do termo “santuário” (v. 6b), comentada anteriormente.

Ao se considerar as afinidades do sintagma “famílias dos povos” com as suas variações, sobretudo, com o Sl 22, a substituição da expressão “filhos de Deus” do Sl 29,1 e o contexto imediato do Sl 96, a expressão “família dos povos” remete às “comunidades cultuais” (Jr 31,1; Zc 14,17-18; Ez 20,32-38) ou a todas as nações[98] que formam uma comunidade humana (Sl 100,3; Mq 4,1-5) voltada para JHWH e chamada a participar da bênção dada a Abraão e do Reino de Deus, que se expressa na salvação concedida a todos. Essa perspectiva estabelece uma

[98] Ravasi acentua esse aspecto universalista e o situa dentro da profecia pós-exílica, na qual “todas as nações” (Is 66,21) têm acesso ao culto (RAVASI, *Il libro dei Salmi* II, cit., p. 1004). Confira também: HOSSFELD; ZENGER. *Psalms 2*, cit., p. 465.

relação intrínseca com os vv. 1-5, pois o conceito universal de "estirpe" somente pode ser corroborado à luz de um Deus que é Criador (v. 5a; cf. paralelo com o Sl 29) e da sua soberania no campo religioso, como único Deus e Senhor (vv. 4-5).

A sentença "Tributai a JHWH glória" (vv. 7b e 8a) pode ser interpretada como uma expressão idiomática, em que o termo "glória" corresponderia a uma manifestação jubilosa. Nesse caso, a hendíadis presente no v. 7b poderia ser traduzida com a frase "dar glória fortemente", graças à presença do *waw* com vocalização forte,[99] que possibilita estabelecer um estreito ligame (hiperbólico) entre os substantivos, com o escopo de intensificar ("forte" com valor adverbial) o "louvor".

Perante a possibilidade de uma frase idiomática, a expressão no v. 8a seria compreendida como dar glória ao ser de Deus,[100] traduzida por "glória devida ao seu nome".

É importante ressaltar que prestar culto ao "nome" da divindade é o objetivo fundamental do serviço litúrgico, sendo um sinal da revelação da identidade divina ao seu povo e garantia da sua presença salvadora. É notório perceber o "nome" ou o tetragrama relacionado ao binômio "crise-redenção" (Is 52,6) e como expressão da misericórdia divina para com o seu povo oprimido (Ex 6,2.6.7.8). Consequentemente, todos são convidados a celebrar, adorar, conhecer e louvar o "nome" do Senhor para manter viva a memória da redenção e o despertar de um tempo novo na vida humana (cf. Jr 32,20).

---

[99] A vocalização forte do *waw* no v. 7b pode ser interpretada como um procedimento normal, porque é seguida de uma palavra monossílaba ou como pré-pausa, mas também pode ser entendida como a junção de duas palavras análogas que associadas formam um conjunto, fenômeno frequente na BHS (cf. JOÜON; MURAOKA, *Gramática del Hebreo Bíblico*, cit., § 104d).

[100] Remete-se à exegese do v. 2.

A segunda probabilidade é considerar o verbo "tributar" no sentido raro de "prestar homenagem", "honrar", "louvar"[101] (cf. Sl 29,1 e 1Cr 16,28), enquanto o termo "glória"[102] refere-se ao lado experimental do mistério invisível, evocando o aspecto epifânico da presença de Deus (cf. Sl 63,3; 97,6). Nesse caso, o *waw* será avaliado como epexegético (explicativo) e, desse modo, o termo "força" explica e, ao mesmo tempo, específica o conceito de "glória".

O vocábulo "força" (עֹז - ᶜōz) exprime, simultaneamente, diversos aspectos teológicos. Pode ser interpretado como a presença poderosa e majestosa do Senhor (Sl 28,8; 68,29; cf. Sl 93,1; 105,4) que ama a justiça (Sl 99,4), como proteção no ato de salvar na história (Ex 15,2; Sl 28,7; 30,8; 59,10; 61,4; 140,8), e transmite a grandeza de Deus presente na criação (Sl 74,13; 150,1). Nessa perspectiva, acentua-se o render graças a Deus por sua presença e ação potente (z[o - ᶜōz – Sl 21,2.14; 59,17.18; 81,2) salvífica ("glória") reveladas na história e na criação, e que, no Sl 96, também se manifesta no santuário (cf. Sl 96,6; Lv 9,23-24; 16; Ex 40,34-35).

Quanto à frase do v. 8a, pode-se dizer que "glória" é quase um sinônimo de "nome" (cf. Sl 102,16; Is 59,19), visto que ambos os termos exprimem a majestade do poder divino, mas, por outro lado, "nome" engloba todas as manifestações de Deus, como foi acenado na análise do v. 2. De maneira que há uma progressividade entre o v. 7b e 8a, em que o termo "nome" abrange tanto o conceito de "força" como de "glória", salientando a ação potente (v. 7b) e o ser de Deus (v. 8a).

---

[101] Esse verbo é usado comumente como dar um conselho, um presente ou até mesmo prestar ajuda a uma determinada pessoa (Gn 47,15; Sl 60,17; 108,13). A raiz verbal יהב é praticamente desprovida do senso de "tributar" no sentido de honrar um rei ou soberano, mas seu uso serve para exprimir o ato de um senhor que ajuda um dos seus "subordinados" ou um "necessitado" que solicita a complacência ou suplica ajuda. Porém, é legítima a interpretação no sentido de *prestar homenagem* a determinada pessoa e, em nosso caso, a JHWH.

[102] FORNARA, *La visione contraddetta*, cit., pp. 186-187.

Após o momento de “render homenagem” ao Senhor, os povos são convidados a trazerem oferenda (שְׂאוּ־מִנְחָה- śəʾû-minḥāʰ). O substantivo “oferenda” tem o significado de “dom de homenagem” no ambiente cultual[103] e específica que não se trata de sacrifício de imolação, mas de oferenda vegetal que será apresentada diante de Deus.

Esse tipo de sacrifício objetiva o encontro com JHWH, o ver o seu rosto ou obter o seu favor ou o perdão, sublinhando a distância, o caráter de adoração, de submissão. A oferta vegetal será muito importante, sobretudo, no período exílico e pós-exílico e enfatiza o aspecto da universalidade (Ml 1,11).[104]

Para expressar a entrada no lugar sacro, o v. 8c usa o verbo técnico “entrar” (בוא - ḇwʾ) acompanhado do termo espacial distinto pelo seu aspecto numinoso (Sl 84,3; 135,2) e pela sua sacralidade: “átrios”. Sabe-se que o convite para entrar nos átrios do santuário é um privilégio do povo de Israel, mas vários estudos comprovam a participação dos gentios na adoração e no oferecer oferendas no Templo de Jerusalém (cf. 1Rs 8,41-43).[105] Desse modo, o v. 8, ao estender o convite às “famílias dos povos” e a “toda a terra”, nos acena a essa compreensão e ao mesmo tempo nos introduz no contexto de peregrinação escatológica dos povos, no Templo de Jerusalém presente nos profetas (cf. Is 2,2-5; 56,6-7; 60,1-14; Zc 8,20-23; 14,16-18; Mq 4,1-3).

---

[103] Cf. RAVASI, *Il libro dei Salmi* II, cit., p. 1005.

[104] Para aprofundar sobre a oferenda vegetal no período do exílio e pós-exílio, confira a obra de: MARX, A. *Les offrandes végétales dans l'Ancien Testament*: Du tribut d'hommage au repas eschatologique. Leiden: Brill, 1994. pp. 145-148. (Supplements to Vetus Testamentum, 57.)

[105] Uma obra sugestiva pelas várias observações pontuais sobre o tema é: OGGIANO, I. *Dal terreno al divino*. Archeologia del culto nella Palestina del primo millennio. Roma: Carocci, 2005.

Vista como peregrinação escatológica dos povos, é significativa a comparação entre a parte central do Sl 96 e do Sl 95,6, que evidencia que a criatura, ao aproximar-se do seu criador, assume uma postura de adoração, acompanhada da confissão de fé como reconhecimento do senhorio e da sua pertença a Deus. Os aspectos evidenciados no Sl 95 serão vinculados a dois Salmos: 96 e 100,4.

Com o Sl 96, constata-se que as "famílias dos povos" são convocadas a reconhecerem a majestade de Deus e a celebrarem os seus atos salvíficos, confirmando que JHWH é o único Deus (cf. Is 56,6-7).

Diante dessa afinidade, o *waw*[106] do v. 8c pode ser traduzido por "de forma que", "de modo que" ou "para que" com um valor final, tendo presente a recomendação dada, sobretudo, nas festas de peregrinação, de não se apresentar diante do Senhor de mãos vazias (cf. Dt 16,16; Ex 23,15)[107] e da necessidade de um reconhecimento de JHWH como único Deus antes de estar diante da sua santidade.

Assim, entrar nos átrios não significa entrar, simplesmente, em um recinto onde se encontra a divindade, mas é o lugar da revelação da presença e santidade do Deus de Israel.

---

[106] É possível interpretar o *waw* (v. 8c) como copulativo, porém não é uma característica peculiar do Sl 96, que o omite em todas as outras sequências imperativas. Portanto, resta considerá-lo um volitivo indireto consecutivo ou final (*"de forma que", "de modo que", ou "para que"*). No *sentido consecutivo* é interpretado como uma sequência lógica normal, por relacionar dois sintagmas do mesmo campo semântico e por isso ser comum ao se tratar de imperativos. O *volitivo indireto final*, por sua vez, expressa maior dependência entre os imperativos anteriores (vv. 7-8b) e o v. 8c. Desse modo, a tradução seria: "[...] de forma que entreis nos seus átrios" ou "de modo que possais entrar" (cf. JOÜON; MURAOKA, *Gramática del Hebreo Bíblico*, cit.,§ 114a; LAMBDIN, T. O. *Gramática do Hebraico Bíblico*. São Paulo: Paulus, 2003, § 107).

[107] Cf. DE VAUX, R.G. *Instituciones del Antiguo Testamento*. Barcelona: Herder, 1985. pp. 528-635. (Sagrada Escritura, 63.)

Essa experiência é marcada pelo reconhecimento por meio do louvor (vv. 1-3) e do prestar culto (vv. 7-8).

Prostrai-vos a JHWH no esplendor da santidade, tremei diante dele (v. 9)

O v. 9 fecha essa sequência ritual que é iniciada com o convite solene e universal a louvar ao Senhor (v. 1) e conclui com o convite dirigido novamente a "toda a terra", para contemplar a sua santidade e experimentar a sua presença.

O verbo "prostrar-se" exprime o ato de adoração como reconhecimento de JHWH como único Deus e Senhor de todas as nações (vv. 1-9; Sl 22,28-30), o Salvador (vv. 2-3), o Criador (Sl 96,5; 95,6), o santo (Sl 96,9; 99,5.9), e consiste em um gesto de humilhação, de submissão.

A expressão crucial está no complemento da frase do v. 9a, traduzida por "no esplendor da santidade",[108] visto que são possíveis três diversas formas de leitura e tradução. No sentido concreto, significa o "âmbito sagrado no santuário". O sentido abstrato do sintagma a ser analisado pode ser subdividido em duas interpretações: a primeira é compreendê-lo como referência à presença divina e traduzi-lo com o enunciado "esplendor da santidade", opção essa assumida na nossa tradução, e a segunda é sublinhar a manifestação do Senhor e usar a expressão "visão/aparição da santidade".

A justificação pela opção "esplendor da santidade" está no fato de ser compatível com o verbo utilizado no v. 9b, com a inclusão entre o v. 9 e o v. 6 e por estar em sintonia com a sequência processual. Nesse caso, a "santidade" designa a própria presença divina (Sl 99,3.5.9), a sua dignidade divina, e sublinha o aspecto transcendente do mistério. Ao mesmo

[108] Cf. Sl 29,2; 1Cr 16,29 (// Sl 96,9) e 2Cr 20,21 (com o significado de ornamentos sacros).

tempo, alude à manifestação da glória (esplendor da santidade) no orante, ou seja, no povo (e nos indivíduos pessoalmente), que são os destinatários da ação potente e salvífica do Senhor.

As outras probabilidades, contudo, não são totalmente incompatíveis e reforçam a experiência da majestosa santidade do Senhor. Portanto, a referência ao sentido concreto "no esplendor do santuário" estabelece uma relação com o v. 6, que, com o uso do sintagma "no santuário" (cf. v. 6a), sublinha a presença de JHWH que plenifica o santuário e permite ao salmista aludir ao ato de experimentar a santidade divina.

É legítimo traduzir, ainda, com o substantivo "visão" ou "aparição", evidenciando a manifestação teofânica da "santidade" (o seu ser), o caráter processual dos gestos (a sintonia entre o ato de prostrar-se e a revelação da "santidade"; cf. Sl 99) e o contexto cúltico-litúrgico.

O tema da "experiência da santidade de JHWH" presente, tanto nesse sintagma do v. 9a como no verbo "tremer" no v. 9b, é fundado e iluminado por vários aspectos presentes nos outros salmos. Percebe-se que a experiência da santidade é relacionada com o reconhecimento de toda a terra da realeza divina (Sl 95; 99,5). Nota-se, ainda, a "santidade divina", concretizada na misteriosa potência de Deus, que se revela na história (Sl 98,1), no templo (Sl 93,5; 102,20), no culto (Sl 106,47); que se manifesta no julgar os gentios (Sl 99,4), no conduzir as nações ao caminho da justiça e do direito (cf. também os Sl 75 e 76) e na eternidade da santidade de Deus, dimensão típica e absoluta do seu ser (Sl 99,3.5.9; 103,1; 105,3), em contraposição à precariedade dos destinos humanos (Sl 90) e como atributo diferenciador em comparação aos outros deuses (Sl 106,9).

O experimentar a santidade de JHWH, isto é, a realeza salvífica é, igualmente, um dos motivos para peregrinar a Sião (cf. Sl 87; 99,1-2).

A segunda frase imperativa do v. 9, "tremei diante Dele", surge como uma consequência do v. 9a. A locução "diante dele" vem interpretada como local estática/dinâmica e relacional, dentro de um contexto cúltico-litúrgico. Ou seja, ao ter como foco JHWH, considera-se estática. Porém, ao evidenciar a ação do "orante", é entendida como dinâmica.[109] Essa interpretação sublinha o temor reverencial de toda a terra diante da revelação do mistério divino, da sua presença potente, da sua grandeza, da sua santidade e da sua soberania sobre todas as nações. Acrescenta-se, ainda, que é possível interpretar como dinâmica a revelação, sendo, por conseguinte, símile a um evento.

No sentido relacional, a locução preposicional "diante dele" sublinha essa reciprocidade, na medida em que a manifestação de Deus é concomitante ao fato de toda a humanidade prestar-lhe homenagem, reconhecendo de forma processual (mediante o rito) a sua realeza e a sua divindade. Nesse sentido, é possível retomar a alusão à peregrinação ao Templo como momento privilegiado de encontro e de mútua contemplação, de proximidade, de intimidade entre o *Senhor* e o povo e de reunião, que, em nosso contexto, será de todos os povos, conforme prevê a profecia de Is 56,7.

Os atributos presentes no vv. 4.6 são intimamente relacionados e servem de chave de leitura para interpretar o verbo "tremer" (חִילוּ - ḥ́îlû) que, oposto ao medo, expressa essa atração pela beleza, pela grandeza e pela majestade do Senhor. Retrata, ainda, o respeito pleno de reverência e de maravilhoso afeto com que o fiel e, no nosso caso, toda a terra, toma consciência de estar diante da presença divina e da certeza da sua profunda pertença a ele.

---

[109] Cf. SIMIAN-YOFRE, H. " פָּנִים pānîm". In: BOTTERWECK; RINGGREN (Ed.). *Grande Lessico dell'Antico Testamento*, cit., v. VII. pp. 219-226.

A expressão “toda a terra”, já analisada anteriormente no v. 1, mantém o seu caráter de sinédoque como representação de todos os habitantes da terra, porém, diante do verbo “tremer”, o sintagma “toda a terra” acrescenta um novo elemento: o cosmo (cf. Sl 29,8.9; 97,4), como aquele que reconhece o seu Criador, sendo uma proposição que prepara o convite dirigido ao Universo a regozijar-se, nos versículos que sucedem.

Não obstante a opção por uma análise dentro do contexto cúltico, ou melhor, de peregrinação de todos os povos a Jerusalém, constatam-se elementos para uma interpretação na perspectiva política. Quanto aos vocábulos passivos a essa interpretação, destacam-se o termo “átrios”, usado para descrever um compartimento do palácio real, e o vocábulo que traduzimos por “oferenda” (מִנְחָה - minḥā^{h}) com o significado de “tributo” dentro de um sistema de vassalagem[110] (2Rs 17,3), em que o seu pagamento, pelos povos estrangeiros, era sinal da grandeza de um determinado reinado (2Rs 3,4; 2Cr 17,11). Outro significado para esse último substantivo seria oferecer “presentes” como reconhecimento e sinal de lealdade a um determinado rei (1Sm 10,27; Sl 72,10).

Além dos termos, os gestos de “entrar”, “prostrar-se”, “estar diante da presença” são típicos daqueles direcionados ao rei (cf. Sl 72). Nota-se, portanto, que o salmista joga com a polissemia das palavras e sintagmas e entende o templo, os gestos cúlticos e a liturgia como expressão do reconhecimento da soberania de JHWH, como rei de todo o Universo (cf. vv. 10-13).

Assim, a segunda parte descreve todo esse “processo cúltico” de reconhecimento da santidade divina e da sua soberania, que abarca toda a humanidade, todas as dimensões e a totalidade espacial e temporal.

---

[110] Alonso Schökel e Carniti (*I Salmi* II, 335) assumem o sentido político ao interpretar o termo מִנְחָה .

Dizei entre as nações: JHWH é rei (v. 10)

A terceira seção abre com o verbo de comunicação "dizei" (v. 10a), que pode ser interpretado como um convite a afirmar, em forma de discurso direto, a realeza divina ou, conforme Gunkel,[111] ser entendido como uma espécie de proclamação do rei JHWH (cf. 2Sm 15,10; 2Rs 9,13).

No contexto imediato, identifica-se como interlocutor o termo coletivo "toda a terra" do v. 9b. O destinatário é denominado com o termo "nações" de forma geral ou reporta-se, de forma restritiva, a todos os responsáveis pelo povo no campo político-social (os soberanos das nações) e aos responsáveis pelos tribunais (os juízes).[112] Ambas as interpretações são compatíveis, já que é uma característica peculiar do Sl 96 a tensão entre o particular e o universal, entre o amplo e o restritivo.

A mensagem a ser transmitida é expressa pela proposição-chave dos Sl 93–100: JHWH é rei (ocorre nos Sl 93,1; 97,1; 99,1). O termo "rei", após o II livro do saltério, é exclusivamente dirigido a Deus, como crítica e resposta à queda da monarquia davídica, retratada no Sl 89. No saltério,[113] principalmente no Sl 96, a realeza de Deus explicita-se nas manifestações salvíficas (defesa contra os adversários externos e internos) e há como consequência (constata-se na passagem do perfeito ao imperfeito): o restabelecimento ético ("governará

---

[111] GUNKEL, *Introducción a los Salmos*, cit., p. 111.

[112] Cf. Sl 47; 68; 94,3-5.20-21; 102,16 e Is 60,10-12.

[113] A realeza de Deus, um dos temas principais no saltério, explicita-se: nas referências sobre a sua "entronização" (Sl 29,10; cf. 93,2), na luta contra o caos primordial aquático (alusão ao mito cananeu – Sl 93; 29; 46; cf. Ex 15,18), nas manifestações salvíficas (Sl 98,6), mediante o julgamento sobre as nações e a administração do direito e da justiça (Sl 9–10, 16; 97; 99; cf. Is 24,17.21.23), na manifestação teofânica da sua santidade (Sl 24,7-9; 99; Is 6,1), no reconhecimento universal da sua realeza (Sl 47,3.8.9), na importância de Sião como cidade do grande-Rei (Sl 48,3; 97; Is 24,21-23) e no templo como o espaço no qual JHWH exerce o seu poder.

os povos com equidade"), o controle das forças hostis cósmicas (Sl 93) e a estabilidade do cosmo ("Certamente, é firme o mundo, não pode vacilar"), a fim de manter a ordem instituída nos inícios,[114] mas que deve ser sempre restaurada.[115]

Um elemento peculiar do Sl 96 é que a fórmula "JHWH é rei" é utilizada após a constatação de que é ele que rege a história e a criação e da experiência da sua santidade.

O paralelismo estrutural sintático (partícula + verbo niphal imperfeito, terceira pessoa do singular) une as expressões "certamente, é firme o mundo" e "não pode vacilar". Esse recurso enfatiza e cria ambiguidade na função sintática do termo "mundo", que, ao situar-se no centro dos dois enunciados referidos, estabelece um elo entre a realeza (v. 10ab), a ordem cósmica (v. 10cd) e a ordem ética (v. 10e).

Numa leitura cosmológica, a proposição assertiva[116] do v. 10c, introduzida com a partícula אַף (ap̄ - que traduzimos por "certamente") e acompanhada por um verbo passivo (*niphal* da

---

114 Percebe-se uma passagem entre a visão de JHWH rei-guerreiro (vitorioso) e JHWH rei-juiz e aquele que garante a estabilidade cósmica. Essa mudança é também verificada, no Oriente antigo, com relação ao rei terreno. Para aprofundar sobre esse aspecto, confira o livro de: MATTHIAE, P. *Il sovrano e l'opera*. Arte e potere nella Mesopotamia antica (Roma, Grandi Opere, 1994). Dentre as obras relevantes que tratam da realeza divina, destacam-se: BUBER, M. *La regalità di Dio* (Genova, 1989); DAY, op. cit.; SEMBRANO, L. *La regalità di Dio*: Metafora ebraica e contesto culturale del vicino Oriente ântico. Bologna: Dehoniane, 1997-1998 (Supplementi alla Rivista Biblica, 32); ASENSIO, F. El Yahveh Malak de los Salmos del Reino en la historia de la Salvación. *EstBib*, Madrid, v. 25, pp. 299-315, 1966.

115 Weiser afirma: "la proclamazione della regalità di Dio è connessa con l'annuncio dei due pilastri della sua attuazione salvifica: creazione e giudizio. L'ordinamento della natura nella creazione, e l'ordinamento della storia nel giudizio sono disposti da Dio in reciprocità, e reciprocamente si completano nella direzione del loro scopo comune: la realizzazione della "giustizia di Dio" nel suo ordine salvifica" (WEISER, *I Salmi* II, cit., 694).

116 GIANTO, A. Mood and Modality in Classical Hebrew. *Israel Oriental Studies,* Boston, v. 18, pp. 188- 191, 1998.

raiz כּוּן - k̲.w.n),[117] afirma a estabilidade do Universo (cf. Sl 93,1) proveniente do Senhor. Por sua vez, o v. 10d reafirma a eficácia da ação divina com a frase negativa "não pode jamais vacilar".

A firmeza do Universo remete ao momento da criação[118] e ao estabelecimento do Reino, após a vitória do Criador contra as potências do caos primordial (Sl 96,10b, cf. Sl 74,12-15).

As duas frases do v. 10cd não remetem somente às origens, mas, particularmente, a essa criação contínua (verbos no presente), na medida em que o ser inabalável não é inerente ao mundo, visto que o cosmo é constantemente ameaçado pelos fenômenos metereológicos, pela perversidade humana (Sl 75,4; 97,4; 98,7) e pelas forças do caos (Sl 60,4; 93; cf. Is 24,18-19). Apesar da constante ameaça, ele é sustentado por JHWH (כּוּן *niphal* - um passivo divino), justamente porque o Universo lhe pertence (Sl 24,1; 50,12).

Os sintagmas do v. 10cd, também aludem ao "tempo messiânico", quando as nações reconhecerão que JHWH é rei e, então, a paz reinará no mundo inteiro (cf. Mq 4,3).

A frase "é firme", une o Sl 96 ao 93,1 e, especialmente, ao 89 (3.5.22.38). No Sl 89, o verbo em questão (כּוּן - k̲.w.n) é empregado para proclamar a fidelidade de Deus à sua promessa, tema que será retomado no v. 13 do Sl 96 com o termo "retidão".

---

117 O verbo da raiz כּוּן abarca quatro temas principais: a) estabilidade da realeza: como a confirmação de um determinado rei, sobretudo da dinastia davídica (normalmente vem em *hiphil* e em *niphal*. Cf. 2Sm 5,12; 7,12.16; 1Rs 2,24.45; 1Cr 16,30; 17,11.14. 24; 22,10; Is 16,5; Sl 89,38) ou do próprio reinado de Deus (Sl 103,19); b) a constância do cosmo relevado na reflexão do v. 10b; c) a firmeza da cidade de Sião (Sl 48,9), e d) a restauração da justiça (Sl 99,4).

118 Verifica-se o uso da raiz verbal כּוּן para exprimir a estabilidade do mundo (Is 45,18; Sl 24,2; 68,10; 74,16), dos montes (Sl 65,7), do céu (Sl 8,4), da terra (Sl 119,90) e das "colunas da terra" (cf. מוֹט Sl 104,5), em contexto criacional.

Sob o aspecto ético, essas frases do v. 10cd afirmam a estabilidade do cosmo a despeito da perversidade humana, que, geralmente, ameaça a sua harmonia (Is 14,17-21), reforçando o tema da frase sucessiva (Sl 96,10e). Por outro lado, ao entender a palavra "cosmo" como espaço habitável, em que abarca o ser humano, pode-se dizer que a constância do cosmo reafirma a estabilidade do justo que confia no Senhor.

Logo, proclamar que "JHWH é rei" é, ao mesmo tempo anunciar a inconsistência do agir e do falar ímpio (Sl 94,3-7; cf. Sl 10,6; 73,10-12), pois somente o Senhor é capaz de manter estável o justo (Sl 15,5) e também o cosmo. É exprimir a experiência de ser sustentado (Sl 94,16-23) e confirmar o amor de Deus pela justiça e pelo direito (Sl 99,4).

A última frase do v. 10, "governará os povos com equidade", está em sintonia com os demais sintagmas, conforme a interpretação do v. 10cd no sentido ético. Além disso, no Primeiro Testamento (AT) e, especialmente, nos salmos, constata-se que é tarefa do rei assegurar que a justiça prevaleça na terra e é seu papel proteger os interesses das viúvas e dos órfãos, dos pobres e indigentes (cf. Sl 72 e Is 11).

Apesar da constatação de que o v. 10e indica a relação e alude à dimensão jurídica presente no v. 13 e que "governar" pode ser entendido como sinônimo de "julgar"[119] (cf. Sl 98,9), sublinha-se, no contexto do v. 10, o "ato de governar"[120] com equidade[121] (aspecto ético-social), evidenciando também o ato de discernir com sabedoria.

---

119 Cf. BOVATI, P. *Ristabilire la giustizia*: Procedure, vocabolario, orientamenti. Roma: PIB, 2005. pp. 166-167. (Analecta Biblica, 110.)

120 Esse verbo também significa o julgar autoritário dentro de um processo judiciário e punitivo.

121 Hossfeld e Zenger chamam a atenção sobre o uso do vocábulo מֵי□שָׁרִים com preposição, o que também acontece nos Sl 9,9; 98,9; 99,4. Nos salmos antigos, esse

A assertiva do v. 10e, pelo ligame contextual, temático e lexicológico, relaciona-se com o Sl 9,9. Na primeira parte do Sl 9, o salmista constata, retrospectivamente, o desaparecimento das grandes potências, a permanência da realeza de JHWH e o agradecimento pela manifestação do seu juízo sobre as nações. Numa visão prospectiva, o orante exprime a esperança da confirmação do poder real divino na restauração da justiça (cf. Sl 75,3), diante da constatação, na segunda seção do salmo, da realidade de impunidade das grandes nações, a qual ameaça a soberania de Deus. Ao compará-los, percebe-se que o Sl 9 oferece novas luzes de interpretação e explicita qual é a "esperança" subjacente nos vv. 10 e 13 do Sl 96. Estabelece, igualmente, um elo entre o orante do Sl 9, que se identifica com aqueles que conhecem o nome do Senhor (os pobres: cf. Sl 9,11), e o convite dirigido à "terra inteira" e às "famílias dos povos" para bendizer (v. 2b) e dar glória (vv. 7b.8a) ao "nome" no Sl 96. Torna-se, assim, possível a compreensão de que o ato de governar-julgar é oriundo da fidelidade de JHWH a seu povo (Dt 32,36; Sl 140,13-14).

O convite universal ("nações") do v. 10 é marcado pela inter-relação existente entre o trinômio Deus, o cosmo e as pessoas. Ao mesmo tempo, afirma que Deus-rei, que cria e recria, incessantemente, e governa o cosmo, é o mesmo que guia a humanidade no caminho da justiça, no decorrer da história. Portanto, todo o Universo faz a experiência de ter seu fundamento, o seu começo e a sua história, sustentados e dinamizados pelo *Senhor*.

O v. 10, símile ao v. 6, serve como ponte entre os versículos precedentes e os sucessivos. Quanto aos anteriores, constata-se a afirmação da realeza de JHWH já presente nos

---

vocábulo é usado adverbialmente; exemplos presentes nos Sl 17,2; 58,2; 75,3 (HOSSFELD; ZENGER. *Psalms 2*, cit., p. 466).

vv. 6 e 9, por meio dos substantivos "glória" e "majestade", por iniciar com um imperativo de segunda pessoa do plural e por supor um anúncio ("Dizei"). A preferência em mantê-lo na terceira seção dá-se pela inclusão presente entre os vv. 10 e 13, pela semelhança lexicológica e temática e pela presença de sintagmas que qualificam determinado elemento (a estabilidade do Universo e o modo de governar), aspecto estrutural característico das introduções das seções neste salmo (cf. vv. 1.6). Essa flexibilidade do v. 10 indica que a realeza divina, a estabilidade do cosmo, o poder de administrar a justiça e instaurar um regime de retidão e equidade é inseparável da sua santidade (v. 9; cf. Sl 99). Por outro lado, o reconhecimento da sua soberania (rei, v. 10) propicia a vinda iminente e o julgamento universal (v. 10e e v. 13).

Alegrem-se... (vv. 11-12)

Os vv. 11 e 12 formam uma unidade graças à repetição do vocábulo כֹּל (cf. tabela 1 da concatenação de frases paralelas estrutural-sintáticas (cf. tabela 2) e dos elementos citados na estruturação da seção.

Tabela 1

v. 12a	יַעֲלֹז שָׂדַי וְכָל־אֲשֶׁר־בּוֹ
v. 12b	יְרַנְּנוּ כָּל־עֲצֵי־יָעַר

Tabela 2

v. 11a v. 11b	*Verbo Imperativo + vocativo* יִשְׂמְחוּ הַשָּׁמַיִם *Verbo Imperativo + vocativo* וְתָגֵל הָאָרֶץ
v. 11c v. 12a	*Verbo Imperativo + vocativo + waw + vocativo que amplia o substantivo (mar e campo respectivamente)* יִרְעַם הַיָּם וּמְלֹאוֹ יַעֲלֹז שָׂדַי וְכָל־אֲשֶׁר־בּוֹ

Estilisticamente, verifica-se o uso da prosopopeia e de elementos metafóricos.[122] Tanto a unidade, quanto os recursos estilísticos supracitados exprimem um clima jubiloso e de expectativa, um prelúdio cósmico que prepara gradativamente o anúncio da vinda do Senhor (v. 13).

No v. 11, os convites a "alegrar-se" são dirigidos a três elementos do cosmo: "céus", "terra" e "mar", oriundos da concepção do Antigo Oriente de que o mundo era constituído de três planos.

O v. 11 inicia com dois imperativos, unidos por um *waw* copulativo, que proporciona um merisma clássico[123] entre os substantivos "céus" e "terra",[124] abrangendo a totalidade espacial[125] ou a totalidade da obra do Criador (cf. Gn 2,4; Ex 20,4; Sl 33,6), inclusa a humanidade (vv. 1.9). Porém, mantém o caráter individual de cada elemento da Criação pelo uso do artigo: "a terra"; "os céus" e "o mar".

Os verbos imperativos ocorrem como resposta aos motivos[126] já elencados na primeira e na segunda seções (vv.

---

122 WATSON, *Classical Hebrew Poetry*, cit., p. 271.

123 Cf. BOCCACCIO, P. Termini contrari come espressioni della totalità in ebraico, *Rivista Biblica,* Roma, v. 33, pp. 173-190, 1952, e WATSON, *Classical Hebrew Poetry*, cit., pp. 321-324.

124 Alguns autores ligam o "mar" ao merisma presente no v. 11ab, justificando como compatível com a concepção do Antigo Oriente ao referir-se à totalidade espacial.

125 Um recurso estilístico valorizado no AT. Exemplo: Gn 1,1; 2,4; Ex 20,4; Sl 33,6; 115,15-17; Pr 3,19; 8,27; Is 42,5; 45,18.

126 Os verbos imperativos nas frases dos vv. 11 e 12, normalmente, são empregados para exprimir a perplexidade diante da Criação (Sl 149,5) ou da presença de JHWH (Sl 31,8; 35,9; 89,17; 90,14; 149,2) e da sua onipotência. Eles são usados para descrever a reação às intervenções históricas libertadoras (cf. שׂמח: Sl 21,2; 30,2; 66,6; 92,5; 104,31; 126,3; גיל: Sl 13,6; 21,2; עלז: Sl 28,7 e רנן 20,6) de JHWH em benefício do povo (particularmente da experiência exodal [Sl 68,5] e da sua restauração na tradição de Sião [cf. Sl 9,15; 14,7; Is 66,10; 65,18]), para indicar o restabelecimento da justiça (Sl 106,3) mediante a retidão no ato de julgar (Sl 48,12; 51,16; 67,5; 97,8; 145,7) e pela existência de preceitos justos. Esses verbos são

2-3.7-9). Além disso, estão relacionados, particularmente, com o conteúdo presente no v. 10, com a vinda e o julgamento de JHWH (v. 13), e são intrinsecamente coligados com a tradição de Sião.

A raiz verbal "alegrem-se" (שׂמח[127]- ś.m.ḥ), além dos aspectos elencados no parágrafo anterior, ao relacionar-se com o termo "céus", exprime o alegrar-se pelo ser Criador de JHWH (cf. v. 5; Sl 149,2) e revela a sua soberania absoluta e exclusiva como *Senhor* de todas as nações (cf. Sl 97,1; 67,5).

A explosão de júbilo celestial sublinha, ainda, o regozijo de todas as entidades celestes (o conselho celeste, os anjos, cf. Sl 89,7) que vivem na morada divina (Sl 115,16) e espera, com grande expectativa, a imediata irrupção do Reinado Universal de Deus. Outrossim, a alegria dos "céus" revela a grandeza de Deus, que está além de toda fronteira cósmica, pois o céu não pode abarcá-lo (cf. 1Rs 8,27; 2Cr 2,5; 6,18; Sl 113,4), e anuncia a justiça (Sl 97,6) e a visibilidade da glória divina (cf. Sl 8,5; 19,2; 57,6; Ex 24,10).

A raiz verbal "exulte" (גיל – g̃.y.l) é frequente no saltério e na profecia pós-exílica (cf. Zc 9,9; Is 41,16; 65,18.19; 66,10) e expressa, predominantemente, a alegria acompanhada de gritos de entusiasmo (Sl 48,12; 97,8) do povo fiel

---

comuns em contextos teofânicos, sobretudo, escatológicos (Sl 118,24; cf. Sl 58,11). Mormente, os sujeitos dos verbos em análise são pessoas ou entidades coletivas que são fiéis ao Senhor como, por exemplo, os que "confiam no Senhor" (Sl 5,12), que "amam o seu nome" (Sl 9,3), os justos (Sl 32,11; 33,1; 64,11; 68,4), os "pobres" (Is 29,19), os "retos de coração" (Sl 32,11; 35,27; 107,30.42), os humildes (Sl 34,3), os aflitos (Sl 69,33), aqueles que buscam (Sl 40,57; 70,5) e temem o Senhor (Sl 119,74), os santos (149,5). Há ainda o nome de localidades, como Sião (Sl 46,5; 48,12; Is 12,6; Jr 31,7.12; 51,48; Sf 3,14), Israel (Sl 53,7; 149,2), ou nomes comuns como Judá e Jacó (Sl 14,7; 53,7). Igualmente, são sujeitos dos verbos presentes nos vv. 11 e 12 os elementos da natureza, como os montes (Sl 98,8) e os céus (Is 44,23; 49,13).

[127] RUPRECHT, E. " שׂמח, Alegrarse". In: WESTERMANN; JENNI (Ed.). *Diccionario teologico manual del Antiguo Testamento*, v. II. pp. 1041-1049.

em Sião (Sl 9,15; 48,12; 53,7; 89,17; 118,24; 149,2; Is 25,9; 49,13; 61,10) ou em Jerusalém (Is 65,18.19; 66,10), por experimentar o advento do Reino divino. Igualmente, denota que a salvação (Is 44,23) prometida por Deus torna-se uma realidade iminente, mediante o seu julgamento. Esses elementos são compatíveis com o sintagma do v. 11b, já que o termo "terra" reporta aos vv. 1.9.13 e representa toda a humanidade que reconhece JHWH como único rei (vv. 7-10; cf. 1Cr 16,31) e único Deus (vv. 4-5.9), contempla a sua santidade (v. 9) e remete à expectativa da sua vinda e julgamento (v. 13).

Do ponto de vista temático, o v. 11c é paralelo aos precedentes (v. 11ab), ao apresentar o terceiro elemento do plano cósmico ("mar"), todavia cria uma relação de similitude com o v. 12a ao acrescentar a expressão "e a sua plenitude". É poeticamente enfatizado por constituir uma metáfora sonora[128] caracterizada pelo tríplice "m". O seu caráter enfático é reforçado estruturalmente ao situar-se no centro de frases paralelas, ou seja, as duas primeiras (v. 11ab) são unidas pelo *waw* copulativo e o merisma e as duas últimas (v. 12), pelo termo "tudo" e por conter interlocutores pertencentes a elementos específicos da natureza (campo e árvores da floresta). De certa forma, verifica-se uma estrutura aa'// b //cc'.

Ao focalizar o conteúdo do v. 11c, percebe-se que é uma frase relevante dentro do contexto de vitória de JHWH ("cântico novo") contra todo o caos, porque a raiz verbal "trovejar" ou "ribombar" (רעם – r.ˁ.m), é utilizada como um dos sinais teofânicos, próprios da literatura apocalíptica, que anuncia a chegada de Deus, a fim de lutar contra as forças caóticas que ameaçam a ordem estabelecida (Sl 18,14; 29,3; 77,19; 81,8; 104,7).

---

[128] ALONSO SCHÖKEL, *Manual de poética*, cit., p. 47.

A frase "o mar e a sua plenitude" remete à narrativa da criação e é considerada um elemento do plano cósmico (o céu, a terra, o mar), ressaltando a totalidade do Universo (Sl 95,5; 104,25; 146,6). No sentido figurado, o termo "mar" está presente no mito cosmogônico, que descreve o combate do Criador com o monstro aquático primordial (Sl 74,13; 89,10-11; 104,7; cf. Gn 1,1). Além disso, o "mar" representa as forças hostis (poder adversário) que ameaçam a ordem cósmica e a vida (Gn 1,9; 8,14), salientando a exaltação e a exultação pela ação de Deus que faz surgir a harmonia (o cosmo), onde prevalecia o caos (Sl 96,5). Recorda-se, ainda, o seu uso para representar o caos da opressão na experiência exodal (Ex 14–15),[129] ilustra o caos nos fins dos tempos e a vitória de JHWH proporcionando a libertação escatológica do povo de Israel (Hab 3,8-15).

Portanto, a frase do v. 11c retrata esse caráter jubiloso pela soberania divina[130] como Rei e Criador (Sl 89,10), o seu domínio sobre todas as forças caóticas e o preanúncio da sua vinda salvífica.

O v. 12a dá continuidade aos imperativos do versículo anterior, porém destaca-se do mesmo por personificar um aspecto da natureza: "o campo e tudo que nele contém". O ritmo linear dos verbos é interrompido no v. 12b, ao ser introduzida a partícula אָז (ʾāz) interpretada como um deítico temporal (traduzido com a expressão "então comecem a se regozijar"), enfatizando a última frase construída com um verbo no imperativo e acompanhada da especificação de um determinado elemento da natureza: "as árvores do bosque".

---

129 Cf. SKA, J.A. *Le passage de la mer*. Étude de la construction, du style et de la symbolique d'Ex 14,1-31. Roma : PIB, 1986. (Analecta Bíblica, 109); para o estudo de Ex 15,18 e o mito do caos primordial.

130 Optam por essa interpretação os autores ALONSO SCHÖKEL; CARNITI, *I Salmi* II, cit., p. 335.

O verbo "festejar" ocorre (além dos contextos elencados anteriormente, presentes na análise dos verbos do v. 11) na vitória sob os deuses cananeus, na restauração do território davídico (Sl 108,8; 60,8) e como atitude da vitória dos ímpios, mediante a proliferação da injustiça (Sl 94,3). O segundo verbo "regozijar" é utilizado para expressar a alegria não só diante da vitória de JHWH (Sl 20,6), pelo seu julgar com retidão (Sl 51,16; 67,5; 145,7; cf. Dt 32,43), mas também pelo cumprimento das promessas monárquicas à comunidade dos pobres ao redor dos sacerdotes (Sl 132,9.16).

Os três substantivos ("campo", "árvore" e "bosque") podem ser entendidos de forma literal:[131] como a totalidade da flora e da fauna que louvam o seu Criador. Nessa perspectiva, o substantivo "campo" indica o caráter campestre ou rural, como campo cultivado (Dt 32,13; Os 10,4) e animais domésticos. Desse modo, "campo" contrasta com a expressão "árvores da floresta" (Is 56,9; Sl 80,14; árvores: Sl 104,16), visto que o termo "bosque" acena ao aspecto selvagem e, em alguns textos bíblicos, é interpretado como um lugar impenetrável (Sl 50,11; 83,15).

No sentido teológico-simbólico, alguns comentadores interpretam o v. 12a como uma forma de suprimir a maldição presente em Gn 3,17 e o retorno ao projeto original criacional (Gn 1,11-12.24.25) nos tempos futuros.

O sintagma "todas as árvores da floresta" pode assumir três significados. Nos discursos anti-idolátricos, a expressão salienta a nulidade dos deuses, ao considerar as árvores como elementos da natureza e não material (lenha; cf. Is 40,19; 44,14) ou espaço (lugares elevados) de culto dos ídolos, confirmando a capacidade soberana de JHWH ao conduzir a

---

131 Ibid., p. 335.

história. No âmbito litúrgico, pode indicar a vinda de Deus no templo (Sl 55,10; 92,13-15; 104,16-17; 84,4), perspectiva justificada pela presença frequente da raiz רנן (r.n.n) no ambiente cúltico (Lv 9,24; Sl 71,23; 98,4; 95,1). Também, no contexto político, simboliza os monarcas das nações pagãs que são destinados a reconhecer a soberania do Senhor.[132]

Os dois sintagmas do v. 12 nos remetem a Is 44,23 e 55,10-13. Assim, conclui-se que a exultação (júbilo) expressa a garantia da redenção prometida (resgate), diante da resposta positiva da humanidade ao convite a retornar a Deus (única fonte de salvação; vv. 4-5.7-9), e testemunha[133] a libertação perene (novo-êxodo), num contexto de mundo transformado (novo céu – nova terra).[134]

Os vv. 11 e 12, a partir da concepção de correspondência entre a regeneração social e a cósmica (cf. Sl 96,10; 72,12-16; 85,2-6.13), associam o júbilo à garantia da salvação após o pleno reconhecimento de toda a humanidade da realeza de JHWH na esfera teológica e cosmológica (vv. 1-5.11ac), no âmbito litúrgico-religioso (vv. 6-9.11b), e o seu domínio político-cósmico-jurídico (vv. 10-12). Constata-se, ainda, que o prelúdio revela certas características da realeza: a ordem cósmica (v. 11), a prosperidade, o bem-estar e a paz (cf. Sl 72).

Com relação à função teológica do cosmo, presente nesses versículos, destaca-se o vínculo existente entre o mundo,

---

132 FEUER, A. C. (Org.) *Tehillim / Psalms – 2*: A new translation with a commentary anthologized from Talmudic, Midrashic, and Rabbinic sources. Brooklyn, NY: Mesorah Publications, 1978. p. 1189.

133 Constata-se, implicitamente, uma nuança jurídica própria dos profetas, ao dirigir-se ao cosmo como testemunha do processo contra Deus e Israel ou contra as nações (Mq 6; Is 1,2; Sl 50,4-6), porém, no caso do Sl 96, o cosmo não é testemunha da condenação e da ruína da humanidade, mas participa da sua alegria, da sua salvação.

134 FEUER, *Tehillim* II, cit., p. 1189.

Deus e o ser humano, na medida em que a pessoa humana, ao reconhecer-se criatura, convida toda a natureza a condividir o seu louvor (Sl 96,1.11-12) ao Criador (cf. Sl 98,4-7; 100,1). Outro aspecto é considerar a criação do Universo (Sl 96,5), que suscita o estupor e o maravilhar-se (Sl 96,3), como expressão da onipotência, do domínio (Sl 96,10), da existência (cf. Is 44,6-23), da bondade divina (teologia criacional), legitimando, assim, o monoteísmo (Sl 96,4-5).

Na tradição da presença (šeḵināʰ), o mundo é o espaço privilegiado do encontro entre o ser humano e Deus (Sl 96,6-9). Além disso, é o instrumento do qual ele se serve para beneficiar ou castigar a humanidade e preanunciar o final da história com a sua vinda, o seu julgamento e a irrupção do seu reinado (Sl 96,11-12), na literatura profética.

... julgará o mundo com justiça e os povos com retidão (v. 13)

O v. 13 estabelece uma relação com o v. 1[135] e com o v. 10[136] e surge com um realce extraordinário, fruto dos vários recursos estilísticos utilizados nos vv. 11 e 12, como já foi notado, o que cria grande expectativa no ouvinte, em saber qual é o motivo do louvor de toda criação (vv. 11-12), gerando um clima triunfante.

---

[135] WATSON, *Classical Hebrew Poetry*, cit., p. 284.

[136] Com relação a esse argumento, confira a seguinte tabela:

<table>
<tr><td>v. 10e
v. 13c</td><td>יָדִין עַמִּים בְּמֵישָׁרִים
וְעַמִּים בֶּאֱמוּנָתוֹ</td></tr>
<tr><td>v. 10d

v. 13c</td><td>Verbo+substantivo+preposição+substantivo
יָדִין עַמִּים בְּמֵישָׁרִים
יִשְׁפֹּט־תֵּבֵל בְּצֶדֶק</td></tr>
</table>

Poeticamente, o salmista utiliza, nos vv. 12 e 13, um recurso símile ao cavalgamento (enjambement), que duplica a função sintática do tetragrama, que na expressão לִפְנֵי יְהוָה (lip̄nê yhwh [ʾāḏōnāy]) serve de objeto indireto das frases anteriores e individualmente é sujeito da frase sucessiva.

Como complemento das proposições anteriores, a locução preposicional, acompanhada do nome divino, pode assumir dois valores. A primeira proposta é a de ler a locução como local estática/dinâmica e relacional, ao relevar o contexto cultual (Lv 23,40; Dt 12,12). É uma leitura justificada pela semelhança lexicológica com o v. 6 e o v. 9 (remete à explicação da locução no v. 9) e pela presença no v. 12b da raiz רנן (r.n.n), frequentemente presente em contextos litúrgicos.

A segunda possibilidade é a de interpretá-la como local estática/dinâmica e temporal, sublinhando a vinda de JHWH, ao valorizar o contexto imediato (vv. 11-12) e suas relações com a teologia profética. Propende-se pela segunda opção, a saber, a vinda escatológica histórica de JHWH.

A ambiguidade que se verifica entre a presença divina no templo (v. 9), acessível a todos, e a sua vinda (v. 13) é um dos temas fundamentais da tradição de Sião e, principalmente, da tradição da presença, que sustenta a possibilidade da sua presença no céu e, ao mesmo tempo, na terra, no Templo. Isso é percebível no esforço de sábios rabinos[137] e exegetas em demonstrar que a habitação da presença divina e o lugar onde o Deus reina é o céu (Sl 93,1.4; 103,19). O que possibilita entender a sua vinda escatológica. Mas a sua aparição visível, sua manifestação se dá em Sião, onde JHWH tem o seu trono. Assim, Sião se torna o centro do Universo (geográfico

---

137 URBACH, E. E. *Les sages d'Israël*. Conceptions et croyances des maîtres du Talmud. Lagrasse; Paris: Editions du Cerf, 1996. pp. 43-72. (Patrimoines Judaïsme.)

e religioso), irradiando o esplendor divino por todo o mundo (cf. Sl 48; Nm 14,21), ultrapassando as dimensões de espaço físico (Sl 103,19).

A anadiplose[138] da expressão כִּי בָא (kî bāʾ),[139] relacionada com o sujeito JHWH, estilisticamente mantém o ritmo de expectativa e formalmente introduz o motivo (כִּי - *"kî"*) dos imperativos anteriores. Os dois כִּי (*"kî"*) são compreendidos de várias formas, logo pode-se, respectivamente, considerá-los:

a) ambos enfáticos: como uma forma de salientar a "vinda" de Deus;[140]

b) causal e enfático: o primeiro dá a motivação dos vv. 11-12 e o segundo o enfatiza ("certamente está vindo");

c) causal e conectivo: o primeiro apresenta o motivo ("por que vem") e o segundo apresenta a finalidade ("e vem para...");

d) relativo e causal: o primeiro sublinha a revelação divina na História como "aquele que vem"[141] (cf. Sl 118,25-26; Is 40,10; 66,15; Zc 14,5) e o segundo anuncia o motivo, a saber, "a vinda de JHWH".

---

138 WATSON, *Classical Hebrew Poetry*, cit., pp. 208-209.

139 A classificação de כִּי בָא como *anadiplose* é verificada ao relevar a pausa entre as duas frases que se repetem no início do v. 13. Mas, como uma sequência de proposições, pode ser classificada como *epizeuxe*. Mantém-se a *anadiplose*, salientando a preocupação do autor em enfatizar essas expressões.

140 Malbim, na literatura rabínica, interpreta a dupla utilização do verbo "vem" como representando duas vindas, confira em FEUER, *Tehillim* II, cit., p. 1190.

141 Cf. PREUSS, H. D. " אַתָּה בוֹא ʾātâ bôʾ", *GLAT* I, pp. 1134-1146. Verificar também: RAVASI. *I Salmi* II, cit., pp. 1007-1008, e os primeiros dois capítulos de: TORIBIO CUADRADO, J. F. *El Viniente*. Estudio exegético y teológico del verbo ἔρχεσθαι en la literatura joánica. Marcilla (Navarra): Centro Filosófico-Teológico, 1993. (Monografías de la revista Mayéutica, 1.)

Opta-se pela última possibilidade, por remeter a um contexto de vitória de todos os inimigos (cf. Sl 118,21-26) e por aludir à dimensão escatológica.

Os diversos modos de entender a repetição da partícula כִּי (*"kî"*) explicitam o reconhecimento universal da realeza de Deus (v. 10) e a causa da exultação (vv. 11-12), a saber, o anúncio da sua vinda escatológica e histórica (בוא - b̠wʾ, v. 13).

Esse anúncio é precedido de uma grande expectativa que, finalmente, atinge o clímax ao acrescentar a forma infinita do verbo שׁפט (š.p.ṭ). O infinitivo especifica a finalidade da vinda, reforça a unidade do versículo ao completar e formar uma figura gramatical (לְ... יְהוָה כִּי בָא כִּי בָא לְ.... – li... yhwh kî b̠āʾ kî b̠āʾ li...) e mantém a ideia de uma ação, porém sem vinculá-la a um tempo. Poeticamente, estabelece uma simetria (3+3), que sublinha a estabilidade, a ordem, a harmonia no ato de "julgar". É uma composição refinada com grande efeito retórico.

O verbo שׁפט (š.p.ṭ),[142] no sentido genérico, significa restabelecer a ordem, em uma situação de perturbação dentro da comunidade. Ele não se reduz ao ato de "julgar", no sentido jurídico, mas assume também o significado de "governar", tornando-se, como já foi acenado, um sinônimo de דין (d̠yn)[143] presente no v. 10. Porém, no contexto do salmo em questão, a relação existente entre o verbos דין (d̠.y.n) e שׁפט (š.p.ṭ) deixa transparecer uma progressividade. Assim, o v. 10 salienta o ato de discernir a realidade com equidade, o estabelecer a ordem, o governar. O v. 13, por sua vez, acena o julgar, que é um dos resultados da atividade precedente (v. 10). Nota-se, ainda, que a vinda e o julgamento no Sl 96 são anunciados após uma série de convites a louvar JHWH e a reconhecer que somente

---

142 LIEDKE, G. " שׁפט, Juzgar". In: WESTERMANN; JENNI (Ed.). *Diccionario teologico manual del Antiguo Testamento*, v. II., pp. 1252-1262.

143 HOSSFELD; ZENGER, *Psalms 2*, cit., pp. 466.

ele é o santo (v. 9), o único (vv. 4-5), aquele que se manifesta mediante sua ação salvífica e criadora (vv. 2-3.7-8), o Deus da Aliança e, sobretudo, ao declarar a sua soberania (v. 10).

A abrangência do ato de julgar é explicitada no v. 13 com o substantivo definido הָאָרֶץ, portanto, atinge todos os habitantes da terra (הָאָרֶץ- hāʾāreṣ, vv. 1.9) e o universo (הָאָרֶץ - hāʾāreṣ, v. 11).

A última frase do v. 13 amplia o tema do julgamento, acenado na proposição anterior e o enfatiza com a repetição do verbo שׁפט (š.p.ṭ) e, poeticamente, mediante a presença de *qînāh* motivo (3+2).

O verbo "julgar", além de remeter à declaração de que JHWH é juiz (Sl 7,12; 9,5; 26,1; 50,6), afirma a sua realeza (Sl 9,9) e a esperança de que ele julgará todas as nações (Sl 9,20). Outro aspecto relevante do Sl 96 é relacioná-lo com o Sl 82 (vv. 1-3). O Sl 82 descreve o julgamento de todos os deuses, que são acusados não tanto por serem ídolos ou pela sua não existência, mas por não serem capazes de estabelecer a justiça na terra (cf. Sl 95; Sl 82,8).

No Sl 96,13, percebe-se que o julgamento é visto como um evento futuro, porém iminente, e que depende da iniciativa de JHWH, é acompanhado de fenômenos extraordinários e jubilosos da natureza (v. 12) e do cosmo (v. 11ab), representa o total domínio do caos primordial (v. 11c), é um julgamento universal (atinge todos os habitantes da terra, sejam as nações como Israel e o cosmo, mediante o uso dos termos "povos" e "mundo") e exprime o profundo envolvimento de Deus na história (vv. 2-3). Por conseguinte, a vinda e o julgamento retratados no Sl 96 assumem características de uma escatologia intra-histórica, por manifestar uma intervenção divina na história.[144]

---

[144] KRAUS (*Psalms 60-150*, cit., p. 254) sublinha a dimensão cúltica da vinda e do julgamento. Lorenzin vê como compatíveis as visões escatológica, histórica e litúrgica,

O "julgamento" é qualificado com a escolha de vocábulos provenientes do campo semântico ético-jurídico: "justiça" e "retidão". O binômio "justiça" e "retidão", presente, particularmente, na literatura sapiencial (Sl 40,11; 119,75.138; 143,1; Pr 12,17) e profética (Is 11,5; 59,4; Os 2,22), é encentrado na santidade (Sl 99), na glória (Sl 97,6) e na realeza do Senhor (Sl 89,2.15; 97,2): o único justo (Sl 103,6; 89,15; 97,2).

A "justiça"[145] ultrapassa a lei, é uma virtude moral que tende a instaurar um comportamento comunitário solidário, que vem ao encontro dos mais necessitados, dos pobres, dos órfãos, das viúvas (Sl 94; 146,7-9). A justiça não se exaure simplesmente no conceito de salvação e de ajuda, mas abarca também o significado de "julgamento", como forma de defender o inocente e condenar o ímpio, com o escopo de restaurar a ordem ética e estabelecer novas relações sociais.

A "retidão" é um termo mais descritivo do que operativo e pode ser traduzida por "fidelidade". A "retidão" cinge JHWH (Sl 89,9), é fixa no céu (Sl 89,3), é uma qualidade eterna (Sl 100,5) e qualifica os mandamentos (Sl 119,86.138). A palavra é também utilizada para exprimir a manifestação de Deus nas suas obras (Sl 33,4) e, no Sl 96, é relacionada ao ato de julgar (como retidão). Do ponto de vista funcional, o substantivo se apresenta como sinônimo de "glória" e, geralmente, é empregado para sublinhar alguns aspectos da ordem cósmica e social, elemento afim ao Sl 96.

É, ainda, uma palavra que nos remete ao Sl 89, em que é supervalorizada e é usada para afirmar a constância da

---

pela linguagem e pelas conexões com outros textos do AT. Cf. LORENZIN, T. *I Salmi*. Nuova versione, introduzione e commento. Torino: Paoline, 2000. p. 377. (I Livri Biblici, Primo Testamento, 14.)

145 KOCH, K. צֶדֶק Ser fiel a la comunidad, ser saludable. In: WESTERMANN; JENNI (Ed.). *Diccionario Teologico Manual del Antiguo Testamento*, cit., pp. 639-668.

promessa de JHWH à dinastia davídica (v. 25). Graças à fidelidade de Deus, que se manifestava por meio dos feitos na Criação e na história (v. 6), o povo de Israel se sentia guiado, resgatado, protegido (vv. 2.34) e salvo, porém, essa fidelidade é questionada e colocada em crise diante da realidade precária retratada nos vv. 50-52, do Sl 89.

Nesse sentido, pode-se dizer que a última frase do Sl 96 é a resposta de JHWH, como vingador e juiz, às perguntas dos ímpios no Sl 94 (vv. 3.7), confirmando que ele é o único capaz de estabelecer a justiça (Sl 95) e reafirmando sua fidelidade diante das dúvidas presentes no Sl 89 (vv. 47-52). Assim sendo, é um sinal de esperança, de salvação àqueles que "invocam o nome de JHWH" (Sl 96,2.8), o único rei do Universo, mas que, consequentemente, indica condenação àqueles que livremente não aceitam a sua soberania. Um aspecto que é no v. 13 do Sl 96 implícito, e que será desenvolvido nos salmos sucessivos.

Após esse percurso, retoma-se a pergunta explicitada no início da análise exegética: Qual a relação entre Israel como povo de Deus e as nações, segundo o Sl 96?[146]

Nota-se, no decorrer do salmo, uma constante tensão entre particular e universal, que se pode afirmar que é uma característica própria do Sl 96. Essa asseveração é justificada, ao verificar, no salmo em questão, a consciência, por parte de Israel, de ser um povo eleito e da sua missão como instrumento de salvação a todas as nações. Aspecto comprovado nas referências à experiência exodal, na seleção de vocábulos

[146] Para aprofundar a relação entre Israel e as nações no salmo em questão, confira: METTINGER, *Buscando a Dios*, cit., pp. 107-129; MARTIN-ACHARD, R. *Israel et les nations*. La perspective missionnaire de l'Ancien Testament. Neuchâtel: Delachaux & Niestlé, 1959. pp. 13-67. (Cahiers Théologiques, 42.) Algumas observações significativas se encontram no livro de: OKOYE, J. C. *Israel and the nations*, sobretudo no cap. 10, no qual é analisado o Sl 96.

importantes para a história de Israel e, de forma especial, pelo uso do tetragrama.

Por outro lado, constata-se uma abertura universal, mediante indícios de uma influência da visão que perpassa o Trito-Isaías (cf. Is 66), pelas referências à teologia da Criação e pelo uso de termos genéricos como "toda a terra", "povos", "nações", "o cosmo", os quais mantêm a tensão e criam ambiguidade na interpretação. Até mesmo a referência ao santuário pode ser interpretada como ambígua, visto que o mesmo pode ser sinal de eleição (o lugar sagrado no qual JHWH se manifesta), mas também pode ser definido como o ponto de conjunção da tensão entre particular e universal, e que o Deus que se manifesta em Jerusalém é também o Deus de toda a terra, de todos os povos (cf. 1Rs 8,41-43).[147]

Consequentemente, a existência dessa tensão não legitima eliminar a distinção entre Israel (como povo escolhido, povo de Deus ou até mesmo como mediador de salvação a todas as nações) e as nações e nem afirmar que JHWH não seja o soberano de toda a terra, de todos os povos e nações.[148] Ao considerar o contexto canônico do Sl 96 e o seu objetivo, percebe-se que a sua grande preocupação não é discutir a relação entre Israel e as nações, mas enfatizar a realeza universal de JHWH. Objetivo esse marcado pela teologia de Sião e pela perspectiva do profeta Isaías.

Elencar-se-ão alguns traços básicos da teologia de Sião, com o escopo de oferecer elementos que ajudam a compreender a lógica subjacente no Sl 96 e, porventura, indicar uma

---

147 Cf. BARKER, M. *Temple Theology*: An Introduction. London: SPCK, 2004; LEVENSON, J. D. The Jerusalem Temple in devotional and visionary experience. In: GREEN. A (Org.) *Jewish Spirituality*: From the Bible through the Middle Ages. New York: Crossroad, 1986. pp. 32-60. (World Spirituality, 13.)

148 Cf. LOHFINK; ZENGER. *The God of Israel and the Nations*, cit., pp. 171-174.

proposta de resposta ou luzes que clarificam a tensão entre particular e universal presente nesse salmo.

A teologia de Sião é influenciada pelas concepções do antigo Oriente e dá continuidade – de certa forma – ao patrimônio comum desse ambiente que a circunda. Na mitologia do antigo Oriente (cananeia, mesopotâmica etc.), as divindades formam uma espécie de Pantheon. O título de rei, nesse contexto, é conferido ao deus que exerce a supremacia sobre os demais. Esse elemento é transposto ao Deus de Israel e é radicalizado, ao considerar os outros deuses como inexistentes (cf. Sl 96,4-5a; 95,3; 97,7.9; Is 44,6-7). Percebe-se, porém, que Deus mantém a concepção da sua soberania sobre os seres celestes (os anjos, por exemplo).

No mito, o deus-rei é também criador, pois ele conquista o seu trono após a luta contra o caos das águas primordiais. Os resquícios dessa visão estão presentes em alguns textos no saltério (cf. Sl 24,2; 29; 93; 104 e 96,1.4-5). Particularmente, no Sl 96, o domínio régio de JHWH não é somente contra as águas, mas contra toda ameaça que coloca a vida do ser humano ou do mundo em perigo (cf. Sl 96,11).

Ao reinar sobre todos os deuses dos povos (Sl 96,4) como rei-criador, Deus reina sobre todos os povos, ou melhor, sobre toda a humanidade (cf. Sl 47,3.8), atingindo até mesmo dimensões cósmicos-universais (no tempo [Sl 29,20; 145,13] e no espaço). O Templo é assim o lugar onde a divina presença manifesta de modo especial a sua majestade, onde está o seu palácio e onde exerce o seu domínio (Sl 48; 76,3; Is 17,12-14). Para lá converge Israel e as nações para prestar-lhe tributos, homenagem, e é onde são acolhidos perante o Grande Rei e esse se manifesta. A revelação será definitiva e universal no fim dos tempos, quando Deus manifestará totalmente a sua soberania, que há desde sempre.

Assim, quando o salmista convida Israel e as nações a prostrarem-se diante do Senhor, é necessário ter presente a teologia de Sião e que o cenário descrito no Sl 96 está dentro do contexto de peregrinação escatológica das nações (e, nesse sentido, é relevante o contributo do profeta Isaías, cf, Is 52,10; 66,15-24). Portanto, toda a terra é convidada a reconhecer que o único Deus que salva é o Deus de Israel, após testemunhar a salvação que JHWH operou e opera em seu povo.

Esses aspectos ajudarão a compreender o contexto canônico do Sl 96, item que será desenvolvido na análise sucessiva.

Sl 96 e o seu contexto (análise canônica)

A última parte deste estudo será dedicada ao Sl 96 e ao seu contexto, no saltério. Num primeiro momento, considerar-se-á a relação existente com o Sl 89 e, numa segunda análise, com os Sl 93–95; 97–98.

O Sl 89 em confronto com o Sl 96

Os exegetas consideram os Sl 93–100 como resposta à crise do fim da monarquia expressa no Sl 89; propõe-se, portanto, verificar qual é o papel do Sl 96 ou qual é a resposta que ele dá às perguntas presentes, sobretudo, nos vv. 39-52 do Sl 89, e como confirma a fidelidade (sempre presente) de JHWH que escuta a súplica da comunidade que, confiante (Sl 89,53), espera.

O Sl 89 tem início com uma composição hínica (vv. 1-19) que exalta a misericórdia e a fidelidade de Deus. A segunda parte é caracterizada por um oráculo (vv. 20-38) que expõe a promessa feita a Davi; prossegue com uma lamentação (vv. 39-52), acusando JHWH de não agir com misericórdia e de renegar a aliança davídica, e termina com a típica conclusão dos livros no saltério (v. 53), fechando, portanto, o III livro.

Os Sl 89 e 96, provavelmente, são do período pós-exílico, não obstante a falta de consenso entre os comentadores. Relevam-se as correspondências do vocabulário entre os dois salmos, em que é notória a relação não somente na parte hínica (parte na qual há maior afinidade), mas também no oráculo e na lamentação.

Na tabela a seguir, faremos uma comparação entre as repetições dos vocábulos e das raízes verbais do Sl 89 e 96, para perceber a afinidade lexical e verbal. Para realizar essa comparação, consideramos somente as consoantes e não as vogais, e oferecemos uma tradução restrita dos vocábulos e verbos, a fim de facilitar a localização no texto em português.

Léxico	Tradução	Sl 89 - versículos	Sl 96
שׁיר	Cantar	2	1(3x).2
יהוה	JHWH (Senhor)	2.6.7(2x).9.16.19.47.52.53	1(2x).2.4.5.7(2x).8.9.10.13
ארץ	Terra	12.28.40.45	1.9.11.13
ברך	Bendizer	52	2
שׁם	Nome	13.17.25	2.8
ישׁועה	Salvação	27	2
עם	Povo	Sing.:8.9.14.16.20.22.25.34.39 Plural: 51	Plural: 3.5.7.10.13
פלא	Ser maravilhado	6 (maravilhas)	3 (maravilhas)
ירא	Temer	8	4
הוא	Ele	27 (direcionado a Davi)	4 (refere-se a JHWH)
שׁמים	Céus	3.6.12.30	5.11
פנה	Dirigir-se; olhar para	15.16.24	6.9 (diante de)
עז	Força	11.18	6.7
תפארת	Beleza	18	6
נשׂא	Trazer, carregar	10.51	8

קדשׁ	Santificar	21 (óleo); 36 (nome)	9 (santidade)
אמר	Dizer	3.20	10
מלך	Rei	19.28	10
כון	Estar firme	3.5.22.38	10
תבל	Mundo	12	10.13
שׂמח	Alegra-se	43	11
גיל	Exultar, Regozijar	17	11
ים	Mar	10.26	11
מלא	Preenche, encher, plenificar	12	11
רנן	Festejar	13	12
צדק	Ser justo	15	13 (Justiça)
אמונה	Retidão	2.3.6.9.25.34.50	13
יום	Dia	17.30.46	2

Sinônimo			
עולם מיום־ליום	Sempre e dia a dia	עולם:2.3.5.29.37.38 (referem-se a David) 53 (refere-se a JHWH)	מיום־ליום: 2
רבה גדול	ser grande grande	רבה: 8	גדול: 4

Os propósitos e os motivos apresentados no Sl 89,2-9.53 são retomados em forma de imperativos no Sl 96,1-5, numa perspectiva universal. Isso é visível no intento de cantar e bendizer JHWH (Sl 89,53 e 96,2), nas referências ao "nome" (Sl 96,2 e 89,13.17), no aspecto temporal (Sl 89,2.53 e 96,2), ao fazer conhecida a fidelidade de Deus, por meio da comunicação de geração em geração no Sl 89. E ao relacionar este último com a sequência de verbos de comunicação do Sl 96 (sobretudo o "narrar", geralmente associado com as gerações).

Os vv. 6-9 iniciam apresentando o anúncio das "maravilhas", um aspecto presente nos dois salmos (cf. Sl 89,6; 96,3). Nota-se que, no Sl 89,6, o destinatário é a "assembleia dos santos", expressão que pode ser interpretada como "o conselho celeste", aspecto tangível ao Sl 89 ou como "o povo de Deus". No Sl 96,3, as maravilhas são narradas a "todos os povos".

Constata-se, no Sl 89, a relação que o termo "céus" estabelece com o Sl 96,5, ao ser entendido como um elemento da Criação, apresentado como um prodígio de Deus e também como morada do Senhor. Outro elo entre esses salmos é a comprovação no Sl 96,4 da assertiva presente no Sl 89, sobre a incomparabilidade de JHWH entre os "filhos dos deuses" (cf. Sl 96,4-5), mediante a constatação de que ele é grande e terrível. A única diferença é que o Sl 96 o qualifica como grande com o adjetivo גָּדוֹל (gāḏôl).

Outro aspecto que evidencia a similitude entre ambos é a alusão a todos os deuses no Sl 89,8 e 96,4 (apesar de usarem palavras hebraicas diferentes), todavia o primeiro mantém uma monolatria (apesar de ser possível perceber um processo em direção ao monoteísmo) e o segundo, mediante o v. 5, afirma o monoteísmo.

A conexão entre a teologia da Criação e a experiência exodal (Ex 14–15) é verificada em ambos os salmos.[149] A afirmação é justificada ao se constatarem, por exemplo, o uso dos termos "maravilhas" e "terrível" e a comparação com outros deuses (cf. Ex 15,11).

---

[149] Existem alguns comentadores que alegam a relação do Sl 89 com Dêutero-Trito Isaías, particularmente com Is 55,1-5, elemento que fornece outra afinidade com o Sl 96, mas que exigiria maior aprofundamento.

O tema da assembleia do povo e JHWH é tratado nos vv. 16-19 do Sl 89, e traz de forma programática o que é realizado no Sl 96,6-10. O Sl 89,16-17 inicia com uma bem-aventurança dirigida ao povo por aclamar e louvar o "nome do Senhor" (cf. Sl 96,7-8); nos vv. 15 e 17, por apresentar o restabelecimento da justiça como uma consequência e um elemento essencial da sua realeza (cf. Sl 96,10d) e comprovar que JHWH é santo (cf. Sl 96,9) e rei (cf. Sl 96,10a) no v. 19. Quanto às palavras "força" e "beleza", que caracterizam o santuário (entendido nas suas três concepções) no Sl 96,6, no Sl 89,18 elas qualificam o povo. Nos dois salmos, esses substantivos são atributos de Deus que reflete, ou melhor, manifesta-se nos elementos referidos.

Na seção do oráculo (vv. 20-38) do Sl 89, percebe-se um paralelo entre as qualidades creditadas a Davi e as características elencadas na parte hínica atribuídas a Deus. No Sl 96, esses elementos servem como confirmação da realeza de JHWH, como, por exemplo, o seu domínio sobre as águas (Sl 96,11; cf. Sl 89,10-11, onde tal poder é atribuído a JHWH, enquanto no Sl 89,26 é conferido a Davi), a denominação de "Rei da terra" (Sl 96,11; 89,19.28) e os pontos característicos da realeza sintetizados no Sl 96,10, a saber, a estabilidade cósmica (Sl 89,38) e a ordem ética.

Na manifestação jubilosa cósmica relacionada com a realeza, a vinda e o julgamento escatológico, no Sl 96,11-12, são tematicamente compatíveis com o Sl 89, e percebe-se o uso de vocábulos símiles. Vê-se, por exemplo, o termo "mar" que, no Sl 96, é acompanhado do verbo da raiz "ribombar", representando a soberania divina sobre o caos primitivo e sobre toda espécie de caos. No Sl 89, por sua vez, o "mar" é controlado por Deus (vv. 10-11) e por Davi (v. 26).

Outro fator que comprova essa semelhança é a raiz verbal גיל (g̃.y.l), que no Sl 96,11 tem como interlocutora a “terra”, interpretada de forma ampla (como cosmo e incluída a humanidade, cf. Sl 96,1), e no Sl 89,17 serve para explicitar o exultar do povo.

Igualmente o verbo רנן (r.n.n) que expressa a alegria de כָּל־עֲצֵי־יָעַר (kol-ʿăṣê-yā́ʿar) no Sl 96,12 e no Sl 89,13, há como interlocutores os nomes “Tabor” e “Hermon”. “Tabor” e “Hermon” e “as árvores do bosque” estabelecem uma afinidade na interpretação, ou seja, podem ser compreendidos, no sentido literal (“montes” e “árvores”), e acenarem o aspecto extraordinário da natureza, presente nesses elementos ou como lugares de culto.

As palavras צֶדֶק (ṣéḏeq) e אֱמוּנָה (ĕmûnā^{h}) ocorrem no Sl 89,15 como passagem da perspectiva “criacional” à “histórica” e, no Sl 96,13, faz também a passagem do exultar da Criação (vv. 11-12) para o anúncio da vinda escatológica histórica do Senhor.

O substantivo צֶדֶק (ṣéḏeq) no Sl 96 faz parte da realeza de JHWH e exprime a sua função de rei-juiz, aspecto esse presente no uso desse vocábulo, no Sl 89,15, visto como base do “trono” do Senhor.

O significado do termo אֱמוּנָה (ĕmûnā^{h}) no Sl 89, relacionado aos aspectos histórico e criacional do agir divino (vv. 2.6), retratados no significado e como um elemento diferenciador entre JHWH e outros deuses (v. 9), está presente no decorrer do Sl 96, porém, com a utilização de outros vocábulos e como tema que o perpassa. Verifica-se ainda que o termo “fidelidade”, no Sl 96, é uma resposta à súplica (Sl 89,50) e à confiança do orante do Sl 89 (v. 53), diante da crise de estabilidade e permanência do ungido de JHWH (vv. 25.34).

A dimensão “escatológica”, presente na última frase do Sl 96, não é um elemento explícito no Sl 89, mas é importante sublinhar que a exultação presente no Sl 96,11-12 está em sintonia com o júbilo do cosmo no Sl 89,7-9. Nos dois salmos, a exultação cumpre a mesma finalidade, ou seja, aclamar a superioridade divina e realizar o objetivo próprio da criação, que é louvar e estar em comunhão com o seu Criador, evidenciando, assim, a relação entre Criação e escatologia (cf. o termo תֵּבֵל - tēḇēl - no Sl 89,12 e 96,10.13). Pode-se dizer, então, que o momento escatológico do Sl 96 é justamente o retorno à função original da Criação e a realização do projeto sonhado por Deus, explícitos na parte hínica do Sl 89.

Percebe-se, igualmente, que as crises, no decorrer da história (símile àquela retratada no Sl 89,39-52), geralmente proporcionam futuras expectativas e ajudam a moldar as noções escatológicas. Desse modo, a inexistência de sinais de expectativas no Sl 89 não significa que não haja uma perspectiva de orientação futura, porque essa é prevista no v. 53, que expressa a crença de que o Senhor, com certeza, responderá às súplicas descritas nos vv. 39-52.

Sob o ponto de vista de uma leitura canônica entre os dois salmos em questão, é possível dizer que o Sl 96 responde ao Sl 89, confirmando a fidelidade e a realeza de JHWH na história e na criação, ao afirmar a sua total vitória ("cântico novo") sobre todos os tipos de caos.

O tema da restauração do ungido ou da promessa davídica, expresso no Sl 89, encontra-se, de forma implícita, no Sl 96, nas alusões a Sião (cidade de Davi, onde o Senhor reina universalmente) e no convite universal ao louvor (ao considerar que a vocação do ungido era manifestar o domínio régio divino).

No Sl 96, não é relevante sublinhar o envio de um messias ou de um ungido (por exemplo, um rei humano), mas o afirmar a realeza universal de JHWH e a sua revelação plena no fim dos tempos (Sl 96,10.13; 98,6.9). Esse aspecto diferencia os Sl 93–100 dos sucessivos, em que serão relevadas as promessas davídicas e a dimensão messiânica. Explicitamente, constata-se isso nos Sl 101–103 e no V livro do saltério (cf. Sl 108–110; 122–124; 131–133; 138–145 e, sobretudo, Sl 149). Provavelmente, a era messiânica é explicitada na universalização da realeza de JHWH, presente nos Sl 93–100.

Sl 96 e os salmos de JHWH-rei (Sl 93–95 e 97–98)

O Sl 96 pertence ao IV livro do saltério e ao bloco dos Sl 93–100, caracterizados pela expressão "JHWH é rei" (Sl 93,1; 96,10; 97,1; 99,1), por conseguinte, a realeza de JHWH e a extensão do seu domínio é o seu tema principal. Este estudo do contexto do saltério[150] limita-se à comparação entre o Sl 96 e os Sl 93–95 e 97–98.

Nos Sl 93–100, predomina o gênero literário hínico; há o maior número de ocorrência do nome próprio de Moisés em todo o saltério e o uso exclusivo do nome divino JHWH, que, além de Rei, é Criador, juiz, único Deus e santo. As teologias

---

[150] Seguem os nomes e as propostas, de forma sintética, dos autores que estudaram o IV livro do saltério, numa abordagem canônica. Howard leva em consideração, sobretudo, a morfologia, o léxico e o aspecto poético de cada salmo, estabelecendo uma relação consecutiva entre os Sl 90–100 (HOWARD, *The Structure of Psalms 93–100*, cit., pp. 98-179), porém, posteriormente, o autor revê e corrige a sua proposta no artigo "A contextual reading of Psalms 90–94". In: McCANN JR., J. C. (Org.) *The Shape and Shaping of the Psalter.* Sheffield: Academic Press, 1993. pp. 108-123. (Journal for the study of the Old Testament. Supplement Series, 159.) Zenger propõe uma estrutura em que os Sl 90–92 e 101–106 formam uma moldura para os Sl 93–100, e comprova que esses salmos que tratam da realeza universal de JHWH estão unidos temática, teológica e semanticamente (cf. LOHFINK; ZENGER, *The God of Israel and the Nations*, cit., pp. 161-190). Wallace, por meio da metodologia narrativa, confirma a unidade dos salmos presentes no IV livro do saltério, ao relacioná-los com Dt 32–33 (veja: WALLACE, R. E. *The narrative effect of book IV of the Hebrew Psalter.* New York: Peter Lang, 2007. pp. 33-50. [Studies in Biblical Literature,112.]).

e as tradições que marcam fortemente esses salmos são: a teologia da Criação, a experiência exodal (especialmente Ex 14–15), a perspectiva profética de Isaías, a Tradição do Sião e do Sinai (com a relevância da Torah).

O fio condutor dos salmos, do ponto de vista temático, é o mesmo da parte hínica do Sl 89, quando caracteriza a realeza de JHWH[151] e, consequentemente, do seu ungido.

O Sl 93 inicia apresentando os temas que serão desenvolvidos nos salmos sucessivos: a majestade divina (v. 1), a estabilidade do mundo (sentido cósmico e ético, v. 1), a vitória sobre o caos (vv. 3-4), a realeza que se concretiza no Templo (indica a santidade do templo) e na lei (v. 5). Ressalta, porém, que não obstante haja vários argumentos, o tema principal do Sl 93 é a realeza expressa pela estabilidade cósmica, sendo que, num primeiro momento, constata-se a instabilidade por meio da força do mar (v. 3). Porém, JHWH se apresenta mais forte, mais potente (v. 4), e legitima a sua vitória sobre o caos primordial (vv. 3-4) e a sua fidelidade, ao retomar a temática presente no Sl 89 (vv. 1-3.6.10.12-14) e o aspecto de JHWH rei-criador.

O restabelecimento da justiça, introduzido no Sl 93,5, é o tema abordado no Sl 94 (sublinha a conexão entre o termo עֵדֹתֶיךָ [ʿẹ̄ḏōṯeʸ́ḵā] no Sl 93,5, e אֵל־נְקָמוֹת [ʾēl-nəqāmôṯ] no Sl 94,1). Percebe-se, porém de novo, que são indicadas duas realidades: a injustiça que coloca em dúvida a realeza de JHWH (vv. 3-8.16.20.21) e a sua presença fiel que corrige (v. 12), não abandona (vv. 14-15), sustenta, socorre (v. 17), gerando, como consequência, a condenação dos ímpios, mediante a sua própria conduta (vv. 22-23). Legitima, portanto, a fidelidade de Deus-rei e a sua função como juiz.

---

151 Quanto às características de JHWH como rei, são oportunas as observações de Mettinger (cf. *Buscando a Dios*, cit., pp. 107-129).

O Sl 94, por sua vez, retrata os elementos presentes no Sl 89 (vv. 15.22-24.31-38). Um fator diferenciador é que o Sl 94 não estabelece uma diferença entre Israel e as outras nações, mas entre os justos (os retos de coração ou a categoria dos oprimidos – órfãos, migrantes e viúvas) e os ímpios (os malvados, aqueles que oprimem), abrindo-se a possibilidade da universalidade da realeza divina.

O termo צוּר (ṣûr), que podemos traduzir por "rocha", une o Sl 94,22 (צוּר מַחְסִי - ṣûr maḥsî) e o Sl 95,1 (צוּר יִשְׁעֵנוּ - ṣûr yišᶜēnû). O sintagma "rocha de salvação" está presente no Sl 89,27, que indica o tema central do Sl 95, o monoteísmo.

O louvor, a sua superioridade entre os deuses e a criação são elementos que corroboram a afirmação de que JHWH-rei é o único Deus (Sl 95,3.7) e, se há um Deus, todos os que o escutam e o seguem fazem parte do seu povo (v. 7).

Os vv. 8-11, do Sl 95, trazem as dúvidas que contrastam com a afirmação da unicidade de Deus, isto é, a desconfiança da sua ação salvífica na história (Ex 17,3) e da sua presença no meio do povo (Ex 17,7), em contraste com o título "rocha de salvação" (cf. Ex 17,6; Nm 20,10-11) e pastor que guia o seu povo (Sl 95,7). Por conseguinte, essas dúvidas provocam o problema da idolatria (Dt 6,14-16; 9,21-22; Sl 81,8-17) e a falta de fé na manifestação da sua "santidade" (Nm 20,12).

Outro contraste é o convite a entrar no templo e prostrar-se (Sl 95,1-2) e negar a entrada no "lugar de repouso" (v. 11), que pode ser entendido como sendo a Terra Prometida (no final da travessia no deserto) ou o Templo (Dt 12,9).

Releva-se, ainda, a afinidade lexicológica e temática entre o Sl 95,3-5 e 89,6-14.26-28 e entre o Sl 95,6-7 e 89,16-19.

O Sl 96 inicia com o convite a cantar um "cântico novo". Como foi aludido na análise exegética, geralmente esse sintagma é utilizado para exprimir a reação diante de uma situação de salvação ou de vitória. Canonicamente, o "cântico novo" do Sl 96 expressa o triunfo contra o caos primordial e a estabilidade do cosmo, a afirmação de JHWH-Criador (Sl 93,1 e 96,10) e o anúncio da "santidade da casa de JHWH (Sl 96,6.9), o restabelecimento da justiça contra as afirmações dos ímpios ("julgar": Sl 96,13 e 94,2.15; e "justiça": Sl 96,13 e 94,15) e a superação definitiva da idolatria com a confirmação da unicidade de Deus (no Sl 95,3, encontram-se as expressões "Porque o Deus SENHOR é grande e rei sobre todos os deuses" e, no Sl 96,4, constatam-se as frases: "Porque grande é JHWH e muito digno de louvor, ele é temível sobre todos os deuses").

Assim, o "cântico novo" do Sl 96 representa todas as vitórias de JHWH relatadas nos Sl 93–95, que esquematicamente se visualizam da seguinte forma:

Salmo	Vitória	Sl 96 celebra
93	contra o caos primordial	a criação (v. 5b)
94	contra a injustiça	o restabelecimento ético (vv. 10.13)
95	contra a idolatria	o monoteísmo (vv. 2-5a.7-9)

Os vv. 6-9 tratam da liturgia das "famílias dos povos" no "santuário" e da presença diante da santidade de JHWH e do seu Templo, confirmando a unicidade de Deus (Sl 95,1-7), o valor do santuário (cf. Sl 95,11 e Dt 12,9) e a sua santidade (Sl 93,5). Por outro lado, relaciona-se, de forma antitética, com a experiência em Massa e Meriba (Sl 95,8-9; Nm 20).

Todas as vitórias de JHWH confirmam a sua fidelidade e seus atos salvíficos na história e na Criação (Sl 96,1-5.7b-8), e conduzem ao júbilo de todo o cosmo que, com grande expectativa, se prepara para a vinda e o juízo escatológico. No Sl 96, o julgamento é inserido num contexto de salvação e de convite à esperança (vv. 11-12), e as suas duas dimensões (recompensa aos justos e condenação aos ímpios) são aludidas de forma implícita.

O evento da vinda de JHWH preanunciado no Sl 96 é descrito no Sl 97, em que é explícita a distinção entre a sorte dos justos (vv. 8-12) e dos ímpios (vv. 2-7), diante da presença do Senhor no juízo escatológico. Do ponto de vista lexicológico, constata-se, no Sl 97, a repetição dos vocábulos significativos, justamente dos vv. 10-13 do Sl 96.[152]

O Sl 97 acena ao "dia do Senhor", marcado por elementos apocalíptico-escatológicos, semelhantes aos presentes em Ml 1,1-5; 3, e Zc 14. Inicia com a exultação (conforme Sl 96,10-12), como uma forma de reunir todos os povos, e sublinha a prática da justiça e do direito como a forma de caracterizar a realeza de Deus (Sl 97,2; cf. Sl 89,15). Prossegue com o julgamento concretizado em um juízo punitivo sobre todos os adversários (צַר [ṣar]; cf. Sl 89,24.43) e cruento, o qual atingirá o cosmo (vv. 4-5) e todos os povos (Sl 97,6). Mas, sobretudo, será devastador para os idólatras (Sl 97,7; cf. Sl 96,4-5) e os ímpios (Sl 97,10), retomando os pecados denunciados pelos profetas: a idolatria (cf. Sl 95) e a injustiça (cf. Sl 94).

Não obstante os efeitos diferentes para os justos (o resgate no v. 10 e o triunfo nos vv. 8.11-12) e ímpios (castigo), a punição de JHWH-juiz objetiva a conversão de todos, amenizando a sua característica de terror, extermínio e obscuridade, para transformar-se em um dia de luz (Sl 97,11 e cf. Zc 14,6-7.9). Assim, da parte de Deus se instaura uma nova ordem de

[152] Cf. יְהוָה מָלָךְ (97,1 e 96,10); תָּגֵל הָאָרֶץ (97,1 e 96,11); שׂמח (97,1.8.11.12 e 96,11); צֶדֶק (97,2 e 96,13); שָׁמַיִם (97,6 e 96,11); תֵּבֵל (97,4 e 96,10.13); כָל־הָעַמִּים (97,6 e 96,10.13 [3.5.7]); חיל (97,4 e 96,9); כָּבוֹד (97,6 e 96,3.7.8); הלל (97,7 e 96,4); אֱלִילִים (97,7 e 96,5); חוה (97,7 e 96,9); כָל־אֱלֹהִים (97,7.9 e 96,4); קֹדֶשׁ (97,12 e 96,9); pode-se também considerar a palavra מִשְׁפָּט no Sl 97,2, a raiz verbal שׁפט no Sl 96,13, e as repetição dos vocábulos comuns, como o *tetragrama* e o termo "terra".

relações religiosas (v. 9) e sociais (vv. 6.12), para uma nova história da aliança: a instauração do seu Reino.

No Sl 98 há vários pontos de contatos com o Sl 96. Do ponto de vista lexicológico constata-se, no Sl 98, a repetição de vocábulos[153] e dos sintagmas presentes no início do Sl 96 (Cantai a JHWH um cântico novo) e no final. Contudo, a repetição das frases finais sofre algumas alterações, como a omissão do segundo "que vem" e a mudança da expressão "retidão" por "equidade". Em ambos os salmos, constatam-se a fórmula típica JHWH-rei (Sl 96,10 e 98,6) e os enunciados presentes no Sl 98,4 e 96,1 e Sl 98,7 e 96,11.

Com relação ao Sl 89, constata-se a afinidade entre o v. 14 e o Sl 98,2. Quanto à estrutura, é símile à do Sl 96 (em três partes). Os vv. 1-3 do Sl 98 apresentam o convite e a motivação a cantar um "cântico novo" e a louvar a ação salvífica de JHWH. Logo após, é dirigido a toda a terra o convite para aclamá-lo nos vv. 4-6, e conclui-se com a convocação das "montanhas" e do "mar" nos vv. 7-8 para exultar o Senhor, sendo esses motivados pela sua vinda e o seu julgamento (v. 9). Outra afinidade entre o Sl 96 e 98 é a predominância de vocábulos que expressam a experiência exodal (Sl 98,1-3), da influência da teologia profética presente no Dêutero-Trito Isaías (Sl 98,3.4.8) e da dimensão positiva do juízo escatológico.

Verifica-se uma sequência entre o Sl 97,12 e 98,1, no qual o convite ao júbilo e a celebrar a santidade de JHWH é relacionado com o cantar as maravilhas que, no Sl 98,1, significa reconhecer as manifestações do seu agir santo.

Canonicamente, os motivos do "cântico novo" do Sl 96, como foram acenados, são as vitórias presentes nos salmos

---

[153] Cf. פלא (98,1 e 96,3); עשה (98,1 e 96,5); קֹדֶשׁ (98,1 e 96,9); יְשׁוּעָה (98,2 e 96,2); גוֹי (98,2 e 96,3.10); אֱמוּנָה (98,3 e 96,13); רנן (98,4.8 e 96,12) e תֵּבֵל (98,7 e 96,10.13).

anteriores (93–95). No Sl 98, além de sintetizar os motivos do Sl 96, por meio da expressão "porque fez maravilhas"(Sl 96,3), há como motivação, especialmente, a vinda, o juízo e a vitória de JHWH, anunciados no Sl 96,11-13 e realizados no Sl 97. Portanto, o verbo "vir" no Sl 98,9 pode ser traduzido por um perfeito "veio" (diferente do Sl 96,13), e o imperfeito de "julgar" pode ser lido como uma ação não completa, porém iniciada. Outra alternativa para o imperfeito seria manter o tempo futuro e optar pelo segundo sentido do verbo hebraico, que é "governar". Desse modo, alega-se que, após o julgamento, o Senhor governará eternamente o seu povo. Elemento que pode ser corroborado pela utilização, no Sl 98,9, da expressão "equidade", símile ao Sl 96,10e, e não "retidão", conforme Sl 96,13.

Notam-se, contudo, algumas diferenças ao comparar o Sl 98 com o 96. Entre elas, destacam-se a ausência, no Sl 98, de uma alusão explícita à Criação (apesar de ser possível deduzir, implicitamente, na análise do termo "maravilhas" e da explosão jubilosa, no Sl 98,7-8), como se constata no Sl 96,5. No Sl 98, a justiça é revelada (cf. v. 2), portanto, não há nenhuma menção da necessidade do anúncio da salvação a outros povos ou nações (cf. Sl 96,3.10), nem referência aos ídolos, e os títulos de JHWH surgem como afirmações e não como um argumento a ser desenvolvido (Sl 98,3 e 98,6). Outra diferença é a ausência de uma sequência ritual símile à descrita no Sl 96,7-9, privilegiando a aclamação (Sl 98,4-6), e, ao descrever a exultação cósmica, o Sl 98 cita somente um elemento (o "mar"), diante de todos aqueles presentes no Sl 96,11-12.

Existem alguns vocábulos que se repetem, particularmente, nos Sl 95–98: פָּנֶה (paneh: Sl 95,2.6; 96,6-9; 97,3.5; 98,6.9) num contexto cultual; "terra" (Sl 94,2; 95,4; 96,1.9.11.13; 97,1.4.5.9; 98,3.4.9; 99,1) como elemento da

Criação ou, para sublinhar a totalidade, nesse mesmo sentido há a repetição do termo כֹּל (kol). O elemento água é constante, sendo expresso por meio dos termos "rio", "mar" ou "região de costeira" (Sl 93,4; 95,5; 96,11; 97,1; 98,7). Quanto ao seu significado, mormente, é utilizado para referir-se à Criação ou, em sentido figurado, como expressão do caos no contexto de domínio de JHWH sobre as forças hostis e, consequentemente, o estabelecimento da "ordem cósmica".

Um aspecto peculiar é o uso da raiz verbal עשׂה (ᶜ.ś.h). Nos salmos 95,5 e 96,5, essa raiz vem interpretada como o ato criador e, especificamente, é usada nos Sl 95,6 e 100,3, ao referir-se ao povo criado por Deus. No Sl 98,1, a mesma é coligada com o agir salvífico na história ("maravilhas"), e está relacionada à "justiça" e ao "direito" no Sl 99,1. Ao reunir todos esses significados, percebe-se que a raiz verbal עשׂה (ᶜ.ś.h) abrange todas as dimensões da soberania divina.

Os Sl 93–95 e 97 estabelecem uma sequência consecutiva. Cada um, não obstante traga vocábulos e temas diversificados, enfoca um tema relacionado a uma das características da realeza divina. O conteúdo de cada salmo descreve uma realidade antitética que desafia a majestade divina, mas que é superada mediante o seu triunfo. As vitórias de JHWH são sintetizadas nos Sl 96 e 98, que convidam o povo a cantar um "cântico novo".

Considerações finais da análise do Sl 96

Ao terminar a análise, recolhem-se alguns pontos significativos e pistas de leitura do Sl 96.

O estudo da estrutura, baseado em elementos formais e temáticos, além de constatar a unidade do salmo, propicia dividi-lo em três blocos regulares e compactos que seguem o modelo dos "hinos imperativos". Cada seção propõe, com uma clara concatenação lógica, enfatizar, mediante o uso de imperativos, a realeza universal de JHWH, colocada em crise no Sl 89.

O salmo é introduzido por uma convocação universal a louvar, continuamente, o agir poderoso de Deus na história e na Criação, mediante a ação de graças e o anúncio-narração a todos os povos/nações (vv. 1-5) da sua salvação. Os argumentos da introdução propiciam afirmar que Deus é Criador, legitimar o seu domínio na história e confirmar o monoteísmo.

Os vv. 6-9 se centralizam no santuário como lugar da presença divina para o qual todos os povos/nações são convidados a peregrinar e a experimentar a santidade (v. 9) de JHWH, como expressão do reconhecimento do seu domínio. O salmo termina com a dimensão escatológica, por meio da exultação do cosmo, o anúncio da sua vinda e do seu juízo (v. 13), confirmando que o Deus de Israel é o único rei e juiz de todo o Universo (v. 10). Pode-se dizer que cada parte segue a seguinte sequência: o convite a louvar (vv. 1-5), o reconhecimento (vv. 6-9) e a exultação (vv. 10-13).

A composição é refinada, pois o autor utiliza vários recursos estilísticos de uma forma adequada, criando um impacto retórico no leitor, mas sem prejudicar o discurso linear e a monotonia solene dos hinos imperativos. Tende-se ao paralelismo sinonímico macroestrutural e também às estruturas menores (sintagmas e versículos), e verifica-se a capacidade do autor em unir forma (recursos estilísticos: formais, gramaticais, poéticos) e conteúdo.

O salmo é impregnado de vocábulos que exprimem totalidade e universalidade, há predominância do uso de sequências de palavras oriundas do mesmo campo semântico (comunicacional, do culto-adoração, do júbilo, do campo jurídico;

relacionadas aos elementos cósmicos e da natureza e à experiência exodal) e utilização de fórmulas fixas presentes nos outros salmos (por exemplo: cântico novo, glória e majestade, grande e digno de louvor). Os atributos de JHWH são enunciados com o auxílio de frases nominais (v. 4), e os títulos são deduzidos por meio da sua ação, como a de criar (v. 5b), reinar, governar (v. 10) e julgar (v. 13).

Dentro do contexto dos Sl 93–98, o salmo em questão tem a função de sintetizar e celebrar as vitórias realizadas por JHWH, nos salmos 93–95: o domínio sob a criação (Sl 93), o salvar o justo das mãos dos ímpios (Sl 94) e a sua soberania como único Deus (Sl 95). Concomitantemente, anuncia a vinda e o julgamento escatológico, temas que serão desenvolvidos no Sl 97 e celebrados como vitória no Sl 98. Portanto, o "cântico novo" do Sl 96,1 é fortemente conectado com as vitórias antecedentes.

A correlação com os salmos precedentes e o fato de sintetizar as suas constatações fazem do Sl 96 uma resposta eficaz à crise do Sl 89 e às dúvidas, que desafiam o poder de JHWH, sobre o caos primordial (Sl 93), a injustiça (Sl 94) e a idolatria (Sl 95).

A perspectiva universal do Sl 96 é corroborada ao relacionar-se com a teologia da Criação. A teologia criacional convida Israel a fazer uma nova experiência e a anunciar (v. 2c) a todos os povos/nações o projeto de JHWH. Plano que nasce nos tempos das origens (v. 5b), concretiza-se na história e caminha rumo a sua realização definitiva. Tudo isso desafia Israel a descobrir novas bases, não somente para a sua relação com Deus, mas também para o seu relacionamento com as outras nações.

Constata-se que o vocabulário e as temáticas confluem de duas tradições: do Sinai e Sião (Aliança, lei e santuário – a morada de JHWH). Com relação à experiência exodal, percebe-se forte conexão com Ex 14–15.[154]

O Sl 96, como todos os salmos de JHWH-Rei, registra uma grande influência do profeta Isaías, sobretudo, do Dêutero-Trito Isaías[155] (cf. Is 42; 51,4-5; 52,10; 55–59; 61–66), na perspectiva do "Novo Êxodo" e da "Nova Criação", porém, há também resquícios do Primeiro Isaías (cf. Is 2,1-2; 12). As características escatológicas presentes no Sl 96,11-13 remetem às profecias de Sofonias e Malaquias, que serão explicitadas no Sl 97. Além dos salmos do IV livro do saltério e dos textos do saltério, que contêm a expressão "cântico novo", o Sl 96 possui grande afinidade com os Sl 29; 47–48; 66–67 e 145.[156]

No salmo em questão, toda a terra torna-se testemunha do exercício de soberania e de santidade de JHWH, que enche de alegria toda a Criação, que espera ansiosa a instauração do Reino concretizado na salvação. Esta se realizará em três níveis: histórico, cósmico e universal.

Em nível histórico, a salvação abraçará todas as fases da história, desde a Criação até o momento escatológico. Em nível cósmico, compreenderá todo o mundo criado (exceto a humanidade) que em Deus tem sua existência e seu fundamento. Neste momento toda a Criação atingirá plenamente a finalidade pela qual cada ser foi criado, ou seja, a comunhão e manifestação do esplendor do Criador. A salvação em nível

---

154 Como pano de fundo, percebe-se afinidade com Ex 19,6.

155 GOSSE, B. Le Psautier et les rédactions d'ensemble des livres d'Isaïe et d'Ezéchiel (notes complémentaires sur les Psaumes 96,84,12,79 et 44). *Old Testament Essays*, Pretoria, v.8, pp. 291-294, 1995; Ibid. Deux usages du Psaume 96, pp. 266-273; CREACH, J. The shape of Book Four of the Psalter and the shape of Second Isaiah. *Journal for the Study of the Old Testament*, London, v. 23, n. 80, pp. 63-76, set. 1998.

156 VANONI, G.; HEININGER, B. *Il Regno di Dio*. Bologna: Dehoniane, 2004. pp. 21-71 (I temi della Bibbia, 4.).

universal abrangerá a humanidade, ou seja, todos os povos na multiplicidade de suas relações: políticas, sociais e religiosas.

Assim, desvela-se a soberania universal de Deus e o seu único desígnio salvífico-histórico, que se inicia na Criação e prossegue até a sua ação futura, e que, ao ser reconhecido por todo o ser humano, faz surgir um "um novo céu" e "uma nova terra", onde se cantará sem cessar o "cântico novo".

Análise de poemas do Cântico dos Cânticos

O Cântico dos Cânticos (Ct) é essencialmente poesia e tem como argumento central o amor romântico, erótico, apaixonante. Não há consenso entre os pesquisadores se se trata de um único casal jovem e a sua história de amor ou de poemas de casais em cenários diferentes ou até mesmo em fases diversificadas do amor. Porém, há consenso de que seja um único autor e não um redator. Situado, provavelmente, no final do período persa ou início do período helenístico, no entanto existe a hipótese de datá-lo no período persa.

Nas pesquisas arqueológicas foram descobertos vários poemas semelhantes aos poemas do Ct. Estas descobertas são relevantes para a interpretação e, sobretudo, para clarificar as metáforas presentes no texto. Entre essas descobertas, os cânticos de amor que mais se assemelham aos do Ct são os egípcios.[157]

O Cântico dos Cânticos tem uma longa história de interpretações, sobretudo, alegóricas. Desse modo, encontramos comentários alegóricos rabínicos (Rashi) que partem do

---

[157] BARBIERO, G. *Cantico dei Cantici*: nuova versione, introduzione e commento. Milão: Paoline, 2004. pp. 38-45. (I Libri Biblici, Primi Testamento, 24.)

princípio de que os poemas no Ct retratam o amor de Deus para com o seu povo, em diferentes fases da história do Antigo Israel, ou a busca do sábio de amar e se dedicar completamente à Torah. Na Patrística (Orígenes) e nos escritos dos místicos (São João da Cruz), os poemas representavam o amor entre Cristo e a Igreja ou o amor entre Deus e aqueles que o buscam. Existe ainda, na Patrística, a interpretação sacramentária[158] do Cântico dos Cânticos.

Na análise poética que propomos, estudaremos o Ct não de forma alegórica, mas como um belíssimo poema de amor, porém não podemos esquecer que para nós o Ct é um livro inspirado, é a Palavra de Deus revelada na realidade humana, na sexualidade, no amor entre um homem e uma mulher. Como diz Bento XVI, na sua primeira encíclica: "... o amor entre um homem e uma mulher sobressai como arquétipo de amor por excelência, de tal modo que, comparado com ele, à primeira vista todos os demais tipos de amor se ofuscam".[159]

Informações gerais sobre o Cântico dos Cânticos

No Ct existe uma unidade poética, lírica,[160] porém não uma unidade narrativa. Essa assertiva é confirmada pela repetição de termos, motivos, temas e metáforas que perpassam

---

[158] Confira a obra de DANIÉLOU, J. *Bíblia e Liturgia*. A teologia bíblica dos sacramentos e das festas nos Padres da Igreja. São Paulo: Paulinas, 2013. pp. 208-222. (Coleção Fonte Viva.)

[159] BENTO XVI. *Carta Encíclica Deus Caritas est*. São Paulo: Paulinas, 2006. p. 8. (Coleção A Voz do Papa, 189.)

[160] RAVASI, G. *Il Cantico dei cantici*: commento e attualizzazione. Bologna: Dehoniane, 1992. p. 85. (Testi e Commenti, 4.)

o texto, criando momentos de separação e encontro, ausência da pessoa amada e presença.

O Ct é escrito em forma de diálogo, assemelhando-se à dramaturgia. Ele é bem estruturado ao intercalar o diálogo entre o amado e a amada e o coro, tanto masculino (os companheiros) como feminino (as filhas de Jerusalém). O coro das filhas de Jerusalém está presente em Ct 5,9 e 6,1, e o dos companheiros em 6,10 e 7,1.

Quanto à estrutura, o Ct contém um prólogo (Ct 1,1-4), um epílogo (8,5-14) e há duas partes simétricas que formam o corpo do poema (Ct 1,5–5,1 e 5,2–8,4). Existem vários refrões que têm valor estrutural, pois indicam mudança de cenários; reforçam o sentimento da amada ou do amado, delimitam o início ou a conclusão do poema ou até mesmo demarcam o aspecto temporal (noturno para diurno). Há praticamente sete refrões:

1) Abraço: 2,6 e 8,3.
2) Não despertar: 2,7; 3,5, 8,4.
3) Pertença recíproca e o título de pastor das açucenas: 2,16; 6,3 e 7,11.
4) Mudança do tempo: 2,17 e 4,6.
5) A subida do deserto: 3,6 e 8,5 (cf. 6,10).
6) Ser doente de amor: 2,5 e 5,8.
7) O cervo sobre os montes: 2,17; 4,5-6; 8,14.

O refrão da subida do deserto tem como finalidade iniciar um novo poema, enquanto os outros têm uma função conclusiva.

Diante dos refrões e da unidade do livro dos Cânticos dos Cânticos, é possível dividi-lo em vários poemas:

Divisão	**Temas**	**Refrões**
Prólogo: 1,2-4		Se enamoram de ti – 1,3-4
Primeira parte Primeiro movimento 1,5–2,7	Diálogo entre ele e ela	Doente de amor – 2,5 Abraço – 2,6 Despertar – 2,7
Segundo movimento 2,8–3,5	Dia (2,8-17) Noite (3,1-5)	Pertença recíproca – 2,16 Passagem do tempo – 2,17 Cervo sobre os montes – 2,17 Despertar – 3,5
Terceiro movimento 3,6–5,1	Cortejo nupcial Contemplação Encontro	A subida do deserto – 3,6 Passagem do dia – 4,6 Cervo sobre os montes: 4,5-6
Segunda parte Quarto movimento 5,2–6,3	Procura: 5,2-8 Descrição: 5,9-16 Encontro 6,1-3	Doente de amor – 5,8 Pertença recíproca – 6,3
Quinto movimento 6,4–8-4	Contemplação Encontro	Pertença recíproca – 7,11 Abraço – 8,3 Despertar – 8,4
Epílogo 8,5-14		Subida do deserto – 8,5 Cervo sobre os montes – 8,14

Existem vários gêneros presentes no Ct, entre eles destacamos o chamado *paraklausithyron* em Ct 5,2-6, que é o lamento do amado diante da porta fechada do recinto no qual se encontra a amada. É um gênero típico dos poemas amorosos egípcios, mas também greco-romanos.[161] Outro exemplo é a *busca noturna* presente em Ct 3,1-4 e

161 BARBIERO, G., op. cit., pp. 29-223.

5,7-9.[162] Porém, pela impossibilidade em estudar todo o livro, foram selecionados os poemas em Ct 4,1-7 e 5,9-16, pelo uso do gênero literário do *waṣf*.

Gênero literário waṣf

O *waṣf* é um termo árabe que significa "descrição" e consiste num tipo de poema ou fragmento poético, típico da literatura árabe e egípcia, que delineia as características físicas femininas ou masculinas, por meio de uma série de imagens, de forma detalhada e fantasiosa. Ele é típico da poesia erótica nas cerimônias de núpcias e é mais comum a descrição do corpo feminino (presente em Ct 4,1-7; 6,4-7 e 7,2-8), enquanto do masculino é mais raro (Ct 5,10-16).

A sua finalidade é expressar o sentimento, a emoção ao contemplar o corpo da pessoa amada, utilizando imagens relevantes ao imaginário do poeta. O autor normalmente utiliza imagens concretas, evocativas, que servem como símbolo ou metáforas diante da admiração que transcende a linguagem puramente conceitual e mesmo assim não consegue abarcar todo o significado do maravilhar-se, do extasiar-se. A maioria das imagens apela para o visual, mas também para o paladar, o olfato e, sobretudo, para a audição, e tem o intuito de envolver o leitor a participar da emoção proveniente do encantamento.

Para compreender este tipo de gênero, foram selecionados Ct 4,1-7 (descrição feminina) e 5,9-16 (descrição masculina).

Apresentaremos uma tradução literal de Ct 4,1-7 e, entre parênteses, outras possibilidades de significado dos termos ou expressões:

---

[162] Ibid., p. 221.

[1] Como és bela, amiga minha,
Como és bela!
Teus olhos são pombas por entre o teu véu
(por trás de teu véu).
Teu cabelo, como um rebanho de cabras,
que deslizam pelo monte de Guilead.
[2] Teus dentes são como um rebanho de ovelhas para serem
tosquiadas, subindo do banho;
Todas elas têm gêmeos e nenhuma delas sem cria
(também pode ser traduzido por – foi desfilada).
[3] Como fio escarlate são os teus lábios
e tua fala é doce.
Como fenda em romã,
a tua face por detrás do véu.
[4] Como a torre de Davi o teu pescoço (colo),
construída de baluartes, dela mil escudos pendem
e todas as aljavas dos valentes.
[5] Os teus seios, como dois pequenos gêmeos
de gazela, que pastam entre as flores de lótus.
[6] Até que o dia respire e se alonguem as sombras,
eu irei para o monte de mirra e
para a colina do incenso.
[7] Toda bela, tu és amiga minha, em ti não há
nenhum defeito (mancha).

Estrutura de Ct 4,1-7

O texto que descreve o corpo feminino em Ct 4,1-7 é delimitado pela inclusão presente nos v. 1a e 7, por meio das palavras "bela" e "companheira" (amiga), e com o termo "monte", no v. 1b e 6.

No decorrer do poema, o autor descreve sete partes do corpo da amada em ordem decrescente: os olhos, os cabelos, os dentes, os lábios, a face, o pescoço (colo) e os seios. No v. 6, o poeta expressa o desejo do encontro, da intimidade, e termina com a síntese de que toda a amada é perfeita, expressa de forma explícita (toda bela e sem defeito) e implícita (sete partes do corpo foram admiradas, o número que expressa a completude).

O poema pode ser dividido em três partes: a primeira (vv. 1b-2) é caracterizada pela menção da parte do corpo (olhos, cabelos e dentes) e prossegue com uma metáfora ou comparação. A segunda parte (vv. 3-5) inicia com a metáfora ou comparação e depois traz as partes do corpo (boca, face e colo/pescoço). Há uma relação entre a primeira e a segunda parte pela alusão ao "véu", que provavelmente cobre a face da amada. A última estrofe (vv. 5-6) descreve somente os "seios", o desejo de intimidade e a conclusão da admiração diante da perfeição e da beleza da amada.

O v. 6 tem como função concluir as comparações. Mas, ao mesmo tempo, cria uma correlação entre a descrição dos "seios" ("os seios como filhotes de gazela que pastam entre as flores de lótus") e o desejo do dileto de intimidade ("eu irei para o monte de mirra e para a colina do incenso").

O autor utiliza vários recursos literários. O primeiro está presente no v. 1, que, com a repetição da exclamação "como tu és bela", exprime o maravilhar-se do enamorado diante da beleza da amada. O autor produz com as palavras vários efeitos sonoros: paranomásia (v. 1), rima interna (v. 1 entre a primeira e a última palavra; vv. 3-4 e vv. 5-6), anáfora (vv. 1b-2 com a letra sh; vv. 3-4a com o som k), repetição de sons (vv. 5-6 com sh), sons dominantes com o k (vv. 1a e 7; vv. 3-4) e sh (vv. 1a-2 e 5-6).

Análise das imagens de Ct 4,1-7[163]

As metáforas na primeira e terceira estrofes de Ct 4,1-2 são provenientes do mundo animal (pombas, cabras, ovelhas e gazela); na estrofe central há dois elementos provenientes do artefato (o fio e a torre) e um do mundo vegetal (romã). Estes elementos formam uma estrutura concêntrica, na qual o centro é a face da amada comparada com a "fenda na romã".

O v. 1 abre com o extasiar-se do enamorado diante da contemplação da beleza da sua amada.

O dileto chama a sua amada de "amiga" (vv. 1.7), isso é interessante, pois, o relacionamento entre ambos é de amizade, o que nos reporta à complementaridade.

A primeira estrofe é marcada por metáforas e comparações que nos reportam a ver em cada parte do corpo uma realidade diversificada: olhos iguais às pombas, cabelos iguais ao rebanho de cabras que descem pelos montes de Guilead e dentes iguais às ovelhas gêmeas após o banho, prontas para a tosa.

Os "olhos" nos remetem para a interioridade da pessoa, para toda a sua intimidade. Diferente das outras duas partes do corpo, o poeta não faz uma comparação, mas utiliza uma metáfora.

A "pomba", em primeiro lugar, é símbolo da deusa do amor, e era um animal sagrado na Assíria e Mesopotâmia. Ela nos reporta à cor branca e também expressa a serenidade, a paz, a docilidade, a delicadeza, a sensibilidade, a inocência, a candura. Pode-se denotar, ainda, a timidez, a ingenuidade e a dificuldade em olhar diretamente para a pessoa amada, em comparação com os movimentos que a pomba realiza olhando para os lados, e que expressa leveza, graciosidade, meiguice.

---

[163] Para análise, foram utilizados os livros de BARBIERO, G. *Cantico dei Cantici*: nuova versione, introduzione e commento. Milão: Paoline, 2004. pp. 155-171 e RAVASI, G. *Il Cantico dei cantici*: commento e attualizzazione. Bologna: Dehoniane, 1992. p. 85. (Testi e Commenti, 4.).

Os "olhos" são cobertos com o véu. Esse elemento nos mostra que essa mulher não é casada, portanto é sinal de pudor e pode expressar que ela é virgem. É, ainda, um elemento típico da sedução feminina e nos reporta à sensualidade, ao mistério que envolve essa mulher (Gn 24,65). Indica a reserva e ao mesmo tempo a intensidade do desejo em vê-la de forma desvelada.

Os "cabelos" comparados com um "rebanho de cabras deslizando-se pelo monte de Guilead" (região montanhosa da Transjordânia, próxima ao deserto, e que era associada aos demônios) nos reportam não para a doçura e delicadeza da pomba, mas para o aspecto indócil, selvagem, força vital. Esta comparação expressa que são cabelos pretos (comparado com as "cabras") e ondulados, revelando a vitalidade, o aspecto selvagem e natural dos cabelos.

Após a imagem dos cabelos, o autor descreve os "dentes". Eles são apresentados de forma perfeita, quanto a sua brancura, ao relacioná-los com um rebanho de ovelhas recém-saído do banho (v. 2a) e perfeitamente ordenado (v. 2b). É mostrada também a beleza do sorriso da amada. Estes elementos contrastam com os cabelos (pretos e rebeldes) e retoma o caráter apolíneo das imagens relacionadas aos "olhos", transmitindo novamente serenidade.

Na segunda estrofe (vv. 3-4) são descritas três partes do corpo: os "lábios", a "face" e o "pescoço" (ou o "colo").

A ruptura entre a primeira e a segunda estrofe se dá pela mudança de posição das comparações, ou seja, primeiro é citada a parte do corpo e depois a sua comparação.

Os "lábios" são relacionados com a cor vermelha do "fio", ou da "fita". Não há comparação quanto à forma, mas à cor. O vermelho é a cor do amor, e era utilizado tanto para as vestes das prostitutas (Jr 4,30; Ap 17,3-4) como nos tecidos que cobriam o tabernáculo e nas vestes dos sacerdotes (Ex 25,4; 28,5-6.8). Não se deseja comparar essas duas realidades, mas, diante da imagem apresentada, podemos dizer que os lábios são vistos tanto como objeto de desejo, de atração, de sedução e de sensualidade, como algo puro, delicado, nobre, sagrado.

Quanto ao "falar", é utilizada uma palavra em hebraico com vários significados, que traduzimos por "doce". Porém, esse termo pode expressar tanto a forma melodiosa, suave, agradável, delicada de falar, como a sensibilidade no discurso, o uso sensato das palavras, a sabedoria no expressar-se, o falar de forma louvável, honrosa e profunda. Podemos também comparar com o falar sedutor ou malicioso da mulher insensata (Pr 5,2-3) e o falar melodioso-sensato da mulher sábia.

Ao descrever a "face", o autor escolhe a "fenda da romã" por sua cor rosada. Por que romã? A romã é uma fruta típica de Israel (Nm 13,23; 20,5; Dt 8,8), considerada afrodisíaca e, portanto, símbolo do amor, da fertilidade.

A romãzeira também era chamada de árvore da vida, pelo fato de conter flores e folhas o ano inteiro, resistindo às vicissitudes de todas as estações. Outro elemento que se conecta com a descrição dos lábios é que a romã era utilizada nas vestes dos sacerdotes e, além disso, o rolo da Torah era chamado de romã, talvez pelo seu formato. Chama-se a atenção, pois constantemente há essa ligação entre símbolos relacionados ao sentido sensual, erótico e, também, ao mundo simbólico religioso, espiritual.

O "pescoço" da amada é comparado com a torre de Davi munida em defesa, ou seja, sempre em vigilância, e é também mencionado em Ct 1,10 (relacionado com os colares) e Ct 7,5, sendo nesta última citação comparado a uma torre de marfim.

Arqueologicamente, não existe uma torre chamada de Davi. Porém, ao considerar o amado do povo de Israel, Davi é uma personagem que evoca profunda admiração e que representa as promessas messiânicas.

A "torre" tem uma conotação militar, podendo ser um símbolo de vida ou de morte (se for do inimigo). Se relacionarmos com algumas versões de Eclo 26,22 (por exemplo: a versão siríaca), nota-se que há uma comparação entre a atração por uma mulher casada, e, portanto, a possibilidade de adultério, e a torre do inimigo, ou seja, a torre que conduz à morte. Mas ao referir-se a Davi, podemos deduzir que é uma torre que conduz à vida, pois não é do inimigo, mas de Davi, aquele que traria todos os bens messiânicos e entre eles a paz.

Essa relação com a vida também está presente ao relevarmos a função do "pescoço", pois ele é que comanda todo o corpo e é o lugar de passagem para a digestão, circulação e respiração, ou seja, possibilita uma pessoa manter-se viva.

Desse modo, ao comparar o "pescoço" da amada com a "Torre de Davi", munida de baluartes e extremamente bem defendida ("escudos") e pronta para o ataque ("aljavas de valentes"), o autor nos remete à altivez, elegância, formosura, graciosidade, sensualidade, audácia da amada, porém uma audácia vigiada. É uma mulher reservada, pudica, casta, que expressa liberdade (não há nenhum jugo sob seu pescoço, não é uma mulher subjugada) e dignidade. É uma mulher consciente da sua beleza, do seu ser mulher, porém não é uma "presa fácil" (Ct 6,7.10). É alguém que tem autodomínio, sabe comandar a si mesma. E, justamente por ser essa pessoa inacessível e sensual ao mesmo tempo, provoca o desejo no seu amado e o faz enlouquecer (Ct 4,9).

Ao relacionar o v. 4 com Ct 1,10, acentua-se o esplendor e a beleza da amada (cf. Ez 27,10-11). Assim, é uma mulher que sabe ser atraente e ao mesmo tempo inacessível, audaz e vulnerável, forte e delicada. Desse modo, o seu ser recatado, prudente, discreto acaba duplicando o seu encanto (Eclo 26,13-17).

O "pescoço" também é o lugar de refúgio, de alívio das tensões, do perdão (Gn 45,14; Tb 7,6), onde se situam a inteligência e a sabedoria (une a cabeça com o restante do corpo).

A terceira e última estrofe inicia-se com a descrição e a comparação dos "seios" da amada com "dois filhotes gêmeos de gazela que pastam sobre as flores de lótus". Esta será a última parte do corpo a ser descrita e também admirada. Assim, o autor termina com partes fundamentais no jogo amoroso: os lábios, o pescoço e os seios. Isso é significativo, pois os vv. 5-6 marcam a passagem da admiração e contemplação do corpo da amada para versículos que relatarão a intimidade do casal.

Os "seios" são símbolo do acolhimento, da atração, do fascínio, da fecundidade, da maternidade, da sensualidade feminina e maturidade sexual. Ao serem comparados com dois filhotes de gazela que pastam sobre um lugar florido, representam os dois seios perfeitamente iguais de uma jovem mulher. A gazela também é um dos animais símbolo da deusa do amor e representa a beleza, a graciosidade (cf. Pr 5,19), a elegância, a delicadeza e o amor. A flor de lótus, além de ser símbolo do amor e da beleza, era o símbolo de uma nova vida, ou de uma vida que vence a morte.

Muitos autores interpretam a raiz hebraica רעה (r^{c}h traduzido por "*pastar*") no sentido de "nutrir-se", a fim de acentuar o jogo erótico, a intimidade entre o casal. Porém, no campo poético, pode significar a beleza que a imagem produz, quando se veem duas gazelas iguais acolhidas por um campo florido, ou, provavelmente, reporta ao formato do seio arredondado (iguais aos animais gêmeos) e ao mamilo, que se assemelha ao despontar da flor de lótus. Nesse sentido, mostra a sensibilidade do poeta em conhecer bem as gazelas e associá-las com o seio da amada.

As gazelas, ainda, são animais mais vulneráveis e frágeis, nervosos e assustadiços e, portanto, ficam escondidas nos lugares altos para não serem presas dos seus predadores.

Todos estes elementos, talvez do conhecimento do poeta, enriquecem a comparação, pois expressam a sensibilidade, a fragilidade dessa parte do corpo feminino, o ter o coração agitado, ofegante, nervoso diante do amado. O autor menciona também o odor natural da amada, perceptível na intimidade amorosa, ao associar as gazelas com a flor de lótus. Por outro lado, ao relacioná-lo com as imagens do v. 6b, expressa o desejo de intimidade diante da atração do fascínio da amada ("mirra"). E mantém o aspecto reservado e sereno, pois, uma vez que as gazelas se encontram nos montes e nas colinas, elas estão protegidas e somente o seu amado sabe o seu esconderijo.

O v. 6a é um dos refrões presentes no Ct 2,17 e 8,14. Normalmente, expressa a mudança temporal que pode ser da manhã para a tarde, ou vice-versa.

A "mirra" e o "incenso", também presentes na travessia da amada pelo deserto (Ct 3,6), têm vários significados. A "mirra" tem um sentido erótico, tanto que a deusa egípcia do amor era chamada "a senhora das mirras" (cf. Pr 7,17; Sl 45,9). Era utilizada como um amuleto contra a morte e servia para embalsamar os cadáveres. Havia também um sentido sagrado dentro do culto (relacionado com a unção).

O "incenso" era um elemento fundamental na liturgia e era oferecido no sacrifício cotidiano e queimado nos momentos de oração.

Todos estes elementos e significados nos reportam em primeiro lugar ao canto da amada em Ct 1,13, no qual o amado é um sachê de mirra que permanece durante a noite entre os seus seios, imagem que expressa o desejo de que o momento de intimidade aconteça. Nota-se, ainda, a relação entre o vv. 6 e 8 e entre as palavras "mirra" e "incenso" com o monte Moriá. Portanto, a amada é também comparada à Terra prometida e é descrita com tudo o que pode haver de nobre na natureza e no culto.

Todo o contemplar do amado tem seu clímax na intimidade desse casal (Ct 4,8-16), que será expressão da presença, da morada de Deus.

Diante do contemplar da amada, somente resta uma conclusão, que é expressa na admiração no v. 7, a de que a amada é pura beleza e perfeição.

A descrição do amado (Ct 5,10-16)[164]

Faremos a análise desse cântico, por isso segue a tradução de Ct 5,10-16:

10 O meu dileto é branco e rosado (vermelho, ruivo)
e se distingue entre mil e mil (entre a multidão).
11 Sua cabeça é ouro, ouro fino,
seus cachos, cachos de tamareira,
pretos como corvo.
12 Seus olhos como pombas à beira de
águas correntes: banham-se de leite
(ou pousando numa fonte ornamental plena ou
ainda no bebedouro ornamental).
13 Seu rosto como um canteiro de bálsamo,
torres perfumadas.

---

164 Para análise, foram utilizados os livros de BARBIERO, G. *Cantico dei Cantici*: nuova versione, introduzione e commento. Milão: Paoline, 2004. pp. 242-257 e RAVASI, G. *Il Cantico dei cantici*: commento e attualizzazione. Bologna: Dehoniane, 1992. p. 85. (Testi e Commenti, 4.).

Seus lábios, flor de lótus
destilando (gotejando) mirra transbordante.
[14] Suas mãos são torneadas de ouro
engastado com pedras de Társis.
Seu ventre, uma placa de marfim
incrustada com safiras.
[15] Suas pernas, colunas de alabastro firmadas
em base de ouro puro.
Sua aparência, como o Líbano: imponente
como os cedros.
[16] Seu palato, doçura,
tudo é fascinante nele
(Tudo é delicioso/ desejoso, prazeroso nele).
Este é o meu dileto, este é o meu amigo, ó filhas de Jerusalém.

O gênero utilizado em Ct 5,10-16 é o *waṣf*, e percebe-se um forte paralelismo entre a descrição da amada e do dileto. Uma novidade literária nessa perícope é que não somente o corpo dela é contemplado, mas também o corpo dele é admirado.

Outros aspectos diversos no gênero *waṣf* empregados neste texto é o uso da terceira pessoa do singular, e não da segunda, e a finalidade, que não é a de estimular a união sexual, mas de descrever o dileto, a fim que as filhas de Jerusalém possam encontrá-lo. Nota-se a angústia da amada que desesperadamente o procura, porém a ausência do amado é amenizada pela recordação, pelo ato de fazer memória das características do mesmo.

O que caracteriza o poema como *waṣf* é justamente a palavra o "meu dileto" no início e a descrição. Com essa descrição, certamente as filhas de Jerusalém não encontrarão esse homem, pois é uma descrição poética proveniente de uma jovem enamorada.

Os vv. 10 e 16b formam uma inclusão com a palavra "dileto" e enquadram toda a descrição do amado.

Neste *waṣf* são descritas dez partes do corpo do dileto, que podem ser subdivididas em dois blocos: o primeiro agrupa os elementos presentes na cabeça (vv. 11-13) e o segundo reúne as partes restantes do corpo do amado (vv. 14-16a).

O v. 10 inicia referindo-se à cor do amado: "branco" e "rosado". A primeira palavra significa tanto branco como esplendor, e é possível estabelecer um paralelo entre o v. 10 e Lm 4,7, quando descreve os príncipes de Jerusalém. Desse modo, os elementos apresentados pela amada para descrever o amado são característicos da nobreza e desejam reforçar a sua jovialidade e vitalidade.

Alguns comentadores interpretam a segunda frase do v. 10, "se distingue entre mil e mil", como uma referência a sua estatura. Porém, para quem ama, o amado será sempre diferente dos demais, será o único, e numa multidão somente ele se distingue dos demais.

O termo "ouro" estabelece uma inclusão entre o vv. 11 e 15.

Nos vv. 11-13 a amada descreve a "cabeça" do dileto: os "cabelos", os "olhos", o "rosto" e os "lábios". Predominam elementos visuais nos vv. 11-12: a cor (ouro, negro e branco) e a forma, e no v. 13 sobressai a dimensão olfativa, o sentir o perfume do amado.

A amada considera o seu amado todo de ouro: a "cabeça" (v. 11), as "mãos", os "braços" (v. 14) e os "pés" (v. 15), e agrega a ele outros materiais e pedras preciosas. Dessa maneira, tem-se a sensação de estar diante das estátuas dos deuses

(Dn 10,5-6), sobretudo dos egípcios, ou de algum monumento de um personagem importante (cf. Dn 2). Essa descrição também retrata a grandiosidade, a beleza e o significado que tem esse homem para essa mulher apaixonada.

Essa imagem estática da estátua é amenizada nos vv. 11b-12, ao comparar os "cabelos" e os "olhos" a elementos da natureza: a flora e a fauna.

Os "cabelos" cacheados do dileto são cachos de tamareira. A amada utiliza uma metáfora para evidenciar a abundância, o aspecto volumoso. Isso significa vitalidade, beleza e também força. A cor preta dos cabelos como o "corvo" significa a jovialidade (Qo 11,10), a força vital. Semelhante aos cabelos da amada, os cabelos do dileto tem algo de selvagem ("corvo" é um animal impuro, relacionado com o mundo dos demônios – Is 34,1; Sf 2,14) e sublinha a dimensão dionisíaca do amor. É notória, diante da análise das imagens, a mistura entre o negro e o branco, o divino e o humano, o dionisíaco e o apolíneo, a vida e a morte, o selvagem violento e a tranquilidade. Aspectos esses ressaltados na passagem entre o v. 11b e a imagem do corvo e o v. 12a e a imagem da "pomba".

Tanto os "olhos" da amada (Ct 1,14; 4,1) como os do dileto são comparados à metáfora da pomba. Como foi salientado anteriormente, a "pomba" representa a deusa do amor. Assim, os olhos do dileto transmitem mensagens de amor, ao mesmo tempo que comunicam tranquilidade (presente na comparação com as pombas à beira de águas correntes, banhadas em leite e pousando numa fonte ornamental). Não somente os olhos, mas todo o amado, visto que no mundo judaico os olhos designavam todo o ser da pessoa.

Em hebraico, é perceptível um jogo de palavras com os termos "olhos" e água corrente. Pois, em hebraico, o termo olho (ʿáyīn - עַיִן) é um homônimo de fonte, manancial (olho d'água).

Essas imagens retratam a segurança e a serenidade que o dileto comunica à amada. Não são olhos que intimidam, mas que transmitem intimidade, acolhimento, aconchego. Por outro lado, os olhos são também instrumentos de unificação, é o que une este homem e esta mulher no amor, na serenidade. Dessa forma, diante dele, ela pode ser completamente vulnerável.

O "rosto", comparado a um "canteiro de bálsamo", pode representar a barba e, assim, isso pode ser interpretado como um sinal de vitalidade, o que pode reportar-nos ao perfume natural do amado ou referir-se a um perfume próprio para a barba (Sl 133,2), perceptível no momento do abraço ou do beijo. O "rosto", neste caso, é toda a pessoa, também é o que a identifica e a diferencia das demais, bem como o perfume.

A expressão "torre perfumada" pode designar um cone que era colocado na cabeça tanto do homem como da mulher e que continha gordura misturada com aromas, sobretudo a mirra, e que com o calor derretia e descia sobre a barba e as vestes, produzindo um perfume penetrante (Sl 133,2). A palavra hebraica, que significa "perfumada" ou "mistura de perfume", ocorre somente uma vez em toda a Bíblia Hebraica, porém a sua raiz está presente em Ex 30, para designar o óleo da unção e o perfume do santuário.

Do rosto e do perfume, que atrai, fascina e seduz, a amada recorda os lábios e os compara com a "flor de lótus". Esta metáfora nos remete à cor, à forma, ao significado da flor de lótus, por exprimir amor e vida nova. A flor de lótus é também comestível, algo desejável, que nesse sentido nos recorda o beijo. A mirra nos recorda a atração erótica, a vida, mas também a santidade. Portanto, na metáfora anterior e nessa, mantém a dimensão da sedução, que é própria do perfume, com aspectos do sagrado.

As metáforas nos vv. 14 e 15a são caracterizadas pelo visual e têm o mesmo campo lexical, ou seja, são materiais preciosos utilizados nas estátuas de divindade ou de pessoas importantes. As três frases presentes nesses versículos são poética e sintaticamente paralelas e estruturadas da seguinte forma: 1) cita um membro do corpo; 2) uma metáfora relacionada com um material precioso e 3) o complemento para o material escolhido, com outros materiais preciosos, conforme a tabela abaixo:

Suas mãos (ou braços),	*torneadas de ouro,*	**engastado com pedras de Társis.**
Seu ventre (ou víscera),	*uma placa de marfim*	**incrustada com safiras (cor azul).**
Suas pernas (ou coxas),	*colunas de alabastro,*	**firmadas em base de ouro puro.**

Iniciaremos com a primeira frase, que destaca as "mãos" ou pode também ser traduzida por "braços". A "mão", na tradição judaica, evoca o conhecimento, o poder, mas também serve para tocar e acariciar. É interessante relacioná-la com o ouro, já que a mão e o ouro são símbolos da realeza, instrumentos de supremacia, autoridade, energia, mas também de ternura.

No v. 14b, o "ventre", ou melhor, as "vísceras" é a sede das emoções, das decisões, e a sede da beleza. Reforça a consistência, a força, a virilidade.

As "pernas" e os "pés" são membros que sustentam o corpo, e por isso ter as pernas firmadas em algo sólido ("colunas de alabastro"), consistente, representa um sujeito autônomo e com autodomínio.

Pela sua capacidade de locomoção, as pernas e os pés são símbolos dos vínculos sociais, mas também da potência, da virilidade. Na cultura judaica exprimem a força da realização humana e toda a capacidade do homem em estabelecer relacionamentos sociais e sexuais.

A palavra "coxa", que provém da mesma raiz hebraica da palavra "pernas", representa força, sustentação, mas também erotismo e amadurecimento sexual. A "coxa", os "pés" e as "pernas" estão relacionados, no mundo hebraico, aos órgãos genitais. Portanto, representam a virilidade masculina, a sua fonte de energia criadora e de desejo e o seu amadurecimento sexual.

No Ct tanto as "pernas" e implicitamente as "coxas" são de "alabastro". O alabastro é um mármore semitransparente entre as cores amarela e branca. Já os pés são de "ouro puro". Esta descrição transmite toda a solidez e virilidade do amado.

No v. 15b temos uma ruptura que poeticamente dá flexibilidade à dureza representada pelas pedras preciosas, ao comparar a aparência do amado aos "cedros do Líbano". Os "cedros" são símbolos de imponência, elegância, mas também de consistência, firmeza, solidez. Todos esses elementos podem estar presentes tanto no caráter como nas caraterísticas físicas do amado.

O v. 16a nos reporta ao beijo ou ao contato com os lábios do amado, mais do que ao modo de falar melodioso. Porém, é uma frase ambígua, pois podemos considerar como "falar melodioso", e por isso a amada é fascinada por ele, ou relacionar com o "beijo" e traduzir a frase seguinte com a expressão "tudo é delicioso", "prazeroso nele".

A palavra מַחֲמַדִּים (maḥămaddîm) que traduzimos como "fascinante" (v. 16) pode ser também traduzida por: "agradável", "desejável", "delicioso", "o que há de mais precioso para uma pessoa", "aprazível", "encanto" ou "encantador". É interessante o uso desta palavra em Ez 24,16, quando se refere à esposa do profeta, com a expressão: "o encanto dos teus olhos".

Portanto, diante dos olhos da amada, o dileto é o que ela tem de mais precioso, mais importante e mais sagrado.

Capítulo 6

Prosas poéticas no Segundo Testamento

Além de encontrarmos poemas no Primeiro Testamento, existem inúmeras prosas poéticas no Segundo Testamento. Iremos então nos dedicar à análise de dois cânticos: o *Magnificat* (Lc 1,46b-55) e o Hino da Caridade (1Cor 13), que serviram de paradigmas para posteriores análises de poemas, poesias no Segundo Testamento.

Canto de Maria (Lc 1,46b-55)

Lc 1,46b-55, chamado "Canto de Maria" ou *Magnificat* (por causa das versões latinas), é um texto conhecido e já analisado por diferentes métodos e perspectivas, sobretudo o socioético. Porém, iremos revisitá-lo enfatizando o aspecto poético e a comparação com o mesmo texto, presente no Livro de Odes na Septuaginta (Odes 9,46-55).

No Evangelho segundo Lucas, o *Magnificat* antecede duas narrativas de anúncio de nascimento, a dirigida a Zacarias (nascimento de João Batista) e a proclamada à Maria (nascimento de Jesus).

O canto presente em Lc 1,46b-55 é inserido no relato da visita de Maria a sua prima Elisabete (o nome em grego é Ἐλισάβετ [Elisábet], comumente traduzido por "Isabel"), e é introduzido com a frase: "E disse Maria" (v. 46a).

Quanto ao gênero literário, Lc 1,46b-55 é classificado, pelos estudiosos, como um hino de agradecimento, não obstante a proposta de Gunkel[1] que o classifica como um hino escatológico. Lutero, ao comentar o *Magnificat*,[2] o considera um hino de agradecimento, porém o lê na perspectiva escatológica.

O texto presente na LXX, no livro de Odes 9,46-55, é antecedido por um título: "A oração de Maria, Mãe de Deus".[3] Alguns comentadores afirmam que o texto foi acrescentado na Septuaginta no século IV. O principal argumento para essa afirmação é por conter no título a referência a Maria como a "Mãe de Deus".

Outra datação possível da presença do canto na LXX seria o séc. I E.C.,[4] sendo o título acrescentado posteriormente. Existem também aqueles que argumentam que o autor do terceiro Evangelho utilizou-se de um hino preexistente e, por isso, preferem alegar a anterioridade do hino na LXX, em detrimento àqueles que o apoiam como uma composição lucana. Portanto, não há um consenso com relação à datação da ode na LXX.

Na LXX, o *Magnificat* é considerado "ode". A "ode" é de origem grega e consiste numa composição em versos destinada ao canto, executada por um indivíduo (monódico). No séc. I a.E.C., a ode passou a ser uma composição poética de caráter lírico, para ser lida individualmente. Essa informação nos faz compreender a frase de Lc 1,46a, quando afirma que Maria "disse".

---

1 MUÑOZ IGLESIAS, Salvador. *Los Evangelios de la infancia*: los cánticos del Evangelio de la Infancia según San Lucas. 2. ed. Madrid: BAC, 1990. p. 105.

2 LUTERO, Martinho. *O louvor de Maria*: o Magnificat. São Leopoldo: Sinodal, 1999. (Lutero para hoje.)

3 Em grego: προσευχὴ Μαριας τῆς θεοτόκου, Odes 9,46a.

4 DORIVAL, G. A conclusão da Septuaginta no judaísmo. Do acolhimento à rejeição. In: DORIVAL, G.; MARGUERITE, H.; OLIVIER M. *A Bíblia grega dos Setenta*: do judaísmo helenístico ao cristianismo antigo. São Paulo: Loyola, 2007. p. 83. (Coleção Bíblica Loyola, 52.)

Ao averiguar as características estruturais da "ode" e do "hino", percebe-se que são semelhantes quanto aos elementos formais, no entanto diferentes quanto ao conteúdo. Pois, enquanto a "ode" trata de temas da vida heroica, como: a exaltação dos vencedores da guerra, dos jogos olímpicos, e o ressaltar os povos e cidades cuja grandeza se reflete na glória dos seus heróis, o "hino" tem como objetivo louvar a grandeza dos deuses pelos seus feitos, portanto, adquire um cunho religioso. Porém, em algumas realidades, ode, hino, salmo e cânticos se confundem e fundem-se dificultando a sua definição. Portanto, não há grandes problemas na identificação do gênero literário, e é possível considerá-lo tanto como um hino de agradecimento, inserido numa narrativa no Evangelho segundo Lucas, recitado por Maria, quanto como ode/oração na LXX.

Na composição do *Magnificat* há várias alusões ao Primeiro Testamento, e é inegável a influência do cântico de Ana, a mãe de Samuel (1Sm 2,1-10). Constatam-se, ainda, traços característicos da teologia exodal e profética (Dêutero-Trito Isaías).

O canto de Maria também, nos reporta aos salmos do Primeiro Testamento e às composições presentes na literatura judaica da época pós-exílica (cf. o Livro de Judite, as *Hodayot* de *Qumran* e os cantos sinagogais), e há afinidade com a linguagem das orações judeo-cristãs.[5]

Crítica textual e a comparação entre Lc 1,46-55 e Odes 9,46-55

Não encontramos grandes problemas de crítica textual. Quanto às variantes,[6] há a mudança do sujeito no v. 46a, no

[5] Para aprofundar, confira: LOHFINK, Norbert. *Hinos dos pobres*: o Magnificat, o Hodayot e alguns salmos tardios. São Paulo: Loyola, 2001.

[6] Com relação à crítica textual, verifique a obra: MUÑOZ IGLESIAS, Salvador. *Los Evangelios de la infancia*: los canticos del Evangelio de la Infancia segun San Lucas. 2. ed. Madrid: BAC, 1990. pp. 61-103.

qual o nome Maria é substituído por Elisabete (Isabel) em algumas versões. Essa substituição é justificada, porque nos textos bíblicos a expressão "olhou para a humildade" ou "humilhação" é quase uma fórmula típica das mulheres estéreis e ocorre no contexto no qual a mãe agradece a Deus pela sua intervenção, concedendo-lhe um filho. Outra justificativa é a semelhança entre os vv. 48a e 49a com Lc 1,24, inserido na narração do anúncio do nascimento de João Batista. Porém, não será relevada, pois essa variante ocorre somente em três manuscritos latinos, que não são determinantes para o estudo do Evangelho segundo Lucas.

A presença do *Magnificat* na LXX é importante, pois, dessa maneira, podemos reavaliar as variantes ou conjecturas presentes no Evangelho segundo Lucas.[7] É interessante notar que as diferenças presentes na comparação dos dois textos podem ser justificadas como uma forma de harmonizar com os vocábulos; teologia ou estilo, tanto lucano como o da LXX.

Ao comparar o texto grego do Evangelho segundo Lucas e o do livro de Odes, percebem-se as diferenças que seguem abaixo, em negrito:

LXX	Evangelho segundo Lucas
[49] ὅτι ἐποίησέν μοι **μεγαλεῖα** ὁ δυνατός καὶ ἅγιον τὸ ὄνομα αὐτοῦ	[49] ὅτι ἐποίησέν μοι **μεγάλα** ὁ δυνατός. καὶ ἅγιον τὸ ὄνομα αὐτοῦ,
[50] καὶ τὸ ἔλεος αὐτοῦ **εἰς γενεὰν καὶ γενεὰν** τοῖς φοβουμένοις αὐτόν	[50] καὶ τὸ ἔλεος αὐτοῦ **εἰς γενεὰς καὶ γενεὰς** τοῖς φοβουμένοις αὐτόν.
[55] καθὼς ἐλάλησεν πρὸς τοὺς πατέρας ἡμῶν τῷ Αβρααμ καὶ τῷ σπέρματι αὐτοῦ **ἕως αἰῶνος**	[55] καθὼς ἐλάλησεν πρὸς τοὺς πατέρας ἡμῶν, τῷ Ἀβραὰμ καὶ τῷ σπέρματι αὐτοῦ **εἰς τὸν αἰῶνα**.

[7] Elencadas de forma minuciosa por: MUÑOZ IGLESIAS, op. cit., pp. 61-63.

Ao analisar as diferenças, constatam-se que as duas alterações presentes no v. 50 com a mudança do singular (LXX) para o plural (Lc), e no v. 55, com a troca de preposição (LXX: ἕως [*héos*] com genitivo, e Lc: εἰς [*eis*] com acusativo), não trazem grandes alterações no texto. Ao avaliá-las, separadamente, podemos dizer que a expressão do v. 50 no singular ocorre várias vezes[8] na LXX, e a expressão no plural em Lc ocorre duas vezes neste v. 50 e em Lc 1,48. Pois as outras ocorrências estão no singular, dado que dependem da frase e do contexto (pois o termo grego γενεά [*geneá*], muda de significado, conforme o contexto em que é empregado). Portanto, em Lc podemos considerar como influência do contexto imediato.

No que diz respeito à mudança de preposição na expressão "para sempre" no v. 55, nota-se que a expressão ἕως αἰῶνος (*héos aiônos*) tem inúmeras ocorrências na LXX[9] e também está presente em Lc. Se partirmos do princípio de que LXX é anterior a Lc, não há nenhuma substituição de termos, pois a expressão é comum na LXX. Se considerarmos Lucas posterior, pode ter ocorrido uma mudança, por influência do contexto próximo, que é Lc 1,33.

A mudança relevante é a do v. 49. A LXX usa o vocábulo μεγαλεῖος (*megaleîos*), que podemos traduzir por "ato poderoso", "grande potência" ou "grandeza", e Lc utiliza o adjetivo neutro plural μεγάλα (*megála*), que significa "grandes coisas".

---

[8] Na LXX essa expressão ocorre no Sl 32,11; 48,12; 78,13; 88,2.5; 101,13; 105,31; 118,90; 134,13; 145,10; Lm 5,19.

[9] Na LXX a expressão está presente no final do v. 55, com a preposição empregada, conforme Ex 12,24; 1Sm 1,22; 2,30; 13,13; 20,23. 42; 2Sm. 3,28; 7,16; 12,10; 22,51; 1Rs 2,33; Ne 13,1; Jt 13,19; 16,17; Sl 17,51; 48,20; Eclo 16,28; 24,9; 44,13; 45,13; Jr 7,7; 25,5; 30,28; 42,6; Ez 25,15.

Não há nenhuma ocorrência do termo μεγαλεῖος (*megaleîos*) no Evangelho segundo Lucas. Constata-se uma ocorrência somente em At 2,11, para referir-se a "atos poderosos" ou "prodígios divinos". A mesma coisa não acontece com o adjetivo μέγας (*mégas*) usado por Lc, pois ele ocorre inúmeras vezes na LXX e há, justamente, outra ocorrência no próprio livro de Odes (14,9).

Os dois adjetivos empregados, tanto em Lc como em Odes, têm o mesmo significado, ou seja, proclamar as grandes coisas realizadas por Deus. A única diferença é que na LXX o μεγαλεῖος (*megaleîos*) é um adjetivo mais técnico, tanto que ele é substantivado e traduzido por "prodígios", acentuando os grandes atos realizados por Deus, no decorrer da história do povo de Israel (cf. na LXX: Dt 11,2; Sl 70,19). Desse modo, a encarnação de Jesus seria o ápice de todas as intervenções divinas e acentuaria o caráter prodigioso que Deus realiza no ventre de Maria. Portanto, o uso desse termo na LXX poderia ter uma intenção teológica, realçando o papel de Maria no plano da salvação e, também, eliminando qualquer probabilidade de que o menino que irá nascer, seja provindo de um ato humano, seja do ato sexual entre Maria e José. Outra possibilidade de interpretação seria servir-se dessa constatação para provar a anterioridade do Cântico na LXX e ser um canto de vitória e não propriamente um Canto de Maria.

O adjetivo utilizado em Lucas é comum, tanto que, mormente, é acompanhado de um substantivo como "grandes sinais", "grandes milagres" (Mt 24,24; At 6,8), e não é restrito, nem específico, para tratar da ação ou intervenção de Deus na história. Tanto em Lucas como na LXX, é possível dizer que Deus fez em Maria grandes coisas, pois, por meio da encarnação de Jesus, realiza o ápice de todas as intervenções divinas, feitas na história do povo de Israel.

Conclui-se que, se tratando de crítica textual, não é claro se o texto foi elaborado pelo autor do Terceiro Evangelho, ou se era um Cântico já existente na LXX e que foi utilizado por Lucas. Porém, há maior probabilidade de ser um canto anterior ao Evangelho e que foi utilizado por Lucas, pelas afinidades com Dêutero-Isaías, por existirem semelhanças teológicas com alguns apócrifos do primeiro século a.E.C. e com texto de *Qumran* e pelas várias possibilidades de traduzir a expressão "olhou para a humildade de sua serva", pois pode ser traduzido por "olhou para a angústia de sua serva", sendo "serva" uma referência a Sião (Jerusalém).

Após essa comparação entre os textos da LXX e do Segundo Testamento, oferecemos uma tradução literal do texto de Lc 1,46b-55, a fim de facilitar a visualização do uso dos recursos literários.

Texto grego e tradução de Lc 1,46b-55

<table>
<tr><td>46 μεγαλύνει ἡ ψυχή μου τὸν κύριον
47 καὶ ἠγαλλίασεν τὸ πνεῦμά μου
ἐπὶ τῷ θεῷ τῷ σωτῆρί μου
48 ὅτι ἐπέβλεψεν ἐπὶ τὴν ταπείνωσιν
τῆς δούλης αὐτοῦ
ἰδοὺ γὰρ ἀπὸ τοῦ νῦν
μακαριοῦσίν με πᾶσαι αἱ γενεαί
49 ὅτι ἐποίησέν μοι μεγάλα ὁ δυνατός</td><td>46 Magnifica a minha alma ao Senhor,
47 E exultou[10] o meu espírito
em Deus meu Salvador,
48 Porque olhou para a humildade
da tua serva,
eis pois agora
me bem-aventurarão (declarar, considerar
bem-aventurada) todas as gerações.
49a Porque me fez grandes coisas o Poderoso</td></tr>
<tr><td>καὶ ἅγιον τὸ ὄνομα αὐτοῦ
50 καὶ τὸ ἔλεος αὐτοῦ εἰς γενεὰς καὶ γενεὰς
τοῖς φοβουμένοις αὐτόν</td><td>49b e santo é o seu nome
50 e a sua misericórdia em gerações e gerações
sobre os que o temem.</td></tr>
<tr><td>51 ἐποίησεν κράτος
ἐν βραχίονι αὐτοῦ
διεσκόρπισεν ὑπερηφάνους
διανοίᾳ καρδίας αὐτῶν</td><td>51 Agiu poderosamente (fazer de forma poderosa)
com o seu braço,
dispersou os orgulhosos
pelo pensamento do seu coração.</td></tr>
</table>

[10] O verbo passado será explicado posteriormente na análise, bem como as várias possibilidades de tradução.

[52] καθεῖλεν δυνάστας ἀπὸ θρόνων καὶ ὕψωσεν ταπεινούς	[52] Derrubou os poderosos dos tronos e exaltou/ elevou os servos
[53] πεινῶντας ἐνέπλησεν ἀγαθῶν καὶ πλουτοῦντας ἐξαπέστειλεν κενούς	[53] Os famintos, encheu de bens e os ricos, despediu-se sem nada.
[54] ἀντελάβετο Ισραηλ παιδὸς αὐτοῦ μνησθῆναι ἐλέους	[54] Veio em socorro de Israel, seu filho (servo), ao recordar da sua misericórdia.
[55] καθὼς ἐλάλησεν πρὸς τοὺς πατέρας ἡμῶν τῷ Αβρααμ καὶ τῷ σπέρματι αὐτοῦ εἰς τὸν αἰῶνας	[55] Como falou aos nossos pais a favor de Abraão e da sua descendência para sempre.

Quanto à estrutura do *Magnificat*, não há consenso entre os biblistas. Alguns consideram o texto como um todo, a fim de salientar a sua unidade, e outros o subdividem em duas unidades. A nossa proposta é dividi-lo em três partes, seguindo a segmentação de Meynet.[11] A primeira parte corresponde aos vv. 46b-49a, que contêm os verbos principais no presente e no futuro e os pronomes na primeira pessoa do singular. Os vv. 49b-50 constituem a parte central, com duas frases nominais, e a terceira parte, formada pelos vv. 51-55, usa os verbos no aoristo (passado).

A primeira parte é claramente dividida pela inclusão presente no primeiro verbo: "magnificar" (μεγαλύνω - *megalýno*/ μεγαλύνει - *megalýnei*) e "grandes coisas" (μεγάλα - *megalá*), provindos da mesma raiz.

[46] **μεγαλύνει** ἡ ψυχή μου τὸν κύριον	[46] **Magnifica** *a minha alma* ao Senhor
[47] καὶ ἠγαλλίασεν τὸ πνεῦμά μου ἐπὶ τῷ θεῷ τῷ σωτῆρί μου	[47] E exultou *o meu espírito* em Deus meu Salvador
[48] **ὅτι** ἐπέβλεψεν ἐπὶ τὴν ταπείνωσιν τῆς δούλης αὐτοῦ ἰδοὺ γὰρ ἀπὸ τοῦ νῦν μακαριοῦσίν με πᾶσαι αἱ γενεαί	[48a] **Porque** olhou para a humildade da tua serva, eis pois agora me bem-aventurarão todas as gerações
[49] **ὅτι** ἐποίησέν μοι **μεγαλεῖα** ὁ δυνατός	[49a] **Porque** me fez **grandes coisas** o Poderoso

[11] MEYNET, R. *Il Vangelo secondo Luca:* analisi retorica. Bologna: Dehoniane, 2003. pp. 60-61. (Retorica Biblica.)

O paralelismo sinonímico entre os vv. 46b e 47 pode ser visualizado da seguinte forma:

[46] **Magnifica** *a minha alma* ao Senhor
[47] E **exultou** *o meu espírito* em Deus meu Salvador.

Este recurso estilístico tem a finalidade de reforçar o convite ao louvor a Deus, motivado pela sua ação em favor de Maria (v. 48a).

O "ser bem-aventurada por todas as gerações" (v. 48b) tem como motivo, novamente, a ação divina (v. 49a), criando uma unidade entre os vv. 46b-49a.

Há um paralelismo antitético mais complexo entre os v. 48a e o v. 49a:

[48a] **Porque** *olhou para a humildade* **da tua serva,**
[49a] **Porque** *me fez grande* **o Poderoso**

Este procedimento cria um contraste entre a "humildade da tua serva" e o "ser feita grande" e os termos "serva" e "Poderoso".

A terceira parte é perpassada por recursos literários. Encontram-se três paralelismos sintéticos nos vv. 51ab, 52ab, 53ab e dois paralelismos antitéticos nos vv. 52 e 53. Há uma concatenação entre positivo e negativo, entre os vv. 51-53. Nos vv. 52-53, o contraste é marcado por mudanças sintáticas (v. 53), pela assonância entre os termos gregos "trono" (θρόνων - *thrónon*) e "bom" (ἀγαθῶν - *agathôn*) e "servo" (ταπεινούς - *tapeinoýs*) e "vazio" (κενούς - *kenoýs*), e é reforçado pela presença de um quiasmo:

[52] Derrubou os poderosos do seu trono
e exaltou/ elevou os servos

[53] **Os famintos, encheu de bens**
e os ricos, despediu-se sem nada

As afirmações presentes nos vv. 51-53 são aplicadas a Israel nos vv. 54-55. Interessante notar a força literária entre o ritmo produzido pelos contrastes dos vv. 51-53 e a ruptura presente no v. 54b.

Há uma unidade no poema pela repetição de termos. Nos vv. 49a e 51a repetem-se o verbo "fazer", a palavra "misericórdia" nos vv. 50 e 54, os vocábulos com a mesma raiz nos vv. 49a e 52b ("poderoso" e "poderosos"), e a semântica semelhante nos vv. 48a e 54a ("serva" e "servo/filho") e vv. 48a e 52b ("a humildade" e "os humildes/servo").

Outro elemento que estabelece uma unidade poética no *Magnificat* são os nomes divinos: "Senhor" (46b), "Deus", o "Salvador" (47a), o "Poderoso" (49a), e os seus atributos (o santo nome e a sua misericórdia – vv. 49b; 50 e 54b). Todas as ações da terceira parte estão relacionadas com os nomes divinos, presentes na primeira e na segunda seções.

Podemos salientar ainda as alusões presentes nos termos: "todas as gerações" (v. 48b) e "de gerações em gerações sobre os que o temem" (v. 50), "Israel" (v. 54a) e "Abraão e a sua descendência" (v. 55).

O *Magnificat* canta a grande intervenção salvífica que Deus realizou na história de Israel até o envio do seu Filho. Existem elementos próprios da teologia lucana, como os títulos dados a Deus, a salvação, a alegria e o cumprimento das promessas por meio de Jesus Cristo.

Comentário do Magnificat

A introdução presente no v. 46b nos reporta ao texto de 1Sm 2,1 (cf. Sl 69,31 e 95,1), o cântico de Ana, mãe de Samuel.

O verbo "magnificar" ou "proclamar a grandeza" indica a dinâmica do louvor que reúne todas as maravilhas que o Senhor realizou em Maria, a sua potência, a sua misericórdia que abarca toda a história, todo o tempo (sempre) e toda a humanidade (de geração em geração).

Ao unir-se com o v. 47a, percebe-se um merisma raro, que é unir a "alma" e o "espírito", para expressar um louvor que nasce das entranhas, da profundidade da sua experiência, e que envolve todo o ser de Maria.

Ao analisar a primeira frase, separadamente, percebemos que é da alma, ou seja, do seu sopro de vida que provém de Deus, do profundo da sua interioridade que se magnifica diante da grandeza do Senhor. O proclamar a grandeza de Deus e dos seus feitos é uma fórmula típica dos salmos de ação de graças (cf. Sl 34,4; 103,1; 104,1.35).

A palavra "Senhor" (v. 46b), referindo-se a Deus, está presente em Lc nos primeiros capítulos, tanto no anúncio do nascimento de João Batista a Zacarias como na anunciação a Maria. Uma citação importante é justamente o cumprimento das promessas que o Senhor fez a Maria, proclamado por Elisabete (Isabel) no v. 45. Este título divino ocorre desde a criação e percorre todas as fases da história relatadas no Primeiro Testamento na LXX, sendo um substituto do tetragrama hebraico ("JHWH").

Ao analisar os vv. 46b e 47a, o primeiro elemento que nos chama a atenção é a mudança do tempo verbal de "presente" (v. 46b) para "passado" (v. 47a). Alguns autores consideram uma influência hebraica[12] ou leem como um aoristo

---

[12] BLASS, Friedrich.; DEBRUNNER, Albert. *Grammatica del Greco del Nuovo Testamento*. Brescia: Paideia, 1997, § 333.2. (Introduzione allo Studio della Bibbia. Supplementi 2.)

ingressivo (incoativo). Portanto, poderíamos traduzir com o presente ou com a expressão: "começou a exultar". Porém, manter-se-á o passado ("exultou"), considerando o momento que Deus "olhou a humildade da serva" como sendo o da Anunciação. Essa interpretação é corroborada pelo v. 47a com o termo "exultar", que nos remete à alegria presente na saudação em Lc 1,28 e que agora, no reconhecimento de Elisabete (Isabel), invade toda a profundidade do ser de Maria.

Ocorrem dois títulos divinos no v. 47, empregados em Lc, tanto para referir-se ao Pai como para falar sobre Jesus: "Deus" (Lc 8,39; 9,43 – refere-se a Jesus) e "Salvador".

O título "Salvador" no Primeiro Testamento está relacionado com as ações realizadas por Deus na história, sobretudo quando salva o seu povo (Is 45,15.21) e na Criação. Porém, no período pós-exílico, esse conteúdo recebe uma perspectiva escatológica e apocalíptica. É interessante notar que ele geralmente está ligado a uma situação duradoura (Is 45,17; 51,6.8; 60,18) ou um fato, ou circunstância universal (Is 49,6; 62,1).

Na obra lucana, refere-se às promessas salvíficas e, sobretudo, ao ato no qual Deus escolhe, dentro da sua descendência, um Salvador para Israel (At 13,23). Em Lc 2,11, o termo é utilizado para Jesus.

Pode-se notar que os primeiros versículos do Cântico de Maria é uma epifania poética de todo o mistério da salvação. Maria exulta por toda a atuação de Deus na história, mas, ao mesmo tempo, nos aponta para a continuidade dessa ação, por meio de Jesus, que assume os mesmos títulos referentes a Deus-Pai.

No v. 48, Maria apresenta o motivo ("porque") da sua alegria e do seu louvor a Deus: o olhar para a humildade de Maria. A expressão "olhou para a humildade de sua serva", num primeiro momento, nos reporta à Anunciação, na qual Maria se denomina como a "serva do Senhor" (Lc 1,38). Desse modo, ela louva a Deus por perceber a realização de tudo aquilo que o anjo proclamou, quando a escolheu para ser a Mãe de Jesus.

Porém, o sintagma "ver a humildade" ou a "humilhação" é polivalente de significado e depende do contexto no qual ele é utilizado. No Primeiro Testamento, expressa a benevolência de Deus, que, ao ouvir a súplica da mãe, ou do casal estéril, concede-lhe um filho (Gn 29,32; 30,13; 1Sm 1,11; Lc 1,24). Por ser frequente o uso da frase e a intervenção divina na esterilidade de personagens importantes, essas narrativas tornaram-se um gênero literário chamado "nascimento de herói ou personagens importantes". Pois, praticamente todos os filhos que nascem de casais ou mulheres anteriormente estéreis ou anciãs são predestinados a ser instrumento do plano divino, tendo uma missão específica na história da Salvação, como, por exemplo: Isaac, Jacó, Sansão, Samuel, João Batista.

Desse modo, a esterilidade não se restringe ao aspecto meramente fisiológico, mas há um forte sentido teológico. A ação de Deus na esterilidade indica: 1) que a pessoa "estéril" é aquela que está totalmente desprovida e, portanto, totalmente disponível ao dom de Deus; 2) que é Deus que conduz a história, e 3) reforça a intervenção extraordinária do poder de Deus no útero feminino.[13]

No contexto do *Magnificat*, Maria não era uma mulher estéril, mas uma virgem. Esse aspecto, dentro do gênero literário de "nascimento de pessoas importantes", indica que o filho de Maria, Jesus, tem uma missão que sobressai àquela

---

[13] Para aprofundar: CHWARTS, S. *Uma visão da esterilidade na Bíblia Hebraica.* São Paulo: Associação Editorial Humanitas, 2004. (Coleção Judaica.)

dos patriarcas, juízes e profetas. Pois, com ele, vislumbramos a plenitude do tempo, a ação definitiva de Deus na história, e vemos que Maria é a mulher totalmente disponível à sua ação.

Outros contextos em que ocorre a expressão "olhar a humilhação" é o exodal, no qual Deus vê a condição de escravo do seu povo, no Egito, sua condição de humilhação (Ex 3,7;4,31; Dt 26,7; Ne 19,9). Mas também nos remete à situação de aflição dos pobres do Senhor (Sl 9,14; 25,18; 31,8) e à eminente destruição total do povo de Israel (1Sm 9,16; 2Rs 14,26). Por conseguinte, o verbo "olhar" ultrapassa o simples ver, significando "inclinar-se", "vir em auxílio" daquele ou daquela que necessita.

Diante das ocorrências num contexto exodal ou de destruição do povo, obtemos outras interpretações, e assim podemos considerar Maria como a representante do seu povo, que é resgatado por Deus ao enviar o Messias, manifestando a sua potência e misericórdia. Essa interpretação é corroborada ao relacioná-la com o hino de Zacarias, em Lc 1,68-75, e com o termo "Salvador" no v. 47.

Ao considerar as citações do Salmo, Maria se insere na fileira dos chamados pobres do Senhor, que são pessoas que vivem em condições de fraqueza, pequenez, desvalidas, e que colocam toda a sua confiança em Deus. Portanto, manifesta a consciência de Maria da sua pequenez e proclama a absoluta gratuidade divina, presente na sua vida e na história.

Dentro do contexto do próprio *Magnificat*, podemos dizer que tudo o que Maria proclama nos vv. 51-55 cumpre-se em seu próprio ser (cf. Tg 1,10).

O v. 48b nos remete a realidades diferentes, até mesmo para confirmar os vários significados presentes no v. 48a. No Evangelho segundo Lucas, a expressão "bem-aventurada" se dá por causa da maternidade divina (Lc 1,42; 11,27; cf. Gn

30,13). Mas dá-se também no acreditar em sua Palavra (Lc 1,45) e no colocá-la em prática (Lc 11,28). Outro significado está relacionado com a palavra "humilde" e as bem-aventuranças em Lc 6,20-23. Dessa forma, podemos dizer que Maria é aquela que experimenta e participa dos tempos messiânicos (cf. Sl 72,17 e Ml 3,12).

Nesse sentido, a expressão "desde agora" unida com "todas as gerações" pode adquirir um sentido temporal: 1) cronológico (preparação para a vida do Messias), 2) messiânico (a encarnação de Jesus) e 3) escatológico. Portanto, abrange todos os tempos, toda a história. Ela também nos remete ao sentido cristológico-soteriológico, quando consideramos a encarnação como o início da salvação inaugurada por Jesus (Lc 4,18-21; 5,10; 12,52).

O segundo "porque" do v. 49 é ambíguo, pois pode ser o segundo motivo da exultação de Maria ou o único motivo para ser bem-aventurada por todas as gerações.

A expressão "fez-me grandes coisas" está relacionada com a encarnação de Jesus no ventre de Maria e expressa a grandeza de Deus que veio visitar o seu povo, olhando sua opressão, sua miséria e o cumprimento da promessa da vinda do Messias, o Salvador. Essa frase une a segunda e a terceira parte do canto.

A expressão "fez grandes coisas" ou "prodígios", presente na LXX, aparece muitas vezes no Primeiro Testamento referindo-se à Criação, à experiência exodal (Dt 10,21; 11,7; Sl 106,21) e, particularmente, à ação de Deus na história de Israel (Sl 105,5). Adquire uma dimensão messiânica pela relação intrínseca com Sf 3,17 e Dt 10,17.

Portanto, as frases, desta primeira parte, unem a experiência da maternidade divina, a dimensão messiânica, abraça toda a história da Salvação e abre-se a uma dimensão universal. É o ponto de partida da redenção que Deus inicia com a encarnação.

Todos esses elementos desembocam nas duas frases centrais que têm como sujeito: "o nome" e a "misericórdia de Deus".

O termo "nome" no Primeiro Testamento é uma substituição tardia[14] do tetragrama. Segundo Kraus, essa palavra indica a presença de Deus que se volta ao ser humano.[15] O termo nos remete à experiência da revelação de Deus a Moisés (Ex 3,13-15; 15,3; 20,7) e está relacionado com a perspectiva da benevolência e da potência divina, na libertação de Israel.

Por sua vez, o vocábulo "santo" é um título, um estado, um atributo, e refere-se à ação divina a favor do povo. Este título comporta três atitudes: o agir de forma prodigiosa e com potência, contra os inimigos, a fidelidade à Aliança, a misericórdia diante da infidelidade do povo (Is 41,8-20; Sl 99) e o agir a favor dos desprovidos, anunciando a justiça e o direito (Lv 19).

Dessa maneira, a frase no v. 49b nos indica a experiência da santidade de Deus no Sinai, a experiência exodal, o aspecto ético aprofundado pelos profetas (Am 2,7; Os 11,9; Is 6,3), e ganha uma dimensão universal, como manifestação e reconhecimento da grandeza e da santidade de Deus por todas as nações (Ez 39,7; Sl 102,22; 105,1; 145,21). Assim, proclamar que o nome de Deus é santo é reconhecer o senhorio de Deus, pois ele é o único Senhor de todo o Universo, de todo o mundo criado.

A palavra grega ἔλεος (*éleos*), traduzida por "misericórdia", pode ter também o sentido de "bondade", "piedade",

---

14 ALONSO SCHÖKEL; CARNITI, C. *I Salmi*. Commenti biblici. Roma: Borla, 1992-1993. v.2. p. 334.

15 KRAUS, H-J. *Psalms 60-150*, cit., pp. 252-253.

"fidelidade", sendo rica em significados. É uma palavra que perpassa toda a história da Salvação, como os outros termos presentes na primeira parte do *Magnificat*. No Segundo Testamento a misericórdia divina é a obra escatológico-histórica-salvífica que se realiza em Cristo (Rm 9,23).

Como parte central, os dois sintagmas dos vv. 49b e 50 servem de dobradiça, unindo a primeira parte, que acentua a grandeza, a ação prodigiosa de Deus em Maria e na história, e a segunda parte, que manifesta a potência de Deus no seu agir contra os soberbos, os potentes, os ricos, no elevar os humildes e socorrer Israel.

Com relação aos tempos verbais dos vv. 51-53, há um longo debate entre os estudiosos. Desse modo, podemos traduzir os verbos, que estão no *aoristo* em grego, usando o presente do indicativo, o passado, o particípio ou imperfeito, tendo em vista uma ação habitual (aoristo gnômico), realizada no passado e que continua por meio da encarnação e, depois, nas comunidades cristãs. Ou manter o passado e interpretar essa terceira parte como uma visão panorâmica de toda ação que Deus realizou para com o seu povo e que é confirmada no decorrer de toda a história da Salvação. Dessa forma, a sua continuidade estaria em remetê-la à primeira parte do cântico. Optamos pelo passado, porém, é necessário considerar as outras possibilidades.

Nos vv. 51-53 temos três categorias que são vistas de forma negativa: os "soberbos" ou "orgulhosos", os "poderosos" e os "ricos". O "soberbo" ou "orgulhoso" tem um sentido religioso, como uma ruptura no relacionamento com Deus. O "poderoso", neste contexto, é um termo do campo político, porém seria um comportamento inadequado com relação ao outro, e os "ricos", embora seja um termo do campo social, mostra uma relação imprópria com os bens.

As três categorias positivas são: o "agir poderosamente de Deus", o "servo" ("humilde") e o "faminto", que criam um contraste com os termos mencionados anteriormente, porém correspondentes quanto ao campo que pertencem, ou seja, o reconhecer o agir poderoso de Deus contrasta com os orgulhosos, o servo com o poderoso e o faminto com o rico.

Os termos do v. 51a e as imagens que perpassam os vv. 51-55 nos reportam à experiência exodal (Ex 6,6; 15,16; Sl 89,11.14.22), sendo fortemente influenciados pelo canto de Ana (1Sm 2,4-10).

A expressão "agiu poderosamente com o seu braço" nos remete à ação prodigiosa de Deus, que libertou o povo da escravidão do Egito e que age com força e poder, defendendo o povo eleito dos seus inimigos (Sl 89,11; Dt 5,15; Sl 10,12).

"Orgulhosas" são aquelas pessoas que têm a pretensão de superioridade sobre as demais, que não têm uma justa relação com Deus: não reconhecem seus pecados, não aceitam a sua soberania e não se abandonam totalmente à graça divina.

A expressão "pelos pensamentos do seu coração" mostra que a arrogância está enraizada na sede dos pensamentos, da compreensão, do discernimento, das relações emocionais, das aspirações, do comportamento com o outro e com Deus. Pois o "coração" é o centro da vida intelectual, volitiva e emocional do ser humano, é o centro unificador de todas as suas relações e é o que há de mais profundo no ser humano. Assim, é o não reconhecer no mais profundo do ser o senhorio de Deus.

O verbo "dispersar" ou "dissipar" (διασκορπίζω – diaskorpízo̲) pode ser visto no sentido de "espalhar", com a finalidade de arruinar completamente. Na LXX, este verbo grego, utilizado tendo como sujeito um ser divino, é empregado em diferentes contextos de oração, no qual o orante suplica a

Deus para que venha a seu favor, contra os seus inimigos (Nm 10,34; Sl 52,6; 58,12). Aparece também nos oráculos contra o povo eleito, como consequência da sua infidelidade à Aliança. Neste último contexto, refere-se a ser saqueado ou espalhado no exílio, tanto assírio como babilônico. Constata-se, ainda, o sentido de vagar sem rumo ou de ficar sem a proteção de Deus (cf. Jr 9,16; 27,37; Ez 5,2.10; 12,15; 20,23.34; 22,15; Zc 2,2.4).

Uma citação interessante como chave de leitura do v. 51 é o Sl 106,16-27 (Sl 105,16-27 – LXX), pois é um salmo litúrgico, no qual o povo faz uma longa confissão pelos erros do passado, sobretudo, pela rejeição de Deus no deserto e pela infidelidade à Aliança, a qual trouxe a destruição total e o exílio. Porém, a sua maior contribuição é na compreensão da palavra "orgulhoso", definido como aquele que rejeita Deus, aderindo a outros deuses (a idolatria), não obedecendo à sua vontade (Sl 106,24-25). Portanto, sendo infiel à Aliança e, consequentemente, não agindo conforme a justiça e o direito, aspectos presentes nos vv. 52-53 da *Magnificat*, com os termos "poderosos" e "ricos".

Os vv. 52-53 formam uma unidade temática e literária, como vimos por meio dos paralelismos, quiasmo e pela inversão das posições das frases, que ora acentuam os aspectos positivos, ora os negativos. Os contrastes presentes nestes versículos ocorrem com frequência nos textos bíblicos (cf. Sl 18,28; 113,7-8; 138,6; 147,6). Um texto muito semelhante a esses dois versículos é o de Ez 21,31 e Eclo 10,14.

A realidade expressa nos vv. 52-53 também reaparece em Lc 6,20-26 e 16,19-26, mas num contexto escatológico. Porém, não podemos entendê-la como uma realidade a ser realizada no futuro, mas como um evento habitual, presente na ação salvífica de Deus, relatada no Primeiro Testamento e que se cumpre na vida, paixão, morte e ressurreição de Jesus, ou seja, na encarnação. E, continua na vida das comunidades, que, ao aderirem a Jesus Cristo, tornam-se uma comunidade messiânica (At 2,42.44-45).

A expressão "poderosos dos tronos" (δυνάστας ἀπὸ θρόνων - *dynástas apò thrónon*) tem um caráter político, refere-se a alguém que tem uma autoridade política, mas também econômica. Essa interpretação é legitimada na união com o termo "tronos". Porém, no Evangelho segundo Lucas, os "poderosos" são definidos como aqueles que não reconhecem o outro como irmão, como filho de Deus, o oprimindo e o subjugando (cf. Lc 22,25-26).

A palavra grega traduzida por "humilde" (ταπεινός – *tapeinós*) pode ser considerada em Lucas como aqueles que reconhecem seu pecado e abandonam-se completamente à graça de Deus. Também poderá ser traduzida por "frágil", "pobre", "miserável" e "servo", ou seja, é a pessoa completamente destituída de poder, ou, em Lucas, a pessoa que está totalmente a serviço do outro. Assim, não traduzimos com o usual "humilde", mas com o termo "servo", ao considerar o contraste com o termo no v. 52a.

O verbo no particípio πεινῶντας (*peinôntas*) significa aqueles que sentem fome, ou seja, são as pessoas dolorosamente privadas de quanto, externa e internamente, é necessário para uma vida digna, uma vida segundo a vontade de Deus. Já o verbo no particípio πλουτοῦντας (*ploytoŷntas*), que contrapõe com o substantivo "famintos", significa todos aqueles que têm à disposição a abundância dos bens terrenos (cf. 12,16-21), mas também aquele que não tem no seu coração lugar para Deus e, portanto, que não está disposto a seguir Jesus (Lc 16,13).

Nos vv. 54-55, percebe-se uma ruptura entre os vv. 53-54a e 54b, enfatizando este último. Estes versículos falam sobre a relação existente entre Deus e Israel, que é uma relação de Aliança.

A primeira frase do v. 54 recorda os textos do Dêutero--Isaías, que menciona o servo, escolhido, amado e sustentado pelo Senhor, e fala do cumprimento das promessas feitas a Abraão (Is 41,8-10, cf. Is 42,1; 52,1).

O verbo "recordar-se" em hebraico e também na LXX não representa uma atitude passiva, mas quer dizer que, quando Deus se recorda da sua fidelidade, surge uma nova realidade, e o ser humano recebe uma ajuda eficaz para a sua necessidade. Aqui, há a ligação entre a obra salvífica de Deus e o recordar eficaz. Nesse sentido esse versículo é complementado com Lc 1,72, que é a explicação teológica do evento messiânico.

Ao conectar os vv. 54 e 55, percebemos uma fusão entre a misericórdia e a promessa dada aos pais, a Abraão e a sua descendência. Isto é, há uma retomada de todas as promessas feitas aos patriarcas: a Abraão (Gn 12,2-3; 18,18) e a sua descendência (Gn 22,18), a Isaac e a sua descendência (Gn 26,4) e à descendência de Jacó (Gn 28,14). Desse modo, recorda-se uma história marcada pela fidelidade de Deus e, ao mesmo tempo, cria-se uma nova realidade: o evento messiânico, que começa com a vida, morte e ressurreição de Jesus. Com isso, Lucas, ao citar Abraão (e não Moisés), dá ao evento messiânico um cunho universal, aspecto caro à teologia lucana.

O *Magnificat* conclui-se com um louvor pela fidelidade de Deus, que cumpre as suas promessas. Neste final, há uma relação entre o exultar de Maria presente no início e o recordar de Abraão. Pois, do mesmo modo que, por meio da fé, Abraão torna-se o pai de todos e servo de Deus (Rm 4,20-22), também Maria, ao crer na promessa do Anjo, torna-se a fiel filha de Abraão, serva de Deus e a mãe de todos nós, no seguimento de Jesus, o Cristo. Por conseguinte, da mesma forma que com Abraão inicia-se a Antiga Aliança, a história de eleição entre Deus e o povo de Israel, com Maria, ou melhor com seu filho Jesus, inicia-se a nova e definitiva Aliança entre Deus e todas as nações.

A vereda do amor (1Cor 12,31b–13,13)

Outro poema que trata de amor é 1Cor 13.[16] Este é também um dos poemas que nos fascinam, atraem, movem por dentro, pois aí são retratados nossas aspirações, nosso desejo de viver um amor autêntico, genuíno, profundo.

O chamado "hino da caridade" está inserido na definição da comunidade como corpo de Cristo e sobre a diversidade, correlação, interdependência, finalidade dos carismas, postos a serviço, para o bem comum e a edificação da comunidade.

Paulo introduz o poema sobre o "amor" apresentando-o como um "caminho" (ὁδός - *hodós*) que ultrapassa os demais (cf. 1Cor 12,31b), um caminho excelente. Um caminho que todos e todas somos chamados a percorrer, a trilhar. Mas é também a meta que nos motiva a caminhar.

No Primeiro Testamento, o termo "caminho" é empregado no sentido literal, metafórico e teológico e ocorre em diferentes contextos. O "caminho" pode significar a manifestação de poder, de domínio (Sl 110,7; Os 10,13; Jr 3,13; Pr 8,22), simboliza toda a vida humana ou parte dela, muitas vezes para confirmar que todo ser humano está nas mãos de Deus (Is 40,27; Jó 3,23; Sl 37,5; Jr 10,23; Pr 20,24). Refere-se também ao comportamento ético ou à maneira de viver (Ex 18,20; Jr 4,18; Jó 21,31; Gn 6,12; Sl 1). Nesse sentido, é utilizado como sinônimo de mandamento ou relacionado com a vontade de Deus (Jr 7,23; Sl 119,15; Sl 67,2; Ez 18,25) e, no decorrer da história, o termo adquire uma conotação escatológica (Pr 15,24).

No Primeiro Testamento, verifica-se que os caminhos aprovados por Deus são: da verdade (Sl 119,30; Tb 1,3), da sabedoria (Jó 28,13.23), o reto e perfeito (Sl 10l, 2.6), o caminho

[16] Para maior aprofundamento sobre o tema: VANNI, U. *L'ebbrezza nello Spirito. Una proposta di spiritualità paolina*. Roma, 2001. pp. 139-152.

que consiste em praticar a justiça (Pr 12,28), que promove a paz (Is 59,8), e o caminho da vida (Pr 6,23; 10,17).

Constatamos, ainda, no quarto Evangelho, que o próprio Cristo Jesus é o Caminho (Jo 14,6).

Nas cartas paulinas, o "caminho" designa uma conduta de vida, uma forma de viver cristãmente (Rm 3,16), e é o plano de salvação traçado por Deus (Rm 11,33). Porém, ao percorrer o texto de 1Cor 13, percebe-se que os vários significados da palavra "caminho" no Primeiro Testamento estão presentes, e que esse texto não é um mero hino, mas o guia de uma verdadeira vida marcada pela opção por Jesus Cristo, um modo de viver cristãmente.

Apresentaremos uma tradução literal e seguiremos com a análise.

Tradução de 1Cor 12,31b–13,13

1Cor 12,31b: Aliás, mostro-vos um excelente caminho.
1Cor 13:

1 Ainda que fale as línguas dos seres humanos e as dos anjos,
se não tiver amor,[17] sou um bronze que soa[18] ou um címbalo retumbante.

2 Ainda que tenha a profecia e conheça todos os mistérios e todo o conhecimento,
ainda que tenha toda a fé capaz[19] de remover montanhas,
mas se não tiver amor, nada sou.

3 Ainda que reparta todos os meus bens[20] e
entregue o meu corpo para que seja glorificado,[21]

---

17 O termo grego para amor é ἀγάπη – agápe̱.

18 Também pode ser traduzido por "que faz rumores" ou "barulhento".

19 Podemos traduzir com a expressão: "de tal maneira que".

20 Outra possibilidade de tradução é: "E mesmo que devolva todos os meus bens para nutrir os pobres".

21 Existe outra leitura que identifica o verbo καίω, e podemos traduzir por *para ser queimado* (= *arder; queimar-se, consumir-se* [no fogo]). Mas prefere-se relacioná-lo com

se não tiver amor, não tenho nenhum proveito.[22]

4 O amor é tolerante,
é benévolo o amor.
Não é invejoso,
não se ostenta,
não se incha de orgulho.

5 Não se comporta de forma inconveniente,
não busca o seu próprio interesse,
não se irrita,
não leva em conta o mal.

6 Não se alegra com a injustiça,
mas se regozija com a verdade.

7 Tudo suporta,
tudo crê,
tudo espera,
tudo tolera.

8 O amor jamais acabará.[23]
Mas, as profecias, serão abolidas;
as línguas, cessarão;
o conhecimento será eliminado.[24]

9 Porque, em parte,[25] conhecemos, e,
em parte, profetizamos.

10 Mas, quando vier a plenitude,
o em parte será eliminado.

---

o verbo καυχάομαι, que significa *gloriar-me* (*orgulhar-se, sentir-se orgulhoso*), porque os testemunhos externos que o sustentam são mais relevantes do que aqueles que apoiam a primeira leitura e por considerarmos como *lectio difficilior*, ou seja, a leitura mais difícil, pois dificulta qualquer possibilidade de influência de outros fatores que tendiam a facilitar a compreeensão acrescentando um termo mais fácil.

22 Outra tradução seria: "se não tiver amor, não sou beneficiado" ou " de nada me serve".

23 O último termo pode ser traduzido por "cair, cair em ruína, ter insucesso, falir".

24 Este termo pode ser traduzido por "será ineficiente", "abolida" ou, ainda, "desaparecerá".

25 Pode ser traduzido no sentido de "incompleto" ou " imperfeito".

[11] Quando era criança,
falava como criança,
pensava como criança,
raciocinava como criança,
mas, quando me tornei homem,
aboli as coisas de criança.

[12] Vemos, pois, agora, por meio de um espelho,
de forma enigmática,
mas, depois, face a face.
Agora, conheço em parte,
mas depois, conhecerei
como também fui conhecido.

[13] Agora, pois, permanecem fé, esperança, amor, estas três coisas;
mas, a maior destas é o amor.

Estrutura de 1Cor 13

O capítulo 13 da Primeira Carta aos Coríntios pode ser dividido em três partes:

1) vv. 1-3: sublinha a superioridade do amor em comparação com os diversos carismas;

2) vv. 4-7: descreve as principais características do amor;

3) vv. 8-13: trata da perenidade do amor.

Constata-se nessas partes uma forma concêntrica. Desse modo, os vv. 1-3 falam da superioridade do amor (A), e os vv. 8-13 da eternidade do amor (A'), e a centralidade seriam suas características nos vv. 4-7 (B). Teríamos, portanto, ABA'. O bloco A e o A' estão em sintonia, pois os termos línguas, profecias e conhecimento, que aparecem nos primeiros versículos (vv. 1-3), repetem-se no v. 8.

Seguimos com a análise de cada parte.

A superioridade do amor: 1Cor 13,1-3

Os primeiros três versículos são marcados pelas anáforas "ainda que" e "se não tiver amor", e por paralelismos sinonímicos na sequência das frases, isto é, inicia com a expressão "ainda que" (quase como um refrão), continua com a citação de um ou mais carismas (dom de falar em línguas e interpretar, da profecia, da sabedoria, do conhecimento e da fé, da caridade com os famintos e do martírio) na sua radicalização (expressa na repetição do termo "todo", ou seja, falar todas as línguas dos seres humanos e dos anjos, conhecer todos os mistérios e todo conhecimento, toda fé, todos os bens, até chegar a doar o próprio corpo), segue o segundo refrão "se não tiver amor" e a consequência negativa do dom.

Percebe-se que os dons são citados numa ordem crescente, iniciando com aqueles que são menos exigentes, até chegar à doação total de todo o ser, que é o martírio. Porém, podemos considerar também uma ordem decrescente, do ponto de vista da comunidade de Corinto, iniciando por aqueles dons mais apreciados por causa do "status", da "fama".

A expressão "se não tiver amor", repetida três vezes nestes três versículos, serve para enfatizar a importância do "amor" como dom maior. Outro recurso utilizado para não criar monotonia, é repetir a expressão "ainda que" (v. 2). Esse recurso intensifica a mudança da citação dos dons e, ao suprimi-la no v. 3, o autor rompe a sequência normal, enfatizando a frase que justamente expressa o dom mais radical, que é o martírio.

O último recurso estilístico está presente nas últimas frases dos versículos. Essas frases expressam que, sem o amor, a pessoa se torna sem comunicação, sem relação (v. 1), não é nada (v. 2), não tem nada (v. 3). Ou seja, "não é", não "existe".

Para melhor visualização, seguem os três versículos abaixo, sublinhados de formas diferentes:

1 **Ainda que**	fale as línguas **dos seres humanos** e as **dos anjos**,
se não tiver amor,	sou um bronze que soa ou um címbalo retumbante.

2 **Ainda que**	tenha a profecia e conheça **todos** os mistérios e **todo** o conhecimento,
ainda que	tenha **toda** a fé capaz de remover montanhas, mas
se não tiver amor,	nada sou.

3 **Ainda que**	reparta **todos** os meus bens e
	entregue o **meu corpo** para que seja glorificado,
e não tiver amor,	não tenho nenhum proveito.

No v. 1 o autor, para enfatizar a capacidade de comunicar-se com todos os seres, tanto terrestres como celestes, utiliza um merisma refinado que une as línguas “dos seres humanos” e dos “anjos”. Por outro lado, cria um jogo de significados, provocando duas alusões. A primeira, com a expressão “línguas dos seres humanos”, que nos reporta à capacidade não só de comunicar-se, mas de saber falar, do uso da retórica, do conhecimento humano, problemática enfrentada por Paulo no início da Carta aos Coríntios.

A segunda é justamente a glossolalia, ao referir-se à “língua dos anjos”, que consistia no dom de uma comunicação particular com o mundo celeste. Ao mesmo tempo, remete--nos para a problemática de 1Cor 12 e 14, que serve de “moldura” para este hino em 1Cor 13.

Nota-se, na Carta aos Coríntios, que “falar em línguas” era considerado um dom por excelência, por estar relacionado com o “êxtase espiritual”. Paulo, num primeiro momento, reconhece por experiência que "falar em línguas" é um dom do Espírito, uma manifestação da graça divina, porém sempre edifica a si mesmo. Para o apóstolo, todos os dons devem apontar quem o concede (Deus), não quem o recebeu (o portador desse dom). Assim, apesar do seu valor, tem os seus limites, e se não tiver a prática da caridade, torna-se um ato egoístico, não estabelecendo uma verdadeira comunicação, mas produzindo somente ruído: emissão de som, sem conteúdo, sem significado, palavras vazias, sem vida. Portanto, um ato não espiritual, que poderá produzir na comunidade somente alvoroço ou um barulho sem sentido, não expressando uma profunda comunhão e comunicação com Deus e com os outros.

No v. 2, Paulo apresenta o dom da profecia, que consiste em edificar, exortar e consolar (1Cor 14,3) as pessoas. O profeta é antes de tudo um ser humano que está em íntima relação com o Espírito (1Cor 14,1), e é o mensageiro de Deus, comunicando a sua vontade e a sua presença no meio do povo. Como dom do Espírito Santo, todas as pessoas batizadas (homens, mulheres) são chamadas a exercer o ministério da profecia, porém, ao ser considerado um carisma, podemos dizer que é um dom especial concedido pela graça de Deus.

O termo "profecia" tem vários significados nas cartas paulinas. Algumas vezes está relacionado com fenômenos extraordinários, com revelações que são dadas pelo Espírito (2Cor 12,1.7; Gl 1,12). Porém, essas revelações são denominadas ora com a expressão "mandamento de Deus" (1Cor 14,37) ora com "Palavra do Senhor" (1Ts 4,15). Outras vezes, Paulo fala do profeta como aquele que transmite o que era oculto. Entretanto, o conteúdo deste mistério, que deve ser revelado, dá testemunho da justiça de Deus (Rm 3,21) e anuncia a Boa-Nova de Deus, que é Jesus Cristo (1Cor 4,1; 15,15).

Mistério que fazia parte do plano de Deus, desde antes da criação do mundo, e que é revelado por decisão de Deus (Gl 4,4). Num sentido ou no outro, a profecia é vista como um dom, orientado pelo amor. Desse modo, é ser um sinal da presença de Deus e testemunhar a adesão a Jesus Cristo.

Interessante é a relação que Paulo estabelece entre profecia, conhecer todos os mistérios, possuir todo o conhecimento e o dom da fé.

O "conhecimento dos mistérios divinos" é também um dom do Espírito Santo (1Cor 2,11). Para Paulo, como vimos na análise do termo "profecia", há uma relação intrínseca entre este termo e "mistérios". Mistério e conhecimento, na concepção paulina, referem-se à sabedoria divina, que se revela na salvação concretizada na vida, paixão, morte e ressurreição de Jesus Cristo, ou, como diz Paulo, nas coisas espirituais de Deus, compreensíveis para o pensamento humano por meio do seu Espírito (1Cor 2,11).

Porém, na comunidade de Corinto, percebe-se uma diversidade de tipos de conhecimento (1Cor 1,5; 2Cor 8,7) e a sua supervalorização. Para Paulo, a sabedoria humana e o conhecimento dos mistérios de Deus devem estar a serviço da comunidade, são dons (1Cor 1,29; cf. 1Cor 2-3), que, sem amor, somente nos conduzem ao orgulho, à arrogância, a humilhar os outros, não edificando a comunidade (1Cor 8,1) e conduzindo o seu portador à total destruição ("ser nada").

Outro elemento é a palavra "fé", que aparece no v. 2. Para Paulo, a fé é dom, tem como conteúdo acreditar que Deus age em Cristo e se faz necessário reconhecê-lo como Senhor. Porém, a "fé" em 1Cor 13 está relacionada com a capacidade de realizar milagres, prodígios ou de curar (At 14,8-12; 20,7-12).

Tanto a profecia, o conhecimento dos mistérios, a sabedoria e a fé capaz de realizar prodígios são dons do Espírito, e Paulo reconhece o seu valor, porém, são dons para estarem a serviço da edificação e comunhão da comunidade (o amor).

No v. 3 o verbo grego ψωμίζω (psomízo) significa nutrir alguém que está faminto ou que passa fome. Assim, a melhor tradução seria empenhar todos os meus bens para nutrir, para dar de comer a quem está passando fome.

Nas cartas paulinas, o mesmo verbo ocorre em Rm 12,20, e é uma repetição da frase de Pr 25,21-22, que fala sobre o dar de comer e beber aos inimigos, quando estes estão em condição precária, gesto esse que servirá como testemunho capaz de convertê-lo. Ao relacionar estes dois textos, 1Cor 13,3a pode ser interpretado não somente como um ato de expressa generosidade para com nossos amigos ou alguém com quem temos afinidades, mas também como gesto de solidariedade para com o inimigo e de total renúncia a vingar-se.

Assim, o v. 3a nos remete a dois problemas da comunidade de Corinto. O primeiro é o conflito, as brigas e contendas entre os membros da comunidade, que, ao invés de serem perdoados, são levados aos tribunais pagãos (1Cor 6,1-11), e o segundo é a divisão e a discriminação entre ricos e pobres presentes, sobretudo, no momento da ceia em 1Cor 11,17-34.

O v. 3b, que foi traduzido por "entrego o meu corpo para ser gloriado" ("gloriar-se", "orgulhar-se"), nos remete ao sentido positivo do termo "gloriar-se". O verbo "gloriar-se", nas cartas paulinas, está ligado ao dar glória pelas boas obras realizadas em prol do bem comum (coleta em solidariedade – 2Cor 7,14; 9,2; trabalho gratuito – 1Cor 9,16), ao agir conforme a justiça (Eclo 31,9-10.11; 44,7-8; Pr 16,31) e às atividades que expressam o ser fiel à vontade de Deus. Pode também se referir ao "gloriar-se" do apóstolo no suportar a perseguição, pela resistência diante do sofrimento (1Ts 1,4-5; Rm 5,3.10-11) e por entregar-se totalmente ao serviço de Deus.

Para melhor interpretar essa frase, é importante relacioná--la com 2Cor 11–12, que nos apresenta o que realmente significa entregar o corpo, para ser gloriado por meio do cansaço, dos açoites, pelo sofrer perigo de morte, ser flagelado, apedrejado, sofrer todos os tipos de perigos e perseguição (dos inimigos, dos amigos e até mesmo dos membros da família), os duros trabalhos, as vigílias, o passar fome, frio e sede, a nudez e as preocupações e angústias, para o bem das comunidades (2Cor 11,21-29). Na literatura judaica, a expressão "entregar o meu corpo para ser gloriado (glorificado)" tem dois significados: a total doação, realizando "boas obras", sobretudo, a caridade com os mais pobres, ou o martírio. Sentidos, também, expressos nesses capítulos da Segunda Carta aos Coríntios, mencionados antes.

Porém tudo isto, sem o amor, não serviria para nada (2Cor 10,8). Não seria um genuíno gloriar-se em Deus, mas um "incensar-se" que não levaria a nada. Este aspecto também nos aponta para outra dificuldade da comunidade, que é ter pessoas que recomendam a si mesmas (2Cor 10,12ss).

Interessante perceber que os três primeiros versículos de 1Cor 13 não são elementos abstratos, ideais fora da vida concreta da comunidade, mas que atingem os problemas e conflitos mencionados tanto na Primeira como na Segunda Carta de Paulo aos Coríntios. Por outro lado, é o retrato de todo o caminho de Paulo. Mas isto não é o mais relevante. Relevante é a consciência de Paulo de que toda a sua vivência é expressão da graça de Deus e que o segredo da sua vida e ação é esse amor apaixonado por Deus e pelas pessoas.

As características do amor: 1Cor 13,4-7

Após o v. 3, Paulo descreve, de forma positiva e negativa, o que significa o "amor" nos vv. 4-7. De uma forma geral, o que nos chama a atenção é que o amor não é caracterizado por adjetivos, mas descrito por uma série de verbos. Vista de uma forma global, a prática da caridade, em Paulo, exprime uma realidade global e unitária e caracteriza-se por um movimento interno, que resplandece externamente. O ponto de referência é sempre a pessoa do próximo e a edificação de toda a comunidade.

O verso 4ab é dividido em dois *hemistíquios* em forma quiástica. O primeiro inicia com o substantivo "amor' e segue com um "verbo" (AB), e o segundo inicia com "um verbo" que o qualifica e segue com o "substantivo" (B'A').

Nos vv. 4c-6, temos uma longa anáfora, com uma sequência de oito "nãos", apresentando o que o amor não é, enfatizando a última frase presente no v. 6b, que começa com uma frase adversativa e caracteriza positivamente o amor: "se regozija com a verdade".

No v. 7, temos uma nova anáfora presente nos quatro "tudo".

Nessa segunda parte, predominam os paralelismos com palavras do mesmo campo semântico ou outras formas de paralelismos mais refinados, como, por exemplo, o contrastar a "injustiça" com a "verdade" (v. 6).

Segue a tradução e a estrutura formal dos versículos:

[4] O *amor* é **tolerante**,[26]
é **benévolo**[27] o *amor*.

Não é invejoso,
não se ostenta,
não se incha de orgulho,

---

[26] O verbo grego μακροθυμέω (*makrothyméō*) pode ser traduzido por suportar pacientemente, ser paciente, perseverar, ser lento para revidar, sofrer.

[27] O verbo grego χρηστεύομαι (*chrēsteýomai*) tem outros significados, como, por exemplo, ser gentil, ser prestativo, ser capaz de fazer o bem, ser amável.

[5] **não** se comporta de forma inconveniente,
não procura o seu próprio interesse (a si mesmo),
não se irrita (exaspera),
não leva em conta o mal.

[6] **Não** se alegra com a injustiça,
<u>*mas*</u> se regozija com a verdade.

[7] **Tudo** suporta (resistir),
tudo crê,
tudo espera,
tudo tolera (suportar, aguentar).

As características presentes nesses versículos, praticamente, reafirmam os elementos que foram elencados nos vv. 1-3 e relevam as problemáticas da comunidade.

Nota-se, ainda, no v. 4 uma relação entre a definição do "amor" e os atributos divinos que ocorrem no Primeiro Testamento (Ex 34,6; Ne 9,17; Jl 2,13; Na 1,3; 9,17.31; Sl 86,15; 103,8; 111,4 e 145,8). Isso é relevante, pois Paulo parte do princípio de que o amor de Deus é versado em nossos corações, e essa é a realidade fundamental da existência humana (Rm 8). Por outro lado, o amor de Deus se manifesta e se concretiza no amor de Cristo (Rm 5,8; 8,37) e provém do Espírito, visto que o próprio Espírito é entendido como Espírito de amor (Gl 5,22).

Assim, o cristão experimenta em si mesmo o grande amor de Deus e, ao amar o próximo, manifesta concretamente o que significa ser amado e ao mesmo tempo revela a sua crença num Deus que é benigno, misericordioso, amoroso, gracioso. Ou seja, revela quem é Deus Pai, Filho e Espírito Santo.

O v. 4ab sintetiza e abarca todos os traços típicos do amor cristão, não o restringindo à comunidade de Corinto. O verbo μακροθυμέω (*makrothyméo̱*: literalmente significa "ter um grande coração” ou “ ter a ira distante, longe”) pode ser traduzido por “ser longânime”, “ser magnânimo”, “ser paciente”, “ser tolerante”.

Esse verbo, algumas vezes, traduz a palavra hebraica אֶרֶךְ אַף (ʾā́reḵ ʾap̄) no sentido de “ser lento à cólera” ou “à ira” (Jr 15,15c). Ou seja, Deus não expressa a sua ira, para dar a possibilidade para uma pessoa ou um povo se converter e obter a conversão. Exprime a atitude de bondade, compreensão, tolerância e paciência que Deus tem para com o seu povo, sendo uma das características do seu amor (cf. Ex 34,6; Nm 14,18; Ne 9,17; Sl 102,8; etc.). Desse modo, coligado com a misericórdia e o perdão de Deus, convida as pessoas a acolherem o outro e a respeitarem o seu processo (“ter coração grande”).

O verbo χρηστεύομαι (*chrēsteýomai*) ocorre somente nesse versículo e na LXX no Salmo de Salomão 9,6, referindo-se à misericórdia de Deus. O substantivo, referindo-se a Deus, tem o mesmo significado da palavra anterior. Ao ter o ser humano como sujeito, significa “ser bom” na dimensão moral-religiosa e, ao mesmo tempo, “ser gentil”, que é o modo de comportar-se diante dos outros (2Cor 6,6). Mormente, faz parte das listas de virtudes e é considerado um fruto do Espírito (Gl 5,22).

No v. 4ab constata-se um paralelismo sinonímico para intensificar a “bondade”, a “benevolência”, ou melhor, a “gratuidade”, o aspecto oblativo do amor, que consiste no “sair de si” para o outro.

Após os dois elementos afirmativos, seguem três negativos no v. 4:

Não é invejoso,
não se ostenta,
não se incha de orgulho.

O verbo ζηλόω (*ze̱lóo̱*) indica orientar determinado sentimento a uma pessoa ou a uma causa específica, cuja motivação pode ser positiva ou negativa. No sentido negativo significa "ser invejoso", "promover a rivalidade", "ser irascível", que conduz à violência, à hostilidade. Esse tipo de ciúme ou inveja não atinge somente o indivíduo, mas se estende aos relacionamentos, torna-se coletivo e transborda em rivalidade, violência, divisão e discussões (cf. 1Cor 3,3-4). É uma caraterística dos incrédulos (1Cor 3,4), sendo, portanto, uma atitude não compatível com o Espírito que habita nos fiéis.

O amor não se ostenta, ou não se vangloria (literalmente seria "não caminha para o vazio"). Ou seja, o amor não se baseia somente em palavras ou gestos vãos, mas é pura gratuidade, é pleno de ternura e nos chama a entregar-se a Deus a própria vontade. O "ostentar-se" nos leva a humilhar o outro e a nos considerar superiores, atitude não condizente com a de Jesus Cristo (cf. Fl 2,1-11).

O verbo φυσιόω (*physióo̱*), com o advérbio de negação, é muito utilizado por Paulo.[28] Este não é um verdadeiro amor, mas uma forma sofisticada e camuflada de buscar a si mesmo e estar sempre ao redor do próprio egoísmo, uma atitude arrogante. Percebe-se que essa era uma atitude frequente na comunidade de Corinto (1Cor 4,6.18-19; 5,2; 8,1).

Pois, nessa comunidade, os chamados "perfeitos" e os "espirituais" caracterizavam-se por uma orgulhosa consciência de si próprios, gerando divisões na comunidade. Paulo critica essa atitude de autoexaltação, presente nos líderes da

---

[28] No Segundo Testamento, o uso do verbo φυσιόω ("*orgulhar-se*" *ou* "*encher-se de orgulho*") é próprio de Paulo. A raiz de seu significado está no "inchar-se", assim, aquele que se incha, desvia-se daquilo que seria próprio dele, ou seja, deforma-se, distancia-se do seu lugar próprio, da sua verdade e da sua realidade, afasta-se daquilo que é.

comunidade de Corinto, visto que eles pensavam que já haviam atingido a meta final, que já eram livres dos limites e da precariedade da vida humana.

Essa mentalidade, além de conduzir a uma decadência moral (1Cor 5,1), proporciona o esquecimento dos elementos fundamentais e genuínos da vida cristã, que é o serviço humilde, fiel, em prol da causa de Cristo e do seu Reino, que não é permeado de um triunfalismo, mas é vivido à luz do Crucificado e do reconhecimento de que os dons são dados pelo Espírito.

No v. 5a, o verbo grego utilizado de forma positiva significa "estar deformado" ou "agir indecentemente" (ἀσχημονεῖ /*aschemoneî* ou *asquemoneî)*. Também podemos traduzir, em 1Cor 13, como "não estar fora do lugar", "não ser desordenado", "não se comportar impropriamente". Esse verbo ocorre em 1Cor 7,36, e pode ser interpretado tendo presente os conflitos, presentes na comunidade, com relação à sexualidade. Desse modo, pode ser entendido como o amor que se desvia totalmente do seu caminho, como a banalização da relação sexual, restrita à genitalidade. Dessa forma, ver as pessoas como simples objeto de prazer, estabelecendo um relacionamento sem diálogo, sem respeito, ternura, complementaridade e cumplicidade. Ou referir-se ao adultério, ao "incesto", à prostituição (Cf. Lv 18).

Essa frase é importante, pois, além de fazer alusão a uma das problemáticas frequentes na comunidade de Corinto (1Cor 5; 6,12–7,40), nos ajuda a compreender o amor conjugal e concretamente a relação sexual, como *ágape*. Por conseguinte, podemos afirmar que Paulo nos distancia da distinção grega entre o amor *eros*, *philia* e *ágape*, e considera todas as expressões genuínas do *amor* como "*ágape*". Não queremos dizer com isso que Paulo anula o que poderia entender por amor *eros,* como atração sexual, ou por amor *philia,* como manifestação de amizade, e sublima-os a um amor oblativo. O que Paulo diz é mais profundo, ou seja, que o amor sexual (*eros*), o amor de amizade (*philia*) é um amor oblativo, gratuito, pois ao contrário não seria amor.

O v. 5b diz que o "amor não procura o seu próprio interesse" (literalmente: "não buscar o que é seu"). Esta expressão pode ter várias conotações. Pode estar ligada com a frase anterior e, assim, estaria vinculada aos relacionamentos matrimoniais e de amizade, e nos apontaria para a necessidade de aprender a relacionar-se de forma equilibrada. Ou podemos interpretá-la de forma mais abrangente, como aquele amor profundamente gratuito, o qual não se reduz a mera autorrealização individual. É o amor que requer que cada amante coloque o bem do outro à frente do seu. Isto exige criatividade, compreensão, paciência e supõe um intenso e exigente trabalho.

Isso exige também fidelidade e, em alguns momentos, sacrifício. Relacionamentos que se constroem numa verdadeira comunhão de interesses, que se dá no reconhecimento mútuo, no respeito, na ternura, na delicadeza, na admiração, na ajuda e, sobretudo, na promoção mútua. É o desejo de promover a vida do outro. É aprender a oferecer ao outro; porque me atrai, me agrada, porque o amo, porque é o meu amigo, o melhor de mim mesmo, o que há de mais verdadeiro, mais profundo, mais original de meu ser, que é intrinsecamente comunhão e não egoísmo.

Ao mesmo tempo, é perceber que, por meio do outro, amado ou amigo, chegamos a ser o que por nós mesmos (pelo apegar-se ao próprio interesse) nunca teríamos conseguido. É a consciência de que ao nos mantermos mutuamente gratificados no persistir em ser o melhor possível para o outro em todos os níveis: corpo, sentimento, projetos, desejos, somos mais nós mesmos, somos mais felizes.

Tanto na comunidade, na vida conjugal, ou na amizade, não buscar o próprio interesse consiste, ainda, no saber agradecer, no saber alegrar-se com as alegrias do outro e sofrer com o sofrimento do outro. Pois amar é entregar-se, buscar o bem do outro, renunciar à busca narcisista e estabelecer fortes e profundos laços de comunicação e comunhão interpessoal e comunitária. Tudo isso exige abertura, maturidade, capacidade de amar.

A segunda conotação está relacionada com a ocorrência da frase de 1Cor 10,24.33, quando Paulo se depara com a reivindicação de "ser e agir" livremente ou com a livre expressividade operativa. Paulo não rejeita o ideal de liberdade, mas diz que o livre-arbítrio e o agir cristão estão fundamentados no compromisso responsável com o crescimento e o amadurecimento da comunidade. É o saber discernir, não tendo como critério a liberdade do fazer o que é melhor para si somente, mas numa liberdade altruísta, a serviço do outro. Portanto, mesmo que determinados atos e comportamentos sejam lícitos, é necessário passar pelo crivo da comunidade e perceber o que é melhor para edificação da mesma (1Cor 8–10).

O amor "não se irrita", ou seja, não age fundamentado em posições rígidas e intransigentes, mas demanda flexibilidade, capacidade de espera, serena e confiante. Significa, também, respeitar os processos e abandonar-se total e confiantemente a Deus.

A frase o amor "não leva em conta o mal" significa "não revida", "não se vinga", mas supera o mal com o bem (Rm 12,17.21; 1Ts 5,15), ou seja, nos convida ao perdão e a ir ao encontro daquele que fez o mal (2Cor 2,6-7.10). Não nutrindo, assim, o ressentimento, não cultivando a mágoa, o ódio, a vingança, mas curando as feridas e ao mesmo tempo reconhecendo a misericórdia que Deus tem por todos nós.

Nota-se que no v. 6 Paulo estabelece uma antítese rara entre "injustiça" e "verdade" e enfatiza o júbilo ao utilizar dois verbos relacionados à alegria. Ao unir "injustiça" e "verdade", podemos dizer que a injustiça porta um sentido de falsidade e a verdade significa o que é justo.

O termo "injustiça", em Paulo, significa a ruptura das relações e refere-se, em especial, à ruptura da nossa relação com Deus, a refutar a Deus, seu criador e redentor, e com isso sufocar a verdade, isto é, a realidade de Deus manifestada na Criação.

A "injustiça", para o apóstolo, é, ainda, o não viver conforme a vontade de Deus e não reconhecer o senhorio de Cristo. É negar-se a participar na ação reconciliadora de Deus e de ser extensão do amor divino restaurador, vivendo segundo a piedade idolátrica (Rm 1,25). Assim, o alegrar-se com a "injustiça" tem como consequência a prática da maldade, da impiedade e da perversidade em todas as relações, tornando o pensamento do ser humano inconsistente, obscurecendo o seu coração e não servindo o verdadeiro Deus.

A "verdade" assume diversos significados nas cartas paulinas. Num primeiro momento, pode-se dizer que o "alegrar-se com a verdade" significa alegrar pela revelação anunciada, ou seja, pelo amor de Deus que é manifestado em Cristo. Desse modo, é a alegria pela fidelidade de Deus à Aliança, que deseja a nossa salvação, que é a restauração e a humanização das relações.

Nesse sentido é relevante ligá-la ao termo "injustiça", pois adquire um novo sentido. Ou seja, ser injusto é ser infiel à Aliança que Deus estabeleceu com o seu povo e, assim, ser infiel ao amor que somos chamados a ter com o próximo.

Ao analisar os vv. 4-6, percebe-se que Paulo tem consciência do respeito por toda a busca de amor fundada na entrega de si, sendo assim a revelação do amor divino.

O v. 7 é o clímax da segunda parte, terminando a estrofe com frases concisas, positivas, em contraste com as anteriores.

A anáfora (repete quatro vezes o termo πάντα – *pánta*) representa a insistência na totalidade e sintetiza e unifica as características do amor. As frases criam um ritmo pelos recursos sonoros, na repetição de πάντα (*pánta*) e pela assonância em "*ei*", presentes nos sufixos dos verbos no presente do indicativo e na terceira pessoa do singular.

A estrutura literária do versículo nos oferece uma correspondência, entre a primeira e a última frase, com o verbo suportar (στέγει- *stégei*), aguentar e tolerar (ὑπομένει- *hýpoménei*). Desse modo, centraliza nas duas frases: *tudo crê, tudo espera*. Há, de certa forma, uma precisão progressiva entre os verbos que desembocam na constatação da perenidade e na onipotência do amor no v. 8. Portanto, suportar as tribulações nos leva à fé, e da esperança deriva a capacidade de aguentar, tolerar pacientemente.

O verbo στέγω (*stégo̲*) significa "suportar", mas também "cobrir". Deste segundo sentido, pode-se interpretar como "encobrir o mal realizado pelo outro" ou "não revidar", "não se deixar levar pelo ódio" (cf. Pr 10,12). Porém, comumente, Paulo utiliza no sentido de resistir ou suportar o trabalho (1Cor 9,12). Trabalho entendido como o serviço pelo Evangelho.

O "crer" para o cristão é um dom recebido, uma resposta ao amor de Deus. É o inserir-se em uma comunidade de fé pelo

Batismo. Ao mesmo tempo, é o conteúdo do anúncio, é crer na Boa-Nova que é Jesus Cristo. Para Paulo, "fé" e "caridade" são inseparáveis. Pois, se o cristão acredita, ele é chamado a pautar a sua vida nisso que ele crê e, se age cristãmente, é porque algo o motiva internamente, o que é justamente o crer em Cristo Jesus. Porém, neste contexto, podemos entender no sentido de colocar a confiança em alguém, acreditar, confiar.

"Esperar" pode ser compreendido como "ser perseverante", não "esmorecer no caminho", enfrentar a tentação de não desanimar. É a capacidade de "esperar contra toda esperança" (cf. Rm 4,18).

A esperança, alimentada pelo amor, é um dos atos fundamentais da existência humana. Pois é baseada na fé de que com a ressurreição de Cristo vivemos um novo tempo. A esperança também qualifica a existência humana, como um viver em Cristo, na espera da Parusia, do fim dos tempos, na qual o "amor" será a única expressão de todas as relações.

Isso é possível entender na medida em que compreendemos que, para Paulo, a ressurreição aconteceu somente para Jesus e, portanto, nós, como batizados, aguardamos nossa ressurreição na Parusia, quando saborearemos a plenitude da presença de Deus e a plenificação do Tempo, do Universo e de toda a humanidade.

A dificuldade em entender a ressurreição também está presente na comunidade de Corinto (1Cor 4,8; 10,1ss; 15,12). Portanto, acreditar no amor é vivenciar a tensa espera da vinda do Senhor para, por meio de uma comunhão definitiva com Ele, viver com ele para sempre. E, assim, realizar o grande sonho de Deus, que é vivermos como irmãos e irmãs.

A espera da Parusia nos ajuda, ainda, a lutar para que as esperanças sociais sejam realizadas, construindo em nossa história o Reinado de Deus. Significa também carregar a certeza de que a humanização e a plenificação de todo o mundo criado é possível no hoje do nosso dia a dia.

Cristo é a base e a meta do crer e do esperar, e essa se centra na relação de amor entre os membros da comunidade e com o próprio Deus. Desse modo, a participação na morte e ressurreição de Jesus, no presente, nos ajuda a suportar o sofrimento, torna-nos capazes de aguentar, de ser perseverantes nas tribulações (Rm 12,12), de suportar os momentos de dificuldade e de perseverar na oração. Pois, a unidade em Cristo só pode ser realizada, quando existirem comunidades dispostas a fazer grandes sacrifícios.

O nosso amor vincula-se, desse modo, ao amor salvífico revelado em Cristo. E a pessoa que aderir a Cristo é impelida, por seu amor, a agir de forma gratuita. O cristão que vive o amor, portanto, faz a experiência do despojamento, desprendimento, entrega, e torna presente o amor manifestado em Cristo.

A eternidade do amor: 1Cor 13,8-13

A terceira estrofe inicia-se com uma frase que produz um grande efeito retórico e sintetiza o conteúdo das partes anteriores, porém abre para o conteúdo a ser abordado nos vv. 9-13. O autor segue com a tríade presente nos vv. 1-3, a saber, as “profecias”, as “línguas” e o “conhecimento”, eliminando-os, a fim de enfatizar o v. 8a (“O amor jamais acabará”), como visualizaremos a seguir:

Mas, as **profecias**, *serão abolidas*;
as **línguas**, *cessarão*;
o conhecimento *será eliminado.*

Nos vv. 9-10, Paulo justifica o argumento presente no v. 8, considerando todos os elementos elencados anteriormente como imperfeitos (em parte). Desse modo, os termos são retomados, mas não como substantivos, conforme o v. 8, e sim como verbos (vv. 9-10). Outro recurso é a repetição da expressão "em parte", porém, isso não cria uma monotonia, uma vez que a sequência é quebrada no v. 10, conforme sublinhado a seguir:

> 9 Porque, **em parte**, conhecemos, e,
> **em parte**, profetizamos.
>
> 10 Mas, quando vier a plenitude,
> o **em parte** será eliminado.

No v. 11 temos a inclusão do termo "criança"; no v. 11a e 11f, a repetição dos verbos no imperfeito e uma epífora com o termo "como criança", um recurso literário que produz uma rima nos versos. A epífora é rompida com a presença da conjunção adversativa (ὅτε - *hóte* - mas) e a mudança do verbo de imperfeito para perfeito (considerando o grego), criando um contraste entre as frases anteriores e a última, porém mantendo na frase final a sintonia com o termo "criança":

> 11 Quando era **criança,**
> falava **como criança,**
> pensava **como criança,**
> raciocinava **como criança,**
> mas, quando me tornei homem,
> aboli as coisas de **criança.**

Este dois versículos (10-11), por meio do uso desses recursos, estão em paralelo. Neles, Paulo explica o que significa conhecer e profetizar "em parte", ou seja, é viver ainda de uma forma incompleta. Para isso, usa a imagem da criança, que é um primeiro passo em nosso processo de amadurecimento.

Para Paulo, o conhecer e o profetizar que nós recebemos, ainda são limitados, porque não vivemos já na plenitude e de forma perfeita, como pensavam alguns da comunidade de Corinto. Neste estágio tudo que poderíamos considerar como fundamental será abolido, desaparecerá. Essas imagens reforçam a afirmação do v. 8.

Um efeito literário utilizado pelo autor é o de apresentar imagens de uma forma metafórica, por meio de um estilo não usual, ou seja, relacionando frases e não somente vocábulos, por exemplo: "falava como criança", "pensava como criança", "aboli as coisas de criança".

No v. 12 percebemos que há uma retomada daquilo que Paulo alegava nos vv. 9-10, estabelecendo um novo contraste entre o "agora" e o que será "futuramente". O contraste acontece de forma paralela:

A) Vemos, pois, **agora,** por meio de um espelho,
de forma enigmática,
B) **mas, depois,** *face a face.*
A') **Agora**, conheço em parte,
B') **mas depois,** *conhecerei, como também fui conhecido.*

Com isto, cria um paralelo entre as frases: A) "vemos... por meio de um espelho, de forma enigmática" (ou "obscura", "opaca") e A') o "conheço em parte", depois entre B) "face a face" e B') "conhecerei como fui conhecido" (ou "como sou conhecido"). O uso da elipse (omissão do verbo ver) neste versículo nos faz supor a realidade retratada e, ao mesmo tempo, estabelece uma relação entre as frases. Outro recurso que ajuda a criar esse paralelo é a repetição das expressões: "agora" e "mas depois".

Assim, a imagem do "ver como num espelho" é associada ao "conhecimento limitado" e o ver "face a face" com o conhecimento de como sou (fui) conhecido. Ou seja, a plena manifestação, a epifania do que realmente somos, será dada, somente, quando estivermos "face a face" (Nm 12,7-8) com o nosso Criador, com o nosso Deus e Pai. Pois, só Deus é capaz de revelar quem realmente somos e de desvelar o pleno conhecimento. Mas, para Paulo, isso acontecerá somente na Parusia, no momento da plenitude da presença divina.

A terceira estrofe (v. 13) abre com a frase: "o amor jamais será arruinado", porque no seu interior não há divisão, é global, unitário, integral, profundo e envolve toda a história, toda a humanidade, todo o Universo, e se manifesta em todas as formas. Toca o absoluto de Deus. O amor jamais acaba, porque é prenhe do sentido messiânico-escatológico, tem seu fundamento na vida e entrega de Cristo, pois no dom do Filho está o amor fontal do Pai. Amor que permanece na comunidade que reconhece e crê no Evangelho (a revelação máxima do amor – cf. 1Cor 2,7), e que é unificada, impulsionada e vivificada pelo Espírito do Amor.

Uma comunidade que é formada por pessoas, cujo amor de Deus é versado nos seus corações e vê no amor as respostas para os seus anseios mais profundos, supera qualquer carisma, qualquer dom (v. 8bc). O amor não é um sentimento passageiro, ou apenas uma experiência vivencial gratificante e realizadora, mas sim um referencial existencial. Ao mesmo tempo, o amor na vida cristã é a fidelidade aos apelos mais íntimos e profundos da interioridade humana, é a resposta à graça de Deus revelada na entrega de Jesus Cristo e a expressão concreta da adesão a Jesus Cristo.

Neste agir perpassado pelo amor, a pessoa encontra, aos poucos, a sua identidade, autorrealização e reconhecimento da sua limitação, porém num processo constante de maturação. Mas a plena autorrealização, a liberdade e a plenitude do conhecimento serão somente possíveis no encontro definitivo com Deus, onde reinará plenamente o amor. Amor que indica a soberana vontade de Deus, o qual se volta ao mundo e lhe concede a plena salvação.

Conclusão

Chegamos ao fim de nossa introdução à análise poética, tendo consciência de que é uma introdução. No entanto, não poderíamos terminar sem uma prosa poética, contendo o tema mais precioso dos poemas, das poesias, das prosas, dos dramas, das tragédias, das narrativas e dos romances: o amor.

O amor

O amor é o caminho, como diz Paulo,
um caminho excelente.
Amar é viver nesse contínuo êxodo,
em direção ao outro.
Amar é processo,
que se faz nas sequências de partidas.
É necessário muita liberdade para ser
um com o outro, com a outra,
sem deixar de SER.
Amar é percorrer as vias da gratuidade,
da gratidão, da comunhão livre e libertadora.
É ser capaz de libertar-se da posse,
do ciúme, do orgulho,
da inveja, do rancor, do ódio,
que paralisa o amor, o fecha, escravizando-o.
É libertar-se da ingratidão que impede o outro
de vir ao nosso encontro.
É deixar-se amar, sem bloquear o amor.

Amar é soltar-se livre e responsável,
é desamarrar-se,
é arriscar-se.
Neste caminho nada é previamente garantido
e está sujeito a dificuldades, tempestades,
perigos nas curvas da história...
sujeitos a todas as vicissitudes.
Exige audácia, perseverança, coragem.
Mas vale a pena deixar a
certeza estéril da estagnação,
para aventurar-se nas veredas das
incertezas fecundas do Amor.

Bibliografia

ALTER, Robert; KERMODE, Frank (Org.). *Guia Literário da Bíblia*. São Paulo: UNESP, 1997.

ALONSO SCHÖKEL, L. *Estudios de poética hebrea.* Barcelona: Juan Flors, 1963.

_____. *Manual de poética hebrea.* Madrid: Ediciones Cristiandad, 1987.

_____. *Manuale di poetica ebraica.* Brescia: Queriniana, 1989. (Collana Biblioteca Bíblica).

_____. *Hermenéutica de la Palabra.* Interpretación literaria de textos bíblicos. Madrid: Cristiandad, 1987. v. 2.

_____; SICRE DIAZ, J. L. *Profetas I*: Isaías e Jeremias. São Paulo: Paulus, 1988. (Coleção: Grande Comentário Bíblico).

_____; CARNITI, C. *Salmos.* São Paulo: Paulus, 1996.

BALLARINI, Teodorico; VENANZIO, Reali. *A poética hebraica e os Salmos.* Petrópolis: Vozes, 1985.

BARBIERO, G. *Cantico dei Cantici*: nuova versione, introduzione e commento Milão: Paoline, 2004. (I Libri Biblici, Primo Testamento, 24.)

BENTO XVI. *Carta Encíclica Deus Caritas Est.* São Paulo: Paulinas, 2006. (Coleção Voz do Papa, 189.)

BORTOLINI, J. *Conhecer e rezar os salmos*: Comentário popular para nossos dias. 3.ed. São Paulo: Paulus, 2006.

DIAS DA SILVA, C. M. *Metodologia de exegese bíblica.* São Paulo: Paulinas, 2000. (Coleção Bíblia e História.)

DORIVAL, G.; MARGUERITE, H.; OLIVIER M. *A Bíblia grega dos Setenta*: do judaísmo helenístico ao cristianismo antigo. São Paulo: Loyola, 2007. (Coleção Bíblica Loyola, 52.)

FERNANDES, L. A.; GRENZER, M. *Dança, ó terra!* Interpretando Salmos. São Paulo, Paulinas, 2013.

GARCÍA MARTÍNEZ, José Maria. (Org.). *Os Salmos*. São Paulo: Paulinas, 1998.

GIRARD, Marc. *Como ler o livro dos Salmos.* São Paulo: Paulinas, 1992.

GRENZER, M. *Análise Poética da Sociedade*. Um estudo de Jó 24. São Paulo: Paulinas, 2005. (Coleção Exegese).

GOLDSTEIN, Norma. *Versos. Sons. Ritmos*. 13. ed. São Paulo: Ática, 2000. (Série Princípios.)

GOURGUES, M. *Os salmos de Jesus, Jesus e os Salmos.* São Paulo: Paulinas, 1984.

GUNKEL, H. *Introducción a los Salmos.* Valencia: Institución San Jerónimo, 1983. (Clásicos de la Ciencia Biblica, 1.)

KRAUS, H. J. *Teología de los Salmos.* Salamanca: Sígueme, 1985.

LOHFINK, Norbert. *Hinos dos pobres*: o Magnificat, os Hodayot de Qumram e alguns salmos tardios. São Paulo: Loyola, 2001.

LUTERO, Martinho. *O louvor de Maria*: o Magnificat. São Leopoldo: Sinodal, 1999. (Lutero para hoje).

LUTZ, G. *A oração dos Salmos.* São Paulo: Paulinas, 1982.

MAGALHÃES, A. *Deus no espelho das palavras*. Teologia e literatura em diálogo. 2. ed. rev. e ampl. São Paulo: Paulinas, 2000. (Coleção Literatura e Religião).

MAILHIOT, Gilles-Dominique. *Os Salmos*: rezar com as palavras de Deus. São Paulo: Loyola, 2008.

MANNATI, Marina. *Para rezar com os salmos.* São Paulo: Paulinas, 1981.

MESTERS, Carlos. *O rio dos Salmos das nascentes ao mar.* Belo Horizonte: Cebi, 1988.

MORLA ASENSIO, Víctor. *Livros sapienciais e outros escritos*. São Paulo: Ave Maria, 1997. v. 5.

MUÑOZ IGLESIAS, Salvador. *Los Evangelios de la infancia*: los cánticos del Evangelio de la Infancia según San Lucas. 2. ed. Madrid: BAC, 1990.

PIACENTINI, B. *I Salmi*: preghiera e poesia. Torino: Paoline, 2012. (La Parola e la sua ricchezza, 14.)

RAVASI, Gianfranco. *Il libro dei Salmi:* commento e attualizzazione. Bologna: Dehoniane, 1985. v. I-III.

______. *Il Cantico dei cantici*: commento e attualizzazione. Bologna: Dehoniane, 1992. (Testi e Commenti, 4.)

RICOEUR, P. *Conflito das interpretações*: ensaios de hermenêutica. Rio de Janeiro: Imago, 1978.

SEYBOLD, Klaus. *Poetica dei Salmi*. Brescia: Paideia, 2007. (Introduzione allo studio della Bibbia. Supplementi 35.)

SCHWIENHORST-SCHÖNBERGER, L. *Um caminho através do sofrimento*: o livro de Jó. São Paulo, Paulinas, 2011. (Coleção Cultura Bíblica).

TAVARES, Hênio Último da Cunha. *Teoria literária*. 12. ed. rev. e atual. Belo Horizonte: Itatiaia, 2002.

TOSAUS ABADIA, José Pedro. *A Bíblia como literatura*. Petrópolis: Vozes, 2000.

VV. AA. *Os salmos e os outros escritos*. São Paulo: Paulus, 1996.

VV. AA. *Introdução ao Antigo Testamento*. São Paulo: Loyola, 2003. (Bíblica Loyola, 36.)

WEISER, Artur. *Os salmos*. São Paulo: Paulus, 1994.

Impresso na gráfica da
Pia Sociedade Filhas de São Paulo
Via Raposo Tavares, km 19,145
05577-300 - São Paulo, SP - Brasil - 2014